초등 국어 독해의 길잡이

독해력 키움

6단계

학부모님께

어린이집으로 가는 버스를 탄 아이들의 모습을 보면, 고개를 숙이고 무엇인가를 열심히 보고 있습니다. 아침 일찍부터 스마트폰에 빠진 것입니다. 아이들의 이런 모습은 초등학교, 중학교, 고등학교 과정을 거치면서도 그다지 나아지지 않습니다. 스마트폰에 빠지는 게 무엇이 문제냐고요? 무엇보다 아이들이, 보고 듣는 데만 익숙해져서 조각난 생각조차 하지 않는 습관에 젖어 버려서 큰 문제이지요.

컴퓨터도 그렇지만, 스마트폰도 손가락으로 화면을 넘기면서 빠르게 작업을 하게 되어 있는 기기입니다. 작업하는 속도가 빨라야 자부심을 느낄 수 있다고 하여 중간에 생각을 하거나 정리를 하는 시간은 아예 가지지 못한 채 슬쩍슬쩍 지나쳐야 합니다. 이러니 시간이 지나 나이가 들수록 생각의 깊이나 폭과는 거리를 두게 됩니다. 생각의 폭을 넓히고, 깊이를 더하기 위해서는 스스로 생각하는 버릇을 들여야 합니다. 하지만 보는 일에만 길들여져서는 그런 버릇을 들일 수가 없고, 반드시 읽어야 하는 것입니다. 일정한 분량의 글을 읽어서 뜻을 새기고, 새로운 생각을 떠올리고, 읽은 내용을 다른 분야에 응용하는 생각까지 해보아야 힘을 붙여 나갈 수 있습니다.

> **김갑주 선생님 약력**
> 김갑주 선생님은 서울대학교 국어국문학과를 졸업하고 장훈고등학교에서 국어를 가르쳤으며, 대성학원과 종로학원에서 국어영역 명강사로 활약하였습니다.
> 그동안 중고등학교 국어 관련 집필을 하시다가 최근에는 초등학교 독서교육에 힘쓰고 있습니다.

우리나라의 대학 입시 제도는 복잡하고 변화무쌍하기로 악명이 높습니다. 이런 실정에서는 시간이 흘러 제도가 바뀌더라도 그대로 써먹을 수 있는 공부를 해 두는 것이 안심이겠지요. 동서고금을 막론하고, 교육 쪽의 학자들이 고교 과정까지 아이들이 필수적으로 공부해야 할 과목으로 언어 논리와 수리 논리를 들고 있습니다. 언어 논리는 언어로써 논리적인 사고력을 키우는 과목이고, 수리 논리는 숫자로써 논리적인 사고력을 키우는 과목입니다. 다른 과목을 위한 기초를 이 두 과목에 의해 마련할 수 있고, 추론, 비판, 창의, 적용 등의 사고 능력도 이 두 과목으로부터 키워나갈 수 있습니다. 게다가 제도의 변화에 흔들리지 않고 능력을 지켜나갈 수 있으니 언어 논리와 수리 논리는 얼마나 중요한지 모르겠습니다. 언어 논리를 키워나가는 데 가장 중요한 일이 읽기의 힘을 키우는 일입니다. 그것도 초등학교 때 집중적으로 키워두어야 가장 효과적입니다.

저는 고등학교와 대학입시 학원에서 30여 년 동안 아이들에게 책 읽기와 글쓰기 지도를 하였습니다. 가르치는 경력이 얼마 되지 않았을 때부터 줄곧 궁금했던 것 중의 하나는 고등학교 과정에 있는 아이들이 어째서 읽기의 능력이 이렇게 부족할까 하는 점이었습니다. 아이들을 관찰하기도 하고, 직접 이야기도 나누어보니, 읽은 책이 얼마 되지 않아서 그렇게 되었음을 알 수 있었습니다. 그래서 책을 왜 이렇게 읽지 않았느냐고 다시 물어보았더니, 읽기를 하는 올바른 방법을 가르쳐 주는 선생님도, 알려주는 책도 없고 보니 아예 읽기에는 관심도 취미도 붙이기 어려웠다고 하더군요. 그래서 저는 언젠가 아이들이 일찍부터 올바른 읽기 방법을 익혀, 흥미를 느끼고 책을 읽을 수 있도록 길잡이가 될 만한 책을 쓰고 싶었습니다. 오랜 기간 자료를 모으고 준비하였으며, 드디어 체계적으로 독해력을 향상시킬 수 있는 방법을 궁리하여 이 책을 쓰게 되었습니다.

책을 여섯 단계로 나누어, 학년별 교과 과정을 충실히 반영하면서 그보다 수준을 조금씩 높이도록 했습니다. 예컨대, 3단계라면 대체로 3학년의 교과 과정과 관련을 맺었지만, 문제에서는 눈높이를 약간 높였습니다. 무엇보다도 아이들의 읽기 능력을 빠른 시간에 키워갈 수 있도록 글을 고르는 데 공을 많이 들였습니다. 국어 교과서의 글은 물론이고, 사회와 과학 교과에서도 글감을 구해서 정리한 글을 실었습니다. 필요에 따라 교과서 밖에서 글을 골라서 수준을 높이려 하였습니다. 우리가 목표로 삼고자 하는 독해력 키우기는, 언어 논리를 다루는 분야이니 거기에 치중하도록 했습니다.

이런 생각도 미리 해보았습니다. 이 책은 아이들이 혼자 다루기에는 힘겨울 수 있으니까, 선생님이든 부모님이든 누군가 도와주어야 하지 않을까 하는 생각입니다. 그렇다고 처음부터 아이와 함께 문제 풀이에 나서라거나, 주입식으로 강의하시라는 뜻은 전혀 아닙니다. 아이가 글을 읽고 문제 풀이를 한 뒤에 채점하면서 질문하도록 하고, 책의 뒤에 붙은 해설을 보아가면서 도움말을 주시라는 것입니다. 그러려면 함께 공부해야 하는 번거로움은 있겠지만, 아이와 함께 문제 풀이에 애쓰다 보면, 정도 새록새록 더해질 테고 아이의 읽기 능력도 크게 길러지는 보람도 함께 느낄 수 있을 것입니다.

초등학생이 볼 책을 쓰면서 가장 어려운 점이 아이들 눈높이를 맞추는 일이라는 사실을 다시 확인할 수 있었습니다. 아이들 관점에서 이해할 수 있는 글이고, 풀이할 수 있는 문제인지 머릿속에 그려보기도 하고 선생님들께 여쭈어보기도 했습니다. 그런데도 눈높이의 문제는 속 시원하게 해결되지 않은 것 같습니다. 이렇게 남은 문제는 선생님들과 부모님들, 아이들의 바른말을 들어가면서 고쳐나가고 보완해 나갈 것을 약속드립니다.

대표 집필 **김 갑 주**

독해력 키움의 중요성

모든 과목 이해의 열쇠는 독해력

❖ 국어는 물론이고 수학, 사회, 과학, 영어도 독해의 힘이 있어야 높은 성적을 기대할 수 있습니다.
❖ 모든 과목에는 개념을 설명하는 글이 있고, 문제를 펼쳐 보이는 글도 있는데, 가장 먼저 이런 글을 이해해야 성적을 올릴 수 있습니다.

독해력은 초등 때 결정

❖ '세 살 버릇 여든 간다.'는 속담이 독해에도 꼭 맞아떨어집니다.
❖ 초등 과정에서 올바른 방법으로 독해력을 키워두면, 중·고등 과정은 물론이고 대학까지도 편해집니다.
❖ 가장 어려운 고비라고 하는 대학수학능력시험은 독해력이 튼튼해야 모든 과목에 걸쳐 좋은 성적을 낼 수 있습니다.
❖ 잘못된 독해 방식에 젖어 있는 사람은 고등학교에 가서 온갖 방법을 궁리하고 노력해도 혼란스럽기만 하고 성적이 잘 오르지 않습니다.

독해력 키우는 방법

❖ 여러 갈래의 글(설명하는 글, 설득하는 글, 이야기 글, 시 등)을, 갈래별로 나누어놓은 읽기의 이론을 익힌 뒤에 이 이론에 따라 많은 글을 읽어야 합니다.
❖ 갈래별로 나누어놓은 읽기의 이론은 이 책의 본문 앞에 실려 있으므로 잘 이해하여 몸에 배게 해야 합니다.
❖ 어떤 갈래의 글이든지 가장 먼저 이루어져야 할 일은 중심 내용(주제)을 찾는 것입니다.
❖ 중심 내용을 파악하기 위해서는, 글에 나타난 사실을 이해하고, 읽은 내용을 바탕으로 어떤 생각을 더 해 볼 수 있는지 떠올려보며, 때로는 읽은 내용을 따져서 비판도 할 수 있어야 합니다.
❖ 읽은 글 아래 문항의 수는 5~7개이고, 이 문항들은 유형별로 같은 번호가 지정되어 있어서, 반복 학습을 통해 독해력을 향상할 수 있도록 하였습니다.
❖ 문항 유형별로 풀이하다 보면 자연스럽게 독해력을 키울 수 있도록 문항 유형들이 유기적으로 배열되어 있습니다.
❖ 이 책에서는 1번이 '주제 찾기' 문제인데, 가장 중요하기 때문에 이 자리에 놓았으며, 그 아래에 놓인 모든 문제를 다 풀어 본 뒤에 다시 1번의 주제를 한 번 더 확인해보아야 정확한 주제를 찾을 수 있습니다.

 독해력 키움의 문제 앞에 놓인 글이든, 글 아래에 놓인 문제이든 아이들이 스스로의 힘으로 이해할 수 있도록 꾸몄습니다. 되도록 간섭은 줄이고, 부모님이나 선생님께서 아이를 도와주실 때는 다음에 유의하십시오.

01

글이나 문제에서 뜻을 모르는 낱말이 있다고 할 때는, 그 낱말의 앞이나 뒤에 놓인 다른 말과 연결하여 미루어 뜻을 떠올려 볼 수 있도록 힘을 키워주십시오. 쉽사리 사전을 찾도록 한다거나 글 전체, 문제 전부를 풀이해주는 방식으로는 남에게 기대는 버릇만 들게 할 것입니다.

02

이 책의 끝에 있는 체크리스트 점검표 작성을 도와주시고 주기적으로 확인해 주십시오. 아이의 약점을 파악하여 자주 틀리거나 이해가 부족한 문항 유형을 중심으로, 그 문항 유형의 어려움을 극복하기 위해서 무엇을 고치고 보완해야 하는지 알려주십시오. 고칠 점, 보완해야 할 점은 해설을 보면 잘 나와 있습니다.

03

주관식 문제는 예시에 따라 채점을 도와주세요.
한 낱말이나 빈칸이 정해진 하나의 구절로 답하는 문제에서는 0점과 모범 답안과 일치하는 만점밖에 없습니다.
여러 개의 낱말로 답하는 문제에서는 배점에 문항 수를 나누어 정답에 비례하여 채점합니다.
하나의 구절이나 문장으로 답하는 문제에서는 미리 주어진 조건을 고려하여 모범 답안의 내용과 일치하는 정도에 따라 점수를 주어야 할 것입니다.

독해력 키움의 구성

01 단계를 나누어 체계를 잡았습니다.

독해력 키움은 초등학교 교육 과정에 맞추어 1단계부터 6단계까지 모두 여섯 단계로 이루어져 있습니다. 그렇지만 학년과 단계가 꼭 일치하는 것은 아닙니다. 체계를 튼튼히 다진 다음, 키움의 속도를 높이기 위해 학년보다 한 걸음 더 나아가도록 하였습니다. 읽기 능력의 개인 차이를 고려하여 자신의 수준에 맞는 단계를 골라서 시작할 수 있습니다.

02 읽기의 이론을 자세히 소개하여 길잡이로 삼도록 했습니다.

글의 큰 갈래를 비문학과 문학으로 나누고, 갈래의 특성에 따른 읽기의 이론을 본문의 앞에 실었습니다. 단계별 수준을 고려하여 차이를 두고 소개하였습니다. 본문과 문제에 들어가기에 앞서 잘 익혀두어야 합니다.

03 모든 교과목에 걸쳐, 여러 갈래의 글을 골랐습니다.

국어 교과서의 글을 기준으로 삼아, 국어는 물론이고 바른 생활, 슬기로운 생활, 즐거운 생활, 그리고 예체능과 관련된 글도 망라하여 문제 앞에 싣는 글로 골랐습니다. 비문학(설명하는 글, 설득하는 글)과 문학(이야기, 시)을 균형을 맞추어 배치하였습니다. 글이 속한 내용 분야를 보아도 인문, 사회, 경제, 과학, 문화, 예술 등 참으로 다양합니다.

04 독해력을 체계적인 방법으로 키울 수 있도록 하였습니다.

'SSAT(미국 고등학교 입시)'와 '대학수학능력시험'의 독해력 평가 유형을 염두에 두고 초등과정에서 효과적인 독해력 향상을 위한 문항 유형을 만들었습니다. 이를 위해 짜임새가 좋은 지식의 체계로서, 창의적으로 생각하는 바탕으로서, 여러 분야에 두루 활용될 수 있는 글을 골랐습니다. 글 아래의 '주제 찾기1~요약하기 7'의 문항 유형을 순서에 따라 풀어서, 분석, 이해, 추리, 적용의 종합적인 사고 능력을 키울 수 있습니다.

05 독해력을 키우기 위해 꼭 필요한 지식을 갖추도록 문제를 만들었습니다.

독해력은 문제만 많이 푼다고 키울 수 있는 단순한 기능이 아닙니다. 어법, 문학 작품과 관련된 지식, 그 밖의 배경 지식 등이 갖추어져 있어야 보다 튼튼하게 키울 수 있습니다. 글을 고를 때 이 점을 고려하였고, '세부내용 5'번 문제는 순전히 이런 목적에서 출제하였습니다.

06 창의력과 응용 능력을 키울 수 있도록 힘을 기울였습니다.

읽기는 종합적인 생각의 과정이어야 합니다. 글의 사실을 이해하고, 이해한 사실에 미루어 새로운 내용을 짐작해보고, 글의 성질에 따라서는 비판도 하면서, 때로는 새로운 생각을 떠올리거나 다른 일에 응용할 줄도 알아야 합니다. '미루어알기 4', '적용하기 6'의 문제 유형은 이런 의도에서 출제하였습니다.

Contents

초등 국어 독해의 길잡이
독해력 키움

[설명하는 글 읽기 01~19]

01 전란의 극복 ·········· 18
02 홍대용, 지구의 자전을 말하다 ········ 20
03 새로운 문물을 받아들인 조선 ········· 22
04 태양이 지구를, 지구가 태양을 ······· 24
05 서민 문화의 발달 ········· 26
06 생태계 구성 요소들 사이의 관계 ······· 28
07 조선을 뒤덮은 농민의 함성 ·········· 30
08 생활 속의 빛의 굴절 ··········· 32
09 국민의 권리와 의무 ·········· 34
10 전지와 전구 ·········· 36
11 광고의 비밀 (김현주) ·········· 38
12 도서관에서 보물 찾기 ··········· 41
13 억지와 주장의 차이 (김민화) ········· 44
14 보고 싶은 텔레비전 궁금한 방송국 (김미경 옮김) ··· 47
15 우리의 자랑스러운 판소리 (주강현) ······· 50
16 가마솥에 숨겨진 과학~ (윤용현) ········ 53
17 발효와 부패 ·········· 56
18 조선 시대 여성의 삶 ·········· 59
19 농사일을 알려 주는 절기 ·········· 62

[설득하는 글 읽기 20~34]

20 북극 항로 개척 ·········· 65
21 자유민주주의의 시련과 발전 ·········· 67
22 저작권 혼자 갖기와 함께 나누기 ········ 70
23 콜럼버스 항해의 진실 (정범진, 허용우) ··· 73
24 (가) 자연 보호는 우리가 꼭 해야 할 일,
   (나) 자연 개발로 펼치는 새로운 꿈 ······ 76
25 고칠 방법을 모른다면 (박현주 옮김) ··· 79
26 내 인생의 목적지 (전옥표) ·········· 82
27 둥글둥글 지구촌 인권 이야기 (신재일) ··· 84
28 꽉 막힌 생각, 뻥 뚫린 생각 (이어령) ··· 86
29 풍요로운 가을날, 세 여인의 고된 땀방울
   (우도윤, 이주헌) ·········· 91
30 세계화와 우리의 역할 ·········· 94

31 (가) 신약 개발을 위한 동물 실험,
　　(나) 누구를 위한 동물 실험인가 ……… 97
32 학급회의 ……………………………… 100
33 나의 소원 (김구) …………………… 103
34 시애틀 추장 (최권행 옮김) ………… 106

[이야기 글 일기 35~44]

35 어부지리 ……………………………… 110
36 괜찮아 (장영희) ……………………… 113
37 우주 호텔 (유순희) …………………… 116
38 행복한 청소부 (김경언 옮김) ………… 119
39 나비를 잡는 아버지 (현덕) …………… 122
40 바리데기 (신동흔) …………………… 125
41 마지막 수업 (표시정 옮김) …………… 128
42 장끼전 ………………………………… 131
43 양초 도깨비 (방정환) ………………… 134
44 세상을 밝힌 꿈 (성지영) ……………… 137

[시 읽기 45~55]

45 길 (김종상) …………………………… 140
46 목련 그늘 아래서는 (조정인) ………… 142
47 수도꼭지,
　　지금은 공사 중 (김용희, 박선미) …… 144
48 봄비 (심후섭) ………………………… 146
49 물새알 산새알 (박목월) ……………… 148
50 웃는 기와 (이봉직) …………………… 150
51 자전거 찾기 (남호섭) ………………… 152
52 조개껍질 (윤동주) …………………… 154
53 풀잎과 바람 외 (교외, 이호우) (성완영) … 156
54 말하기 좋다 하고 외 ………………… 158
55 오우가 (윤선도) ……………………… 160

▶ 회차별 점수표 ………… 162
▶ 유형별 진단표 ………… 166

I 논리적인 글 읽기

논리적인 글은 어떻게 읽나요?

물건이나 일을 정확히 가리키면서, 그 물건이나 일이 무엇인지 알리는 글을 설명하는 글이라고 합니다. 어떤 뜻이 있는 것으로 생각되는지, 어떠해야 하는지 힘주어 말하는 등의 내용을 담고 있는 글을 설득하는 글이라고 합니다.

이런 글을 물건이나 일을 정확히 가리키면서 내용이 이루어지기 때문에 모두 다음과 같은 방법으로 읽을 수 있습니다.

제목 살피기 제목이 붙어 있다면 그것을 보고 중심 내용이 무엇이 될지 나름대로 떠올려봅니다.

문단 분석 중심 문장과 뒷받침 문장들로 나누어 가면서 문단별로 중심 내용을 파악합니다. 중심 문장은 글의 중심 내용을 담고 있는 문장으로, '~이다', '~하다', '~이어야 한다.' 등으로 끝납니다. 이런 중심 문장이 없으면, 반복된 중심 낱말을 사용하여 스스로 만들어보아야 합니다.

글 전체의 구조 파악 내용의 중요도에 따라 문단별로 순서를 정하고 가장 중요한 내용이 실린 문단을 향해 다른 문단들이 어떻게 놓였는지 파악합니다. 같은 내용을 담고 있는 문단들을 묶어서 정리합니다.

글 전체의 주제문 알기 3단계에서 파악한 내용에 따라 글 전체의 주제문을 떠올려봅니다. 글 전체의 주제문이 글에 있다면 밑줄만 그어두면 되고 없으면 스스로 만들어보아야 합니다.

위의 방법은 한 편으로 완성된 논리적인 글을 읽을 때 적용하면 되고, 보통은 다음과 같이 우리가 알고 있는 사실이나 겪은 일을 떠올려가며 문단 분석을 하고, 읽은 글 전체의 중심 낱말을 파악할 수 있으면 됩니다.

문단별 읽기	내용
중심 문장 파악	문단의 내용을 대표하는 문장, 한 문단에서 가장 중요하고 중심이 되는 문장
뒷받침 문장들	중심 문장을 자세히 설명하거나, 예를 들거나 까닭을 말하여 글쓴이의 말이 옳다고 여기도록 하는 내용
중심 낱말 파악	글에서 자주 나온 낱말이나 제목과 관련되는 낱말 등

1. 낱말의 이해

낱말 뜻의 이해는 사전을 찾으며 글을 많이 읽어서 힘을 길러 갈 수 있지만, 다음과 같이 새로 본 낱말의 뜻을 짐작해보는 힘을 키우는 것이 대단히 중요합니다.

① 뜻을 알고자 하는 낱말이 놓인 앞뒤의 문장이나 낱말을 살펴보면서 뜻을 떠올려봅니다.
② 비슷하거나 반대되는 뜻의 낱말을 대신 넣어보면서 뜻을 떠올려봅니다.
③ 낱말이 사용된 예를 떠올려봅니다.

낱말의 이해는 논리적인 글을 잘 읽어내기 위해 기본이 되므로 설명하는 글이든 설득하는 글이든 모두 훈련이 필요합니다.

2. 읽는 목적에 따른 읽기 방법

필요한 정보가 있는지 확인하기 위해	글 전체를 훑어 읽으면서 필요한 내용이 있는지 확인합니다. 제목뿐만 아니라 그림도 살펴보며 필요한 내용을 떠올려 봅니다.
글에서 필요한 정보를 찾기 위해	필요한 내용을 찾으며 자세히 읽습니다. 중요한 내용이나 그것을 뒷받침하는 내용에 밑줄을 그으며 읽습니다. 자신이 알고 있는 내용과 새롭게 알게 된 내용을 비교하며 자세히 읽습니다.

이 방법은 사실이나 지식, 정보의 전달을 목적으로 삼는 설명하는 글에서 효과적으로 사용할 수 있는 읽기의 방법입니다.

3. 추론하며 읽기

1) 개념
① 이미 알려진 정보를 근거로 삼아 다른 판단을 끌어내는 것
② 글에 직접 드러나지 않은 내용을 글의 앞뒤 사실로 미루어 생각하며 읽는 것
③ 글에 담긴 의미를 생각하며 글을 더 깊이 있게 이해하는 것

2) 방법
① 글에서 찾을 수 있는 단서를 확인하여 글에 담긴 뜻을 추론합니다.
② 자신의 경험과 배경지식을 떠올려 글에 직접 드러나지 않는 내용을 추론하여 봅니다.

3) 적용
글쓴이의 의견이나 주장을 드러내는 설득하는 글에서 이런 읽기가 특히 중요합니다.

II 문학적인 글 읽기

문학적인 글은 어떻게 읽나요?

문학적인 글에 속하는 두 갈래의 글은 워낙 그 차이가 뚜렷하기 때문에 갈래에 따라 달리 읽어야 합니다.

1. 이야기

주인공을 비롯한 인물들이 등장하고, 사건이 있으며, 시간과 공간의 배경이 정해져 있는 글입니다. '전기'처럼 어떤 인물이 살아온 자취와 남긴 말이나 일을 사실 중심으로 엮기도 하고, '소설'이나 '동화'처럼 사실보다는 새롭게 꾸며낸 내용을 중심으로 엮기도 합니다.

A. 크게 읽기

이야기는 길고 내용이 복잡하게 얽혀 있으므로 놓여 있는 순서를 따라 읽어 가면서 먼저 다음 사항들을 따지고 정리합니다.

(1) 큰 문단으로 나누기

이야기는 수없이 많은 작은 문단으로 이루어집니다. 내용의 정리를 위해서는 이것들을 보다 크게 묶어주어야 합니다. 묶을 때의 기준은 주요 장면에서 등장인물의 변화, 사건과 배경의 큰 변화 등입니다.

(2) 전체의 주요 내용 정리하기

큰 문단으로 나누어 내용 정리를 해 두었으면, 이를 바탕으로 하여 전체의 줄거리와 주제를 정리해야 합니다. 주요 내용을 정리하기 위해서 등장인물의 말과 행동이 배어 있는 생각을 정리하고, 그에 대해 자기 생각이나 느낌을 말해보는 방식으로 시작하는 것도 좋은 방법입니다.

B. 자세히 읽기

크게 정리했다고 이야기의 이해와 감상이 끝난 것이 아닙니다. 다음 세부 사항의 분석도 해 두어야 합니다.

(1) 인물의 말

인물이 하는 말을 통해 그 말을 한 사람의 성격, 심리, 사람됨을 짐작해 볼 수 있습니다. 직접 알려주지는 않지만, 읽는 사람이 상상력을 발휘하여 떠올려볼 수 있습니다. 인물의 말은 사건의 원인이 되기도 하고, 어떤 사건이 일어나서 어떤 방향으로 나아갈지 암시하기도 합니다.

(2) 서술자의 말

서술자의 말은 관점을 넣지 않고 그리거나 객관적 사실을 알려주기만 하는 것은 전하고자 하는 내용을 파악하기가 매우 어렵습니다. 이런 말은 독자의 상상력을 발휘하여 드러난 내용의 속에 어떤 뜻이 감추어져 있는지 짐작해 보아야 하기 때문입니다.

서술자의 말 중에 인물, 사건, 배경에 대해 해설하거나 평가하는 것이 있는데, 이런 말은 직접 뜻을 드러내기 때문에 무엇을 전하려고 하는지 알아차리기가 쉽습니다.

(3) 이야기를 구성하는 3요소

인물	이야기에서 사건을 벌이거나 겪는 사람으로 이야기를 이끌어 가는 역할. 인물은 사건의 전개에 영향을 줌.
사건	이야기에서 벌어지는 일을 말하며, 사건을 통하여 이야기가 펼쳐짐. 사건의 전개 과정을 보고 인물의 성격을 짐작할 수 있음.
배경	인물들이 활동하고 사건이 전개되는 모든 시간과 장소. 배경에 따라 일어나는 사건이 달라질 수 있음.

이야기의 인물, 사건과 배경을 두루 생각하면서 펼쳐진 이야기의 뒷부분을 상상하여 볼 수 있다.

2. 시

말소리, 규칙적으로 엮은 말의 질서가 지닌 아름다움을 잘 살린 글인데, 이런 글을 운문이라 합니다. 사용하는 말은 물건이나 일, 사람 등을 정확히 지시하기보다는 빗대기 때문에 다른 물건이나 일, 사람 등을 대신 떠올리게 하는 경우가 많습니다.

또 시인은 작품에서 자신을 대신할 수 있는 다른 인물을 내세워 목소리를 내는데, 이런 가상의 인물을 '화자'라고 합니다. 시는 화자에 의해 느낌과 생각을 표현하는 특징이 있습니다.

작품이 품고 있는 뜻이 여럿일 수 있으므로 제목을 미리 보고 어떤 뜻을 전하고자 한 것일지 이리저리 생각해본 다음, 다음과 같은 단계를 따라 이해하고 감상합니다.

모양 보기 몇 개의 큰 묶음으로 나누어져 있는지, 줄의 길이가 규칙적인지, 낱말이 반복되는지, 말소리의 크기에 변화를 주었는지 등을 눈여겨 보아둡니다. 왜 그렇게 특징 있는 모양이 되도록 했는지는 2~4단계를 모두 거친 뒤에 따져 볼 수 있습니다.

표현의 이해 상식에서 벗어나 거짓말처럼 꾸민 말만 찾아서 그렇게 꾸민 까닭을 따져봅니다. 예를 들면, 어머니의 얼굴을 '세상을 훤히 비추는 보름달'이라 표현했다면, 따져볼 때 상식을 벗어난 거짓말입니다. 이 표현은 어머니의 얼굴이 '너그러우며 세상을 널리 감쌀 만큼 넉넉함'을 실감 나게 드러내기 위해 빗대어 표현한 것입니다.

중심 대상 알기 몇 군데의 어려운 표현을 이해하고 나면, 무엇을 중심 대상으로 삼고 있는지 알 수 있습니다. 중심 대상은 글감입니다.

화자의 마음 떠올리기 시에서 말하는 사람인 '화자'가 물건이나 일, 사람에 대해 어떤 느낌이나 생각을 말하고 있는지 정리합니다.

III 문항 유형에 따라 읽기

검증된 평가로 유명한 'SSAT'나 '대학수학능력시험'의 읽기 능력 평가 유형과 방법을 참고하여 초등 단계에서 가장 효과적이고 체계적인 독해력 향상을 위한 문항 유형 7개를 확정하였습니다. 모든 글의 문제 유형에 따른 배열의 순서는 고정되어 있습니다.

글을 읽고 문제를 풀 때는, 가장 먼저 '사실이해 3'을 새겨 두어야 합니다. 모든 글 읽기는 주어진 글의 사실이해로부터 출발해야 하기 때문입니다. 이 문항의 선택지에 실려 있는 내용은 주어진 글을 이해하는 데도 큰 도움이 됩니다. 따라서 이 문항과 선택지를 보면서 글의 내용을 정확히 파악하는 연습이 기본적으로 대단히 중요합니다.

● 주제찾기 1

독해에서 가장 중요한 활동. 글쓴이가 전하려고 한 중심 생각 찾기.

글 전체의 중심 내용 찾기. 중심 내용을 찾는 방법, 중심 내용을 알아야 떠올릴 수 있는 내용, 중심 내용을 표현한 방법 등을 묻는 유형.

설명하는 글, 설득하는 글에서는 문장이나 구절을 통해 직접 드러내기도 하지만, 드러내지 않은 글에서는 읽는 사람이 정리하여 주제문을 작성해 보아야 주제를 찾았다고 할 수 있습니다. 설명하는 글에서는 '이처럼', '이와 같이', '요컨대' 등의 말이, 설득하는 글에서는 '그러므로', '따라서' 등의 말이 문장의 맨 앞에 놓이면 주제문일 가능성이 높습니다. 이 문항은 다른 문항들의 이해와 깊은 관련성이 있어서, 모든 문항을 풀고 다시 확인해 보는 습관을 들여야 합니다.

이야기 글에서는 서술자의 말을 통해 직접 나타나기도 하지만, 대개는 인물의 행동이나 사건을 통해 읽는 사람이 스스로 파악해야 합니다. 이야기 글을 읽으면서 인물, 사건, 배경 중 무엇이 중심에 놓여 있는지 알아차리면 주제를 쉽게 찾을 수 있습니다.

시에서는 말하는 사람이 어떤 느낌이나 생각에 사로잡혀 있는지 파악하여 정리합니다. 시에서 말하는 사람의 느낌이나 생각을 파악하기 위해서는 비유, 상징, 반어, 역설이라는 4가지 표현 방법에 대한 이해가 가장 먼저 이루어져야 합니다.

글감찾기 2

'제목찾기 2'로 나타나기도 함. 글에서 반복하여 나타난 말이나, 글의 대상이 된 것.

설명하는 글, 설득하는 글에서는 여러 번 반복하여 나타난 글의 중심 낱말을 찾아내는 것이 가장 중요합니다. 중심 낱말이 그대로 글감이 되기도 하며, 제목은 중심 낱말을 넣어 '~와(과) ~', '~의 ~', '~와(과) ~의 관계'라는 형식으로 만들 수 있습니다.

이야기 글에서는 주제 찾기에서 이미 해둔 구성의 3요소 중 무엇에 초점을 맞추었는지 다시 확인하기만 하면 글감이나 제목을 쉽게 떠올려볼 수 있습니다.

시에서는 어려운 표현을 이해하면서 사람, 사람의 마음, 자연, 사회 등 무엇을 시의 대상으로 삼고 있는지 떠올려 봅니다. 여러 번 나타나는 낱말은 글감, 제목과 관련이 깊습니다.

사실이해 3

글에 나타난 사실을 있는 그대로 이해했는지 확인.

설명하는 글, 설득하는 글에서는 긍정과 부정의 정도, 원인과 결과의 관계, 생각과 까닭, 방법과 절차 등에 유의하면서 글에 나타난 사실을 있는 그대로 이해했는지 다시 한 번 확인합니다.

이야기 글에서는 줄거리의 사실을 중심으로 이 문항이 만들어지므로, 선택지 내용이 글에 나타난 것인지 하나씩 따져보도록 합니다.

시에서는 표현만 이해하면 확인할 수 있는 내용으로 이 유형이 이루어지므로 시의 표현에 대한 공부를 미리 해두어야 합니다. 이 공부는 이 책에 실려 있는 이론을 익혀두는 것으로 충분합니다.

미루어 알기 4

글에 나타난 사실에 미루어 짐작해 본 내용.

설명하는 글, 설득하는 글에서는 글에 나타난 사실을 바탕으로 새로운 생각을 해 보는 유형의 문항이므로, 선택지의 각 항목에 나타난 내용이 글의 어떤 내용으로부터 이끌어낸 생각인지 정확히 찾아보아야 합니다.

이야기 글에서는 등장인물의 성격, 사람됨, 마음, 뒤에 이어질 이야기 등이 물음의 대상이 되므로, 인물의 말이나 그려진 행동, 사건의 진행 과정 등을 파악해두고 물음이 요구하는 대로 짐작해 봅니다.

시에서는 말하는 사람의 목소리 뒤에 숨어있는 느낌이나 생각을 떠올려 봅니다. 또 비유와 상징, 반어와 역설을 사용한 까닭을 생각해봅니다.

세부내용 5

글 전체의 모양, 어휘의 뜻, 어법, 글과 관련된 배경 지식 등.

앞에 주어진 글을 당장 이해하기 위해서도 필요하지만, 더 복잡하고 큰 글 읽기의 힘을 키우기 위해 반드시 필요한 지식을 갖추도록 하기 위해서 주어진 문항입니다. 거북하게 여길 필요 없이 주어진 문항을 통해 챙길 수 있는 지식을 머릿속에 있는 지식 창고에 저장하고 넘어가면 됩니다.

설명하는 글, 설득하는 글에서는 낱말의 뜻, 문장들이나 문단들을 이어주는 말의 구실, 고사 성어 등이 물음의 대상이므로, 이와 관련된 지식을 쌓아 둡니다.

이야기 글에서는 때와 장소를 알려주는 말을 주의 깊게 새기면서 담고 있는 뜻을 기억해두도록 합니다. 줄거리와 관련을 맺을 수 있는 역사의 사실도 익혀 둡니다.

시에서는 시 전체의 모양이 지니는 특징, 굳은 비유나 상징에 숨어있는 뜻을 묻습니다. 몇 묶음으로 되어 있는지, 줄의 길이는 어떤지를 눈여겨보고 답을 찾습니다. 늘 쓰이는 비유나 상징의 뜻을 미리 알아둡니다.

적용하기 6

글의 내용을 이해하고, 이를 바탕으로 새로운 생각을 떠올려보거나, 다른 일에 응용할 수 있는 능력.

설명하는 글, 설득하는 글에서는 글을 읽어서 알게 된 개념, 문제 해결의 방법 등을 다른 일에 실제로 적용할 수 있는지 측정하고자 하는 문항 유형입니다. '높임말'에 대한 글을 읽고 나서 높임말이 무엇인지, 어떻게 만들어내는지를 알아보고자 하는 문제라면 이 유형에 속합니다.

이야기 글에서는 인물, 사건, 배경 중에서 하나를 선택하여 글에 나타난 대로 새로운 인물의 사건, 배경을 그려 보일 수 있는지 물을 수 있으므로 인물, 사건, 배경을 글에 나타난 대로 잘 정리해두어야 합니다.

시에서는 작품에 나타난 느낌이나 생각을, 읽은 사람이 새로운 구절이나 문장으로 표현할 수 있는지 요구할 수 있습니다. 기본적으로 시에서 말하는 사람의 느낌이나 생각을 정확히 파악하는 힘을 키워나가야 합니다.

요약하기 7

글의 전체 또는 주요 내용을 간추리는 능력.

설명하는 글, 설득하는 글에서는 글을 읽으면서 중심 내용과 자잘한 세부 내용을 구별하고, 중심 내용만 간추릴 수 있는지 측정하려는 문항입니다. '주제찾기 1'을 해결하는 과정에서 찾아보았던 주제문이나 주제, 중심 낱말을 알고 있으면 쉽게 해결할 수 있습니다.

이야기 글에서는 '사실이해 3'을 풀이하면서 이미 해보았던 주요한 사건을 다시 확인하는 유형이므로 '사실이해 3'이 이미 충실히 이루어져 있다면 쉽게 풀 수 있습니다.

시에서는 출제되지 않습니다.

독해력 키움 | 01. 설명하는 글 읽기(1)

| 평가요소 | 1. ☐ 15점 | 2. ☐ 15점 | 3. ☐ 15점 | 4. ☐ 20점 | 5. ☐ 15점 | 6. ☐ 20점 |

166쪽 표의 해당하는 번호에 체크하세요.

　조선은 16세기 말과 17세기 초에 임진왜란과 병자호란이라는 두 차례의 큰 전란을 겪으면서 참담한 피해를 입었습니다. 많은 백성과 군사가 죽거나 다쳤고, 일본과 청에 포로로 끌려갔습니다. 궁궐 등의 건축물이 불에 타 사라지거나 책·도자기와 같은 귀중한 문화재가 외적에게 약탈되었습니다. 농민은 오랫동안 농사를 짓지 못하여 식량이 부족하였고 기대어 쉴 만한 집도 없어져서 생활은 더욱 어려워졌습니다. 이렇게 되고 보니 세금이 잘 걷히지 않아 나라의 살림살이도 어려워졌습니다. 조선은 두 차례에 걸친 전란의 피해를 극복하기 위해 어떤 노력을 하였을까요?

　농업 생산력을 늘리기 위한 백성의 노력을 먼저 들어야겠습니다. 황폐해진 농촌을 회복하여 수확을 늘리기 위하여 한 일입니다. 황폐해진 땅을 다시 일구어 농사지을 수 있는 땅을 늘려나가는 일부터 했습니다. 그리고 농사에 필요한 저수지나 보를 만들어 시설을 확충해갔습니다. 모내기법과 같은 새로운 농사 기술을 이용하여 생산량을 늘리려고 한 노력도 빠뜨릴 수 없지요. 밭작물 재배를 늘려 인삼, 담배, 채소 등의 작물도 널리 재배하였습니다. 농사에 필요한 시설이 늘어나고 새로운 농사 기술이 발달함에 따라 적은 노동력으로 넓은 땅을 경작할 수 있게 되어 일부 부유한 농민이 나타나기 시작했습니다. 시간이 지나면서 서서히 나타나기는 했지만 전국 곳곳에 장시가 늘어나고 장을 돌아다니며 물건을 사고파는 사람들도 생겨 (㉠)이 발달해간 것도 이 무렵부터입니다.

　조정에서도 피해를 극복하기 위해 노력을 아끼지 않았습니다. 토지 조사와 인구 조사를 새로 실시하여 나라의 재정을 늘리고 백성의 생활을 안정시키고자 하는 일부터 했습니다. 그런 다음 대동법을 실시하였습니다. 대동법은 특산물 대신 토지 면적에 따라 쌀이나 베·무명·돈 등을 세금으로 내도록 하는 제도입니다. 전란으로 생활이 황폐해진 백성의 부담을 덜어 주기 위하여 세금 제도를 정비한 것입니다.

주제찾기　**1.** 글의 중심 내용을 가장 잘 표현한 것은 어느 것입니까?

① 농사의 권장과 왕실의 재건
② 생산력의 향상과 재정의 확충
③ 두 차례의 큰 전쟁과 문화재의 소실
④ 새로운 농사 기술의 보급과 역사책의 편찬
⑤ 밭작물 재배지의 전국적 확대와 세금 제도의 정비

관련 교과 **사회**

제목찾기 2. 글에 나온 낱말을 사용하여 알맞은 제목을 붙이세요.

☐☐☐ ☐☐☐ ☐☐☐☐☐ ☐☐ ☐☐

사실이해 3. 글의 내용과 일치하지 <u>않는</u> 것은 어느 것입니까?

① 왜란에 이어 호란이 일어났다.
② 일본과 청나라로 많은 사람들이 끌려갔다.
③ 농사 기술의 발달로 농민들이 모두 부유해졌다.
④ 장시가 늘어나고 물건을 사고파는 직업이 생겼다.
⑤ 토지와 인구 조사를 실시하여 나라 살림을 늘리려했다.

미루어알기 4. 아래의 글을 읽고, 윗글에서 알 수 있는 내용은 무엇입니까?

> 특산물을 세금으로 낼 때는 그 종류와 양이 정해져 있었습니다. 그런데도 백성이 특산물을 세금으로 내면 관리가 온갖 구실을 붙여 더 많이 내게 하기 일쑤였습니다. 백성은 상인에게 특산물을 사서 세금으로 내야 했는데, 이때 상인들은 관청과 짜고 특산물의 가격을 비싸게 받았습니다.

① 세금과 대동법의 관계 ② 대동법을 위한 특산물 재배
③ 대동법을 실시하게 된 까닭 ④ 대동법 이전의 세금 제도
⑤ 상인과 관청의 결탁

세부내용 5. ㉠에 들어갈 낱말로 알맞은 것을 고르세요.

① 농업 ② 공업 ③ 산업 ④ 상업 ⑤ 어업

적용하기 6. 아래의 사람들 중에서, 대동법에 찬성했던 사람들과 반대했던 사람들을 구별하여 정리하세요.

> 농민, 지주(땅을 가진 사람), 공인(왕궁이나 관청에 필요한 물품을 대는 일을 맡아보는 사람), 방납업자(공물을 나라에 대신 바치고 그 대가로 백성들에게서 더 많은 것을 받아 챙겼던 하급 관리나 상인), 조정 대신

점 수

1~6번 문제의 점수를 더하여 총점을 쓰고 162쪽의 표에 막대그래프로 표시하세요.

독해력 키움 | 02. 설명하는 글 읽기(2)

| 평가요소 | 1. ☐ 15점 | 2. ☐ 20점 | 3. ☐ 15점 | 4. ☐ 15점 | 5. ☐ 15점 | 6. ☐ 20점 |

166쪽 표의 해당하는 번호에 체크하세요.

"큰 의심이 없는 자는 깨달음도 없다!"

18세기 조선의 대표적인 실학자[1] 홍대용[2]의 말입니다. 그는 의심을 통해 진리를 탐구하는 과학적인 사고의 선구자였습니다. 실용적인 학문으로 그릇된 세상을 바로잡으려 했다는 점에서는 다른 실학자와 같지만, 당시 학자들이 그다지 관심을 두지 않았던 과학 사상을 배우고 전파하기 위해 애썼다는 점에서 다른 실학자와 구별됩니다.

그가 처음 관심을 가진 분야는 수학입니다. 이는 서양 과학이 우수한 이유가 수학에 있다고 봤기 때문입니다. 홍대용은 구장산술 외에도 수학계몽, 수학통종, 수법전서 등 많은 책을 정리하고 연구해 당시 수학을 집대성했습니다. 주해수용에서 그는 당시 수학의 거의 모든 부문을 망라해 잘못을 지적하고 분석했으며, 비율법, 약분법, 면적과 체적 등 근대적인 표현을 썼습니다.

나이 29세에 호남 출신의 학자 나경적을 만난 뒤로 홍대용의 관심은 천문학으로 옮겨갑니다. 나경적과 함께 혼천의를 제작하고 자명종, 혼상의도 만들었습니다. 홍대용이 만든 혼천의는 물을 사용해 움직이던 이전 혼천의와는 달리 기계시계를 톱니바퀴로 연결해 움직이게 한 것입니다. 홍대용은 더 나아가 사비를 털어 사설 관측소인 '농수각(籠水閣)'을 짓고 천체 관측 기구인 측관의, 구고의 등을 제작해 설치했습니다. 홍대용이 천체 관측 기구 제작에 열심을 낸 이유는 과학에서 가장 중요한 요소가 (㉠)이라고 생각했기 때문입니다.

홍대용의 나이 35세에 떠난 청나라 북경 여행은 그의 사상에 획기적인 변화를 주게 됩니다. 이곳에서 그는 천주교 성당인 '남천주당'에 자주 방문하면서 서양 선교사를 통해 서양의 진보한 과학을 접할 수 있었습니다.

북경 여행을 마치고 돌아와 저술한 『의산문답』(醫山問答)에는 홍대용이 품었던 과학 사상이 고스란히 배어있습니다. 이 책은 '허자'(虛子)와 '실옹'(實翁)이라는 가상의 인물이 대화를 주고받으며 과학에 대해 토론하는 형식으로 돼 있어요. 여기서 허자는 유교 사상을 대변하며 실옹은 근대 서양 과학을 대변합니다.(생략) 이 책에는 지구가 회전하고 있다는 내용이 나옵니다. 홍대용은 "지구가 번개나 포탄만큼이나 빠르다"고 했어요. (생략)

『의산문답』에는 떨어지는 현상, 즉 중력에 대한 고찰도 있습니다. 홍대용은 그 이유가 "기운이 땅으로 모이고 있기 때문"으로 봤으며 "땅에서 멀어질수록 이 힘은 자연스럽게 없어진다."고 했습니다.

Note
[1] 실학자: 조선 중기에 실학사상을 주장한 사람. [2] 홍대용: 조선 영조 때의 실학자(1731~1783). 북학파의 대표적 인물로, 천문과 율력에 뛰어나 혼천의를 만들고 지구의 자전설을 제창하였다.

관련 교과 **과학**

주제찾기 1. 홍대용이 관심을 가졌던 학문의 두 분야는 무엇과 무엇입니까?

① 수학과 천문학　② 수학과 물리학
③ 수학과 고증학　④ 화학과 천문학
⑤ 화학과 물리학

글감찾기 2. 글에 나온 인물의 이름을 넣어서 8자 정도로 제목을 붙이세요.

사실이해 3. 홍대용의 태도와 거리가 먼 것은 어느 것입니까?

① 실용적　② 합리적　③ 과학적
④ 논리적　⑤ 감성적

미루어알기 4. 홍대용의 생각으로 볼 수 있는 것을 고르세요.

① 의심하면 의혹이 풀린다.
② 실학자는 과학 사상가이다.
③ 지구는 매우 빠르게 회전한다.
④ 수학에서 표현이 아주 중요하다.
⑤ 땅에서 멀리 있을수록 당기는 힘이 강해진다.

세부내용 5. ㉠에 들어갈 알맞은 말은 무엇인가요?

① 선택과 집중　② 관찰과 실험　③ 연역과 귀납
④ 기억과 추리　⑤ 경험과 판단

적용하기 6. 홍대용이 중력에 대한 고찰을 통해 바닷물의 운동을 설명했다고 합니다. 그 현상이 무엇인지 밝히세요.

점 수

1~6번 문제의 점수를 더하여 총점을 쓰고 162쪽의 표에 막대그래프로 표시하세요

02. 설명하는 글 읽기(2) 21

독해력 키움 | 03. 설명하는 글 읽기(3)

| 평가요소 | 1. ☐ 15점 | 2. ☐ 20점 | 3. ☐ 15점 | 4. ☐ 15점 | 5. ☐ 15점 | 6. ☐ 20점 |

166쪽 표의 해당하는 번호에 체크하세요.

　조선 후기에 이르러 정치가 어지러워지자 가난한 백성들의 생활은 더욱 어려워졌어. 그럼에도 불구하고 당시의 유학자들은 실생활과 아무런 상관이 없는 이론과 예법을 둘러싸고 논쟁하며 대립했지. 이때 어떤 학자들은 당시의 학문이 백성들의 삶에서 멀어진 것을 비판하면서 실제로 백성들이 잘 살 수 있고, 나라의 힘을 기르기 위해 필요한 것을 생각하고 연구했어. 그 결과 실생활에서 잘 쓰이고, 생활을 풍족하게 하는 이용후생의 학문인 실학이 등장하게 되었어. 실학은 18세기에 들어서 농업을 중시하는 중농학파와 상공업을 중시하는 중상학파로 발전했어. 먼저 중농학파를 알아볼까?

　중농학파는 18세기 전반에 농업 중심의 개혁론을 제시한 실학자들로, "토지는 천하의 큰 근본입니다. 큰 근본이 확립되면 온갖 법도가 따라서 잘 되어 하나라도 잘못되는 것이 없을 것입니다."라고 말하면서 농촌 문제에 관심을 갖고 토지 제도를 개혁하자고 주장했어. 대표적인 학자는 유형원, 이익, 정약용 등이야. 유형원은 《반계수록》에서 토지 제도의 문제점을 지적하고, 토지 제도를 바꿔 실제로 농사짓는 사람에게만 토지를 나누어 주자고 주장했어. 농업 중심 개혁론을 더욱 발전시킨 이익은 《성호사설》에서 "백성들을 잘살게 하려면 농사지을 수 있는 땅을 주고, 아무도 그 땅을 함부로 팔거나 사지도 못하게 하여야 합니다."라고 주장했어. 이걸 어려운 말로 '한전론'이라고 해. 마지막으로 《목민심서3)》, 《경세유표4)》를 비롯하여 5백여 권에 이르는 저서를 남긴 정약용도 토지 제도와 세금 제도를 바꿀 것을 주장했어. 특히 농사짓는 땅을 농민들이 공동으로 소유하여, 함께 경작하고 수확물도 똑같이 나눌 것을 주장했지.

　18세기 후반에는 농업뿐 아니라 상업과 공업도 발전했어. 이런 분위기 속에서 상업을 발전시키기 위한 정책을 펴야 한다는 실학자도 등장하고, 공업 기술의 혁신을 주장하는 실학자도 나타났지. 상공업 중심 개혁론을 가장 먼저 말한 사람은 유수원이야. 그는 《우서》에서 상공업을 발전시킬 것과 기술 혁신을 강조했어. 또 모든 직업을 평등하게 대할 것을 주장했지. 한편 박지원은 양반이면서도 《양반전》, 《허생전》, 《호질》 등의 소설을 써서 당시 양반 제도의 문제점을 비판했어. 또한 《열하일기》를 통해 청의 여러 가지 제도와 생활 풍습을 소개하면서, 적극적으로 청의 문물을 받아들일 것을 주장했어.(생략) 박지원의 실학사상은 그의 제자 박제가에 의해 더욱 발전했어. 박제가는 《북학의》에서 청의 문물을 더욱 적극적으로 받아들이고, 청과 무역을 더 많이 하여 상공업을 발달시켜야 한다고 말했어.

관련 교과 **사회**

주제찾기 1. 글의 주요 내용은 무엇입니까?

① 실학을 대표하는 학자들 ② 실학과 조선의 정치·경제 상황
③ 실학에서 농사가 중요한 원인 ④ 실학에서 이용후생이 갖는 의미
⑤ 실학의 등장 배경과 유파별 전개의 과정

글감찾기 2. 글감을 찾아서 한 낱말로 답하세요.

사실이해 3. 글에서 설명한 내용과 일치하는 것을 고르세요.

① 조선 후기의 정치인들은 헛된 이론과 논의를 벌였다.
② 중농학파의 이론을 비판하면서 중상학파가 나타나게 되었다.
③ 중농학파는 농업기술의 개선에 의해 농촌의 혁신을 도모하였다.
④ 중상학파는 교통의 요지를 중심으로 학자들이 모여 이론을 다투었다.
⑤ 실사구시를 내세우는 학자들이 등장하여 이용후생의 주장에 도움을 주었다.

미루어알기 4. 글을 읽고 미루어 알 수 있는 내용은 어느 것입니까?

① 예법은 지켜야 할 예의와 법도이다.
② 조선 전기의 농사법이 조선 후기로 이어졌다.
③ 백성의 삶이 가난해지면 개혁의 움직임이 일어난다.
④ 조선 후기에 상업의 발달로 전국 팔도에 시장이 생겨났다.
⑤ 중상학파는 우리나라에 봉건 질서 대신 자본주의가 들어서게 했다.

세부내용 5. 실학자의 저서를 잘못 연결한 것은 어느 것입니까?

① 유형원-반계수록 ② 이익-성호사설 ③ 정약용-목민심서
④ 유수원-우서 ⑤ 박제가-열하일기

적용하기 6. 이익이 내세운 '한전론'의 핵심 주장을 한 문장으로 쓰세요.

점 수

1~6번 문제의 점수를 더하여 총점을 쓰고 162쪽의 표에 막대그래프로 표시하세요

독해력 키움 | 04. 설명하는 글 읽기(4)

평가요소 1. ☐ 15점 | 2. ☐ 15점 | 3. ☐ 15점 | 4. ☐ 15점 | 5. ☐ 20점 | 6. ☐ 20점

166쪽 표의 해당하는 번호에 체크하세요.

　지구가 태양을 중심으로 도는지, 태양이 지구를 중심으로 하여 도는지의 문제는 옛날부터 많은 사람이 궁금해 하는 것이었습니다. 지구가 태양의 주위를 공전하고 있다는 주장을 태양 중심설이라고 합니다. 지금으로부터 2300여 년 전에 고대 그리스의 천문학자인 아리스타르코스는 처음으로 태양 중심설을 주장하였습니다. 그러나 그 시대의 사람들은 모두 지구 중심설을 믿고 있었으며, 아리스타르코스 역시 자신의 주장을 뒷받침해 줄 만한 확실한 증거를 찾지 못하였습니다. 그래서 그의 생각은 사람들에게 받아들여지지 않았습니다.

　그 후 많은 천문학자가 태양 중심설에 대한 증거를 찾기 위하여 노력하였으나 번번이 실패하였습니다. 그러다가 고대 그리스의 천문학자인 프톨레마이오스는 여러 관측 자료를 바탕으로 하여 지구 중심설을 주장하였습니다. 달과 태양, 그리고 행성들이 모두 지구를 중심으로 한 원 궤도로 돌고 있다는 학설입니다. 행성의 운동을 맨눈으로 관측하면 동쪽에서 서쪽으로 역행 운동을 하기도 하는데, 이것은 행성들이 작은 원을 그리며 큰 원 궤도를 돌기 때문이라고 설명하였습니다. 그러나 ㉠이 주장에는 행성의 공전을 복잡하고 이상하게 설명하는 문제점이 있었습니다.

　프톨레마이오스가 지구 중심설을 주장한지 1400여 년이 지나서야 이 학설은 조금씩 의심을 받기 시작하였습니다. 1543년에 폴란드의 천문학자인 코페르니쿠스는 천체를 정밀하게 관측한 결과를 분석하여 새로운 우주의 모습을 주장하였습니다. 우주의 중심에는 태양이 있고 지구는 태양 주위를 원운동으로 공전하고 있다는 태양 중심설이었습니다. 태양 중심설로 설명하면 지구 중심설에서 가장 문제가 되었던 행성의 운동이 쉽고 간단하게 설명되었습니다. 그러나 그 역시 지구가 공전을 하고 있다는 확실한 증거를 제시하지 못하였습니다.

　1609년에 갈릴레이는 망원경을 만들어 달, 금성, 목성, 토성, 태양 등을 관측하였습니다. 그는 관측한 결과를 바탕으로 하여 코페르니쿠스의 태양 중심설이 옳다고 확신하였습니다. 이러한 발견이 여러 사람에게 알려지자, 교회에서 잘못된 지식을 전파한다고 문제를 삼았습니다. 그는 목숨의 위협을 느껴 할 수 없이 자신의 주장을 거두게 되었습니다. 그러나 관측한 결과가 확실하였기 때문에 많은 사람이 태양 중심설을 받아들이기 시작했습니다. 갈릴레이와 이후 과학자들의 노력으로 대부분의 사람들은 태양 중심설을 믿게 되었습니다.

주제찾기　**1.** 글의 중심 내용으로 볼 수 있는 문장을 찾아 쓰세요.

관련 교과 **과학**

글감찾기 2. 빈칸을 채워 제목을 완성하세요.

□□의 모습에 대한 학설

사실이해 3. 우주의 모습에 대한 과학적 증명을 처음 시도한 사람은 누구입니까?

① 아리스타르코스 ② 프톨레마이오스 ③ 아리스토텔레스
④ 코페르니쿠스 ⑤ 갈릴레이

미루어알기 4. 글을 읽고 내세울 수 있는 주장은 무엇입니까?

① 우주의 모습은 끊임없이 변화한다.
② 증거가 없는 이론은 믿음을 얻기 어렵다.
③ 대립된 이론이 시대의 흐름을 따라 번갈아 나타난다.
④ 종교가 학자의 이론에 결정적 영향을 끼쳤다.
⑤ 학자는 학문적 신념을 저버리지 않는다.

세부내용 5. ㉠을 보다 알기 쉽게 설명하는 방법은 무엇입니까?

① 지구와 다른 행성의 운동을 비교한다.
② 행성의 운동이 무엇을 뜻하는지 자세히 알린다.
③ 행성의 순행과 역행이 어떤 차이가 있는지 설명한다.
④ 행성의 공전을 그림으로 그려놓고 설명이 왜 이상한지 밝힌다.
⑤ 복잡한 행성의 운동을 하나의 궤도에 그려놓고 그 특징을 제시한다.

적용하기 6. 갈릴레이 이후 태양 중심설을 믿게 된 과정에서 핵심적인 활동이 무엇이었는지 글에 나온 도구 이름을 넣어 10자 이내로 답하세요.

점 수

1~6번 문제의 점수를 더하여 총점을 쓰고 162쪽의 표에 막대그래프로 표시하세요

독해력 키움 | 05. 설명하는 글 읽기(5)

| 평가요소 | 1. ☐ 15점 | 2. ☐ 15점 | 3. ☐ 15점 | 4. ☐ 15점 | 5. ☐ 20점 | 6. ☐ 20점 |

166쪽 표의 해당하는 번호에 체크하세요.

　조선 후기 농업 생산량의 증가와 상업의 발달로 서민들 중에도 재산을 많이 가진 이가 늘어났으며 자신의 재산을 바탕으로 양반의 신분을 사는 사람도 있었습니다. 사는 것에 여유가 생긴 백성들은 단순히 먹고 자는 것에서 벗어나 즐길 거리에 눈을 돌리게 되었고, 양반과는 다른 자신만의 문화를 만들어내기 시작했습니다.

　조선 후기 서민들에게 많은 사랑을 받았던 소설작품에는 보다 나은 삶을 꿈꿨던 서민의 바람이 드러나 있습니다. 신분 차별이 없는 나라, 양반이 되거나 왕비가 된 여인, 크게 부자가 되는 것은, 많은 노동력 제공과 세금을 내면서도 신분 차별로 양반의 무시를 당하던 서민들이 벗어나고 싶었던 자신들의 꿈이었습니다. 이러한 소설은 재미와 감동을 주는 서민의 즐길 거리였을 뿐 아니라, 처음 나올 때부터 한자가 아닌 한글로 써진 소설이었답니다.

　시조에서도 새로운 경향이 나타났습니다. 종래의 시조는 사대부❶들이 자신들의 기상이나 절의를 나타내고자 한 것이었습니다. 하지만 조선 후기의 시조는 서민들이 중심이 되어 그들의 생활과 사랑, 현실 비판 등의 내용을 읊었습니다. 시조의 형식도 서민들의 소박한 정서를 사실적❷으로 묘사하면서 격식에 구애 받지 않는 ㉠사설시조로 바뀌었습니다. 뭐니 뭐니 해도 조선 후기 사회에서 크게 환영을 받은 예술의 갈래는 ㉡판소리였습니다. 한 편의 이야기를 창(노래)과 아니리(이야기)로 엮어나가는 판소리는 광대들이 가창과 연극으로 연출했습니다. 당연히 읽는 소설보다 훨씬 흥미를 돋우었고, 조선 후기 서민들의 문화생활을 풍요롭게 하는 데 크게 이바지했습니다.

　우리 조상들은 옛날부터 탈을 쓰고 놀기를 즐겨하였습니다. 도깨비의 탈을 쓰고 놀기도 하고 처용❸의 탈을 쓰고 춤을 추기도 하였습니다. 귀신을 쫓거나 나라의 안녕 등을 빌던 탈놀이는 조선 후기에 들어서 그 내용이 조정을 풍자하거나 양반을 비웃는 것으로 변하였습니다. 춤과 흥겨운 가락, 거기에 자신들의 막힌 속을 뚫는 이야기까지 탈춤은 서민이 사랑할 수밖에 없던 놀이였습니다.

　조선 후기에는 서민의 삶을 잘 표현한 풍속화도 널리 유행했어요. 김홍도와 신윤복이 대표적인 풍속화가죠. 특히 최고의 풍속화가인 김홍도는 주로 농촌의 서민들이 자신의 일에 몰두하는 모습을 소탈하고 익살스럽게 표현한 그림을 많이 그렸어요. 대표적인 그림으로 〈서당도〉, 〈대장간도〉, 〈씨름도〉, 〈무동도〉 등이 있습니다.

Note
❶ 사대부: 벼슬이나 문벌이 높은 집안의 사람.　❷ 사실적: 사물을 있는 그대로 그려 내는. 또는 그런 것.
❸ 처용: 설화에 나오는, 신라 제49대 헌강왕 때의 기인(奇人). 어느 날 아내가 역신과 동침하는 것을 보고 향가 〈처용가〉를 지어 불러 역신을 물리쳤다는 이야기가 《삼국유사》에 실려 전한다.

관련 교과 **사회**

주제찾기 1. 이 글의 초점을 잘 드러낸 다음 글의 빈칸을 완성하세요.

> 보다 나은 삶의 ①□과 ②□□ 풍자를 표현한 ③□□ □□

제목찾기 2. 시대를 뜻하는 말을 넣어서 어울리는 제목을 붙이세요.

> □□ □□□ □□ □□

사실이해 3. 글에서 다루어지지 <u>않은</u> 갈래는 무엇인가요?

① 한글 소설 ② 판소리 ③ 사설시조
④ 풍속화 ⑤ 꼭두각시놀음

미루어알기 4. 글에서 떠올릴 수 있는 서민 문화의 특징은 무엇입니까?

① 많은 사람이 보고 듣고 즐길 수 있었다.
② 신분의 구별 없이 작품의 창작에 참여했다.
③ 양반 집안의 여성 작가가 이름을 걸고 활동했다.
④ 부자가 된 자부심을 드러내기 위해 자기 자랑을 했다.
⑤ 가난에 빠진 양반이 생계를 위해 부자가 좋아할 작품을 지었다.

세부내용 5. ㉠과 ㉡의 공통점은 무엇입니까?

① 등장인물이 여럿이다. ② 노래로 내용을 전달한다.
③ 사람들 사이의 갈등을 다룬다. ④ 시조의 기본 형식을 유지한다.
⑤ 백성들의 기쁨을 표현하는 데 적합했다.

적용하기 6. 다음은 윗글에서 다룬 갈래 중 하나를 설명한 것입니다. 빈칸에 알맞은 낱말을 넣으세요.

> 이렇게 당시의 ①□□□을 솔직히 표현한 ②□□□ 덕분에 우리는 그 시대의 모습을 생동감 있게 살펴볼 수 있어.

점수

1~6번 문제의 점수를 더하여 총점을 쓰고 162쪽의 표에 막대그래프로 표시하세요

독해력 키움 | 06. 설명하는 글 읽기(6)

| 평가요소 | 1. ☐ 20점 | 2. ☐ 15점 | 3. ☐ 15점 | 4. ☐ 15점 | 5. ☐ 15점 | 6. ☐ 20점 |

166쪽 표의 해당하는 번호에 체크하세요.

　사람은 음식물을 먹어야 살지만, 토끼풀이나 소나무와 같은 식물은 광합성을 해서 스스로 몸에 필요한 양분을 만들어 살아가. 이렇게 식물이 만들어 낸 양분을 사람과 동물이 먹고 살지. 그래서 식물을 '생산자'라고 불러. 식물은 또 광합성을 할 때 산소를 내뿜어 동물의 산소 호흡을 돕고 있어.

　스스로 양분을 만들지 못하기 때문에 식물이나 다른 생물을 먹어야만 살 수 있는 동물을 '소비자'라고 해. 그중에서 풀이나 나뭇잎을 먹는 초식 동물을 1차 소비자라고 하고, 다른 동물을 먹는 육식 동물을 2차 소비자라고 해. 2차 소비자는 다시 3차 소비자인 더 강한 육식 동물에게 먹히게 되지. 세균, 버섯, 곰팡이와 같이 죽은 동식물의 몸을 먹거나 분해하는 미생물을 '분해자'라고 해. 죽은 생물의 몸은 분해자에 의해 분해되어 식물의 거름이 되지.

　생태계에서는 생물과 생물, 생물과 환경이 서로 적응하며 조화롭게 살고 있어. 연못 생태계를 예로 들어 볼까? 연못에 사는 식물은 물고기의 먹이가 되고, 곤충과 물고기를 위험으로부터 보호해 주지. 연꽃 같은 식물은 더러운 물을 깨끗하게 해 주기도 해. 그리고 연못을 비추는 햇빛은 물풀이 잘 자랄 수 있게 해 주지. 이렇게 생태계를 이루는 생물의 종류와 수가 급격히 변하지 않고 안정된 상태를 유지하는 것을 '생태계의 평형'이라고 해.

　안정된 생태계는 평형을 유지하고 조절하는 능력을 가지고 있어. 하지만 변화가 지나치게 심하면 생태계는 회복되지 못하고 평형이 깨지게 돼. 생태계의 평형이 깨지는 요인에는 가뭄, 홍수, 태풍, 지진, 산불 등과 같은 자연적인 요인과, ㉠귀화 생물에 의한 요인, 그리고 댐, 도로, 골프장 건설 등과 같이 사람에 의한 요인이 있어. 한 번 파괴된 생태계가 회복되는 데에는 오랜 시간과 많은 노력이 필요해.

　다양한 생물이 살며 생물과 생물, 생물과 무생물이 상호 작용하며 균형을 이룰 때 생태계의 평형이 유지될 수 있어. 안정된 생태계는 스스로 평형을 유지하고 조절하는 능력을 가지고 있지. 우리는 생태계를 보전하기 위하여 환경을 깨끗하게 하고 훼손된 환경을 되돌리기 위해 노력해야 해. 이때 가장 중요한 것은 환경을 사랑하는 마음과 모든 생명체는 함께 살아가야 한다는 생각이란다.

관련 교과 과학

주제찾기 1. 글의 주제문장을 찾아서 주제문을 15자 정도로 고쳐 쓰세요.

제목찾기 2. 반복하여 나타나서 강조의 의도를 가진 어구를 찾아 글의 제목을 붙이세요.

사실이해 3. 글의 내용과 거리가 먼 것은 어느 것입니까?

① 지구는 생명이 살아가기에 알맞은 환경이다.
② 녹색 식물은 광합성을 할 때 산소를 내뿜는다.
③ 동물은 식물이나 다른 생물을 먹어야 살 수 있다.
④ 세균, 곰팡이 등의 미생물은 죽은 생물을 분해한다.
⑤ 생태계는 변화가 심하더라도 시간이 지나면 회복한다.

미루어알기 4. 글의 내용을 바탕으로 이끌어낸 생각으로 적절한 것을 고르세요.

① 지구 생태계가 파괴되면 모든 생명체가 사라지게 된다.
② 식물이 사람을 비롯한 다른 동물의 생존에 큰 영향을 준다.
③ 생태계는 상위 '소비자'의 수가 줄어들수록 크게 번성하게 된다.
④ 생물의 종류와 수가 변하지 않으면 생태계에 노화가 일어날 수 있다.
⑤ 생태계의 평형은 주로 가뭄, 홍수, 지진, 태풍 등에 의해 깨어지게 된다.

세부내용 5. ㉠에 속하지 않는 것은 어느 것입니까?

① 가물치 ② 황소개구리 ③ 블루길
④ 뉴트리아 ⑤ 배스

적용하기 6. 글의 내용을 참고하여, 아래의 물음에 한 문장으로 답하세요.

> 미국 과학자들은 화성이나 달에 생물이 살 수 있는 기지를 만들 수 있을지 알아보려고, 바이오스피어라는 인공 생태계를 만들었어. 이곳에는 4000종의 동물과 식물, 그리고 4명의 사람들이 들어가 살았는데 2년 만에 실험을 중단했다고 해. 왜 그랬을까?

점수

1~6번 문제의 점수를 더하여 총점을 쓰고 162쪽의 표에 막대그래프로 표시하세요

독해력 키움 | 07. 설명하는 글 읽기(7)

| 평가요소 | 1. ☐ 15점 | 2. ☐ 15점 | 3. ☐ 15점 | 4. ☐ 20점 | 5. ☐ 15점 | 6. ☐ 20점 |

166쪽 표의 해당하는 번호에 체크하세요.

　전정(田政; 조세 제도)의 문란은 잡다한 토지세의 부당한 부과와 그 징수를 둘러싼 행정적 횡포를 뜻하고, 군정(軍政; 병역)의 문란은 군역(軍役) 부과의 부당성이며, 환곡(還穀; 양곡 대여)의 문란은 정부 대여 곡식의 대여와 환수를 둘러싼 지방 관리들의 농간을 말합니다. 이와 같은 재정행정의 문란은 특히 안동김씨의 세도 정치 때 심하였으며 홍경래의 난(1811), 임술 농민 봉기(1862) 등 농민 봉기를 유발하였지요. 날이 갈수록 농민들의 피해는 극심해지고 사회에 대한 불만이 고조되고 의식이 성장하면서 많은 사람들이 볼 수 있게 글을 게시하는 것 같은 소극적 저항이 일어나게 되었어요. 이후 사회의식이 더욱 성장하면서 적극적 저항인 농민 봉기로 이어지게 되었답니다.

　몰락 양반이었던 홍경래는 세도정치의 폐단과 서북 지방민에 대한 차별에 저항하여 난을 일으키게 되었습니다. 이에 농민·중소 상인·광산 노동자들이 힘을 보태면서 세력이 확장되었으나 정주성 전투에서 패하면서 5개월 만에 평정되었습니다. 1862년은 농민 항쟁이 가장 많이 일어난 해였어요. 경상도 지리산 아래의 단성에서 시작하여 농민들이 진주성을 점거하면서 전국적으로 확대되었습니다. 이러한 농민 봉기는 농민들의 사회의식 성장에 기여하였으며, 양반 중심의 통치 체제가 붕괴되는 원인이 되었어요.

　동학을 믿는 사람들이 늘어나자 동학은 종교를 넘어 사회 개혁 운동으로 바뀌기 시작했어요. 신분제를 없애라거나 세금제도를 고치라는 등의 요구들을 한 거예요. 특히 갑오년(1894년)에는 거대한 사회 운동을 일으켰어요. 계기가 된 사건은 고부 민란이지요. 고부 군수 조병갑은 강 상류에 이미 보(저수지)가 있음에도 불구하고 농민들을 강제로 동원해 하류에 새로운 보(만석보)를 쌓게 했어요. 조병갑은 보가 다 지어지면 공짜로 물을 쓸 수 있게 해 주겠다며 농민들을 꾀었지요. 하지만 보가 다 지어지자 물세를 강제로 걷기 시작했어요.

　그동안 조병갑의 횡포에 화가 쌓였던 농민들은 이 일로 폭발하고 말았어요. 동학의 지도자였던 전봉준은 화가 나 마을 사람들을 이끌고 나선 거예요. 그래서 동학교도들이 함께 일어서 조병갑을 쫓아내고 만석보를 무너뜨려 버렸어요. 조병갑 대신 마을에 온 사또는 농민들에게 잘하겠다고 말해 일이 진정되는가 싶었는데, 정부에서 내려 온 관리가 오히려 동학 농민군에게 잘못이 있다며 몰아세우자 더 화가 난 사람들은 다시 일어났고, 전봉준은 ㉠사발통문을 돌려 다른 지역의 동학 지도자들까지 모아 다시 일어나게 되었어요.

　동학 지도자들이 합세하면서 정읍, 태안, 부안에서까지 농민들이 몰려왔어요. 이를 진압하려던 군대가 황토현에서 농민군의 함정에 빠져 무너지자 더 많은 마을이 힘을 합쳤지요. 중앙에서 군인이 내려왔지만 장성에서 농민군이 다시 이겼어요. 농민군이 전주성까지 점령하자 정부는 동학군에게 화해를 청하고 약속을 맺었어요. 전라도 지역에 '집강소'를 설치하고 정부와 농민이 함께 여러 개혁을 한다는 내용이었지요.

주제찾기 **1.** 글에서 다룬 시대의 핵심 상황을 간추린 다음 문장을 완성하세요.

> 농민들의 ①☐☐☐☐ ☐☐과 ②☐☐ ☐☐의 통치 체제 붕괴

글감찾기 **2.** 글에 나온 두 낱말을 결합하여 글감을 쓰세요.

사실이해 **3.** 글에서 다룬 내용과 맞지 않는 것은 어느 것입니까?

① 전정의 문란은 토지세를 지나치게 물려서 생겼다.
② 정부 재정의 문란은 갈수록 농민에게 큰 피해를 주었다.
③ 환곡은 가난한 백성보다 가난한 양반에게 혜택이 돌아갔다.
④ 홍경래는 세도정치의 폐단과 평안도에 대한 차별로 난을 일으켰다.
⑤ 농민군이 전주성을 무너뜨릴 때까지 동학 지도자들은 분열되어 있었다.

미루어알기 **4.** 동학 농민 운동이 일어난 가장 중요한 원인으로 알맞은 것은 무엇입니까?

① 지방의 관리가 농민을 착취하고 학대했기 때문이다.
② 농사짓기에 편리한 수리시설을 갖추지 못했기 때문이다.
③ 아전이 농간을 부려 농민에게 돌아갈 몫을 가로챘기 때문이다.
④ 조정 대신이 세도 정치를 하는 통에 임금이 무능해졌기 때문이다.
⑤ 청나라와 일본의 군대가 들어와 농민군을 무자비하게 처벌했기 때문이다.

세부내용 **5.** 내용 흐름에 따라 ㉠의 뜻을 가장 잘 풀어 놓는 것을 고르세요.

① 통솔자가 병사에게 보내는 글
② 비밀히 여러 사람에게 알리는 글
③ 사발에 담아 주고받는 글
④ 사방팔방으로 소식을 전하는 글
⑤ 지방 관청에 밎서기 위해 지은 글

적용하기 **6.** 아래의 글이 어떤 현실에서 나타나게 된 것인지 15자 안팎으로 쓰세요.

> 문무의 재능이 있으나 세력이 없어 벼슬하지 못한 자는 나의 호소에 호응하라. 재상 자격을 갖춘 자는 재상이 될 것이며 장수가 될 능력이 있는 자는 장수가 될 것이다. 그리고 가난한 자는 부자가 되고 법을 두려워 피해 다니는 자는 보호를 받게 될 것이다.[〈순조실록〉(1801년 10월 하동지방 괘서사건)]

점 수

1~6번 문제의 점수를 더하여 총점을 쓰고 162쪽의 표에 막대그래프로 표시하세요

독해력 키움 | 08. 설명하는 글 읽기(8)

| 평가요소 | 1. ☐ 15점 | 2. ☐ 15점 | 3. ☐ 15점 | 4. ☐ 15점 | 5. ☐ 20점 | 6. ☐ 20점 |

166쪽 표의 해당하는 번호에 체크하세요.

우리는 빛이 있기 때문에 물체를 볼 수 있습니다. 우리 주변에는 태양이나 전등처럼 스스로 빛을 내는 물체가 있어요. 이와 같이 스스로 빛을 내는 물체를 '광원'이라고 해요. 우리는 광원을 볼 수 있으며 광원 아래에서는 스스로 빛을 내지 않는 물체도 볼 수 있어요. 극장과 같이 어두운 곳에 갑자기 들어가면 처음에는 잘 보이지 않다가 시간이 지나면서 주변의 물체가 조금씩 보이기 시작합니다. 암실에서도 전등이 켜져 있으면 광원인 전등에서 나오는 빛이 물체를 비추기 때문에 볼 수 있어요. 우리가 물체를 볼 수 있는 것은 광원에서 나온 빛이 물체에 반사되어 우리의 눈에 들어오기 때문입니다. 따라서 빛이 전혀 없는 곳에서는 물체를 볼 수 없어요.

창문 틈으로 새어 들어오는 빛은 곧게 뻗어 나갑니다. 또 어두운 방에서 손전등을 벽에 비추면 빛은 벽을 향하여 똑바로 나아갑니다. 이처럼 빛은 언제나 '직진'합니다. 직진해 온 빛이 거울에 비치면 어떻게 될까요? 빛은 거울에서 반사된 후에도 직진합니다. 거울의 방향을 바꾸면 빛이 반사되어 나가는 방향이 바뀌지만 여전히 직진해요. 빛은 물이나 유리처럼 투명한 물체를 통과할 수 있지요. 유리창을 통하여 바깥의 경치가 보이는 것은 빛이 유리를 투과하여 우리 눈에 들어오기 때문이에요. 빛은 물이나 유리의 표면에서 일부 반사되기도 합니다.

거울이나 수면에서 빛이 반사될 때, 빛이 거울로 들어가는 입사각과 거울에서 반사되는 반사각의 크기는 같습니다.(생략) 잔잔한 수면이나 거울처럼 매끄러운 평면에서는 빛이 일정한 방향으로 반사되는데, 이를 '정반사'라고 합니다. 반면 종이처럼 울퉁불퉁한 면에서 빛은 여러 방향으로 흩어져 반사하는데, 이를 '난반사'라고 합니다. 흰 종이와 같은 하얀 물체는 모든 빛을 반사해요. 그러나 거울과 달리 표면이 거칠어 난반사가 일어나기 때문에 물체가 비치지 않는 거예요.

컵 속에 동전을 놓고 동전이 보일락 말락 한 위치에서 물을 부으면 서서히 동전이 떠올라 보입니다. 이것은 동전에서 나온 빛이 수면에서 굴절하여 우리 눈에 들어오기 때문이지요. 빛이 공기에서 진행하다가 물을 만나면 경계면에서 일부는 반사하지만, 대부분의 빛은 물속으로 들어갑니다. 이 때 경계면에 비스듬하게 들어간 빛은 진행 방향이 꺾어집니다. 이처럼 빛이 서로 다른 물질 속을 통과해 갈 때 경로가 바뀌는 현상을 '빛의 굴절'이라고 해요.

주제찾기

1. 글에서 설명한 중심 내용을 간추리고자 할 때 꼭 필요한 낱말들만 모아 놓은 것은 어느 것입니까?

① 물체, 광원, 굴절 ② 광원, 거울, 반사 ③ 직진, 거울, 반사
④ 물체, 반사, 법칙 ⑤ 직진, 반사, 굴절

관련 교과 **과학**

글감찾기 2. 빈칸을 채워 글감을 밝히세요.

□□ □□

사실이해 3. 설명한 내용과 일치하는 것은 어느 것입니까?

① 스스로 빛을 내지 않는 물체도 볼 수 있다.
② 빛이 들어오지 않는 곳에서도 물체를 볼 수 있다.
③ 손전등을 거울에 비추면 여러 방향으로 빛이 나아간다.
④ 투명한 유리가 아니어도 창 너머에 있는 경치를 볼 수 있다.
⑤ 흰 종이를 앞에 두고 물체를 비추면 물체의 상이 생기지 않는다.

미루어알기 4. 글의 내용에 바탕을 두고 그 이유를 설명할 수 있는 것은 어느 것입니까?

① 극장에는 낮보다 밤에 가는 편이 덜 피곤하다.
② 달에서 지구를 광원으로 삼아 다른 별을 볼 수 있다.
③ 태양은 우리가 눈으로 보는 것보다 늦게 떠서 일찍 진다.
④ 어두운 곳에서 작업을 하기 위해서는 반사경을 가지고 들어간다.
⑤ 돌을 매끄럽게 갈아서 그 앞에 물체를 세워두면 물체의 상이 비친다.

세부내용 5. 글에서 자주 사용한 설명의 방법은 무엇입니까?

① 둘의 공통점과 차이점을 견주었다.
② 원인을 자세히 밝히고 그 결과를 말했다.
③ 전체를 구성하는 요소를 하나하나 늘어놓았다.
④ 말의 뜻이 무엇인지 밝히고 같은 성질끼리 묶었다.
⑤ 대상이 무엇이며 어떠한지 손가락으로 가리키듯이 말했다.

적용하기 6. 거울 앞에 '나'를 세워 두면 ①나의 상은 어떻게 비칩니까? ②그렇게 비치는 까닭은 무엇입니까? 각각 한 문장으로 답하세요.

	점 수
1~6번 문제의 점수를 더하여 총점을 쓰고 162쪽의 표에 막대그래프로 표시하세요	

독해력 키움 | 09. 설명하는 글 읽기(9)

| 평가요소 | 1. ☐ 15점 | 2. ☐ 20점 | 3. ☐ 15점 | 4. ☐ 15점 | 5. ☐ 15점 | 6. ☐ 20점 |

166쪽 표의 해당하는 번호에 체크하세요.

　우리는 모두 자유로운 개인이지만 무슨 일이든지 할 수 있는 건 아니야. 민주 국가에서 우리는 어떤 권리를 갖고 있을까? 모든 사람에게는 인간으로서 당연히 누려야 할 기본적인 권리가 있고, 그것을 기본권이라고 해. 우리 헌법은 인간의 존엄성과 행복을 추구할 수 있는 권리를 보장하고, 국민의 기본권을 정해 두고 있어.

　자유권은 국가로부터 간섭을 받지 않고 행동하고 생각할 수 있는 권리야. 종교를 믿을 권리, 살고 싶은 곳에 살 권리, 말할 권리, 원하는 직업을 가질 권리 등이 있어. 평등권은 누구든지 성별이나, 종교, 직업, 장애 등에 의해 차별 받지 않을 권리를 말해. 사회권은 인간답게 살 수 있도록 국가에 요구할 수 있는 권리지. 일할 기회를 요구할 권리, 교육을 받을 수 있는 권리, 깨끗한 환경에서 살 권리 등이 사회권이야. 또 청구권은 국민이 국가에게 어떤 행위를 해 달라고 하는 권리야. 국민의 어려움을 국가 기관에 알려 국민의 뜻을 반영시킬 수 있는 청원권이나 재판을 받을 수 있는 권리인 재판 청구권 등이 있어. 참정권은 국민의 한 사람으로서 정치에 참여할 수 있는 권리야. 투표에 참여할 권리, 공무원이 되어 나랏일을 담당할 권리 등이 있어.

　권리가 있으면 의무도 있다고? 그런데 의무는 무엇이고, 우리들에게는 어떤 의무가 있는 거지? 꼼꼼히 살펴보고 내게 주어진 의무에 최선을 다해야겠는걸! 의무란 말 그대로 당연히 해야 하는 일이야. 누군가 의무를 다하지 않으면 불편한 일들이 생겨. 반 친구들 모두가 각자 할 일을 맡았는데, 청소를 담당하는 친구가 자신의 일을 게을리 했다면, 이 친구는 청소를 해야 할 자신의 의무를 다하지 않은 거야. 그 때문에 교실이 더러워져 결국 모두가 피해를 입게 되지.

　학교뿐만 아니라 국가도 마찬가지야. 이 나라의 국민인 우리에겐 국민의 권리와 함께 국민의 의무도 있어. 그중 나라를 지킬 의무인 국방의 의무, 나랏일을 운영하는데 드는 세금을 내는 납세의 의무, 모든 국민이 일정한 교육을 받도록 해야 하는 교육의 의무, 일을 해야 하는 근로의 의무, 이 네 가지를 국민의 4대 의무라고 해.

주제찾기　**1.** 헌법에서 보장하는 국민의 권리가 바탕에 깔고 있는 생각은 무엇입니까?

① 국가는 법률에 의해서 국민의 권리를 제한할 수 있다.
② 국민의 권리는 다른 사람의 권리와 조화를 이루어야 한다.
③ 법률로 보장하고 있는 모든 권리는 항상 완벽하게 행사할 수 있다.
④ 법률에 의할지라도 자유와 권리의 본질적인 내용을 제한할 수는 없다.
⑤ 국민은 인간으로서 존엄한 가치를 가지며 행복을 추구할 권리를 가진다.

관련 교과 사회

제목찾기 2. 글의 제목을 세 토막의 어구로 쓰세요.

사실이해 3. 국민의 권리 중, 다른 권리를 보장받도록 요청하는 권리는 무엇입니까?

① 자유권 ② 평등권 ③ 사회권
④ 참정권 ⑤ 청구권

미루어알기 4. 아래에 소개한 사례는 국민의 의무 중 무엇에 충실하고자 한 것으로 볼 수 있습니까?

> 빌 게이츠나 워런 버핏과 같은 세계 최고의 부자들은 세금을 줄여 주겠다는 정책에 반대하면서 오히려 자신들과 같은 부자들이 더 많은 세금을 내야 한다고 말했습니다. 재산을 자식들에게만 물려주지 않고, 어려운 이웃들과 세계 평화를 위해 기부도 아끼지 않고 하겠다고 했습니다.

① 교육의 의무 ② 근로의 의무 ③ 국방의 의무
④ 납세의 의무 ⑤ 환경 보전의 의무

세부내용 5. 교육의 의무와 직접 관련되는 국민의 권리는 무엇입니까?

① 자유권 ② 평등권 ③ 사회권
④ 참정권 ⑤ 청구권

적용하기 6. 오른쪽의 설명에 따라 왼쪽의 빈칸을 채우세요.

① □□□	직업 선택의 자유, 종교의 자유, 신체의 자유, 거주 이전의 자유와 관련된 권리
② □□□	성별, 종교 또는 사회적 신분에 따라 차별받지 않을 권리
③ □□□	능력에 따라 균등하게 교육 받을 권리, 일할 권리, 좋은 환경에서 살 권리
④ □□□	투표할 권리, 입후보할 권리, 나랏일을 할 권리
⑤ □□□	권리가 침해당했을 때 국가에 일정한 요구를 할 수 있는 권리

점수

1~6번 문제의 점수를 더하여 총점을 쓰고 162쪽의 표에 막대그래프로 표시하세요

독해력 키움 | 10. 설명하는 글 읽기(10)

| 평가요소 | 1. ☐ 15점 | 2. ☐ 15점 | 3. ☐ 15점 | 4. ☐ 20점 | 5. ☐ 15점 | 6. ☐ 20점 |

166쪽 표의 해당하는 번호에 체크하세요.

　최초의 화학 전지인 볼타 전지는 묽은 황산 용액이 든 그릇에 구리판과 아연판을 넣고 두 금속을 도선으로 연결한 것이야. 두 금속 중 아연이 이온화 경향이 크기 때문에 아연 이온(Zn^{2+})이 용액에 녹아 나와. 아연판의 전자는 도선을 통해 구리판으로 이동하여, 모여 있는 수소 이온($H+$)에게 전자를 줘. 이 때 전자는 아연판에서 구리판으로 이동하므로, 아연이 음극(-), 구리는 양극(+)이야. 볼타 전지는 처음에 1.1V 정도의 전압을 나타내지만, 시간이 지남에 따라 전압이 떨어져. 왜냐 하면 구리판에서 발생한 수소 기체가 구리판 주위에 막을 형성하여 전자의 이동을 방해하기 때문이야. 또한 사용하지 않을 때에도 아연판은 끊임없이 부식되는 단점이 있어.

　걸어 다니면서 휴대폰이나 MP3를 사용할 수 있도록 하는 데 큰 역할을 하는 것 중에 하나는 전지일 거야. 우리가 사용하는 휴대폰 전지는 리튬-이온 전지야. 이 전지는 충전해서 사용하는 2차 전지지. 1차 전지는 벽시계나 리모컨에 주로 사용하는 1회용 전지를 가리키는 말이야. 1회용 전지는 충전하여 사용할 수 없어. 충전을 시도한다면 내부의 액이 새어 나오거나 파열될 위험성이 있기 때문에 조심해야 해.

　충전해서 사용하는 2차 전지에는 니켈-카드뮴 전지, 니켈-수소 전지가 있어. 이 전지는 값이 싸서 소형 진공청소기나 전동 칫솔 등에 많이 쓰지만 메모리 효과가 있어. 이 때문에 완전히 방전하지 않고 충전하면 용량이 줄어들어 수명이 짧아져. 2차 전지 중에 리튬-이온 전지는 용량이 크고 메모리 효과가 거의 없어 휴대폰이나 노트북 배터리로 많이 사용되고 있지. 하지만 가격이 비싼 게 단점이야. 건전지의 유통 기한은 보통 2~5년으로 아무리 보관을 잘한다고 해도 성능이 자연스럽게 줄어들어. 또한 전자 기기에서 볼륨을 높여 음악을 들으면 전류가 더 많이 흘러야 하기 때문에 전지 소모가 훨씬 (㉠)진단다.

　최근에는 태양 전지와 같은 다른 원리의 전지가 개발되고 있어. 태양전지를 만드는 방식은 크게 '결정형'과 '박막형'의 두 가지로 나누어져. 현재 대부분 기업들이 쓰는 방식은 '결정형'이야. 원재료인 폴리실리콘을 얇게 자른 웨이퍼 위에 회로를 그리는 방식이야. 결정형은 현존하는 태양전지 제조방식 가운데 광변환 효율이 가장 좋다는 장점이 있지만 폴리실리콘 등 원재료값이 비싸고 설치 장소가 제한적이란 단점이 있어. 결정형의 단점을 보완하기 위해 등장한 게 '박막형'이야. 박막형의 기본 제조 원리는 유리, 플라스틱 등 주변에서 흔히 볼 수 있는 판 위에 태양빛을 전기로 바꾸는 특성을 지닌 특수화합물질을 얇게 바르는 것이야. 결정형에 비해 광변환 효율이 떨어지는 단점이 있지만 폴리실리콘을 사용하지 않아도 되기 때문에 원가가 (㉡) 건물 유리창 등에 설치할 수 있다는 장점도 있어.

관련 교과 **과학**

주제찾기   **1.** 글의 중심 내용은 무엇입니까?

① 1차 전지와 2차 전지
② 전지의 종류와 충전 가능성
③ 1차 전지가 충전이 되는 조건
④ 전지의 종류와 전기 생산의 원리
⑤ 2차 전지가 1차 전지보다 유용한 점

글감찾기   **2.** 글에 나온 낱말로 글감을 찾아 쓰세요.

사실이해   **3.** 최근의 전자 기기에서 주로 사용하는 전지는 무엇입니까?

① 볼타 전지
② 1회용 전지
③ 리튬-이온 전지
④ 니켈-수소 전지
⑤ 니켈-카드뮴 전지

미루어알기   **4.** 글을 읽고 떠올린 생각으로 타당한 것을 고르세요.

① 전지는 묽은 황산 용액이 기본 재료이다.
② 전지의 양극 중, 전자를 받은 쪽이 양극이 된다.
③ 전지의 메모리 효과에 의해 전압의 크기가 결정된다.
④ 전지의 유통 기한 안에서 소모량은 일정 수준을 유지한다.
⑤ 전지 중에서 태양열을 이용한 것은 그 재료를 구하기 어렵다.

세부내용   **5.** 내용의 흐름으로 볼 때, ㉠과 ㉡에 들어갈 낱말을 순서대로 정리한 것은 어느 것입니까.

① 빨라, 싸고
② 느려, 싸고
③ 빨라, 비싸고
④ 느려, 비싸고
⑤ 많아, 올라가고

적용하기   **6.** 1회용 전지를 충전하여 사용할 수 없는 이유를, 글에 나온 낱말을 활용하여 한 문장으로 쓰세요.

점 수

1~6번 문제의 점수를 더하여 총점을 쓰고 162쪽의 표에 막대그래프로 표시하세요

독해력 키움 | 11. 설명하는 글 읽기(11)

평가요소 1. ☐ 15점 2. ☐ 10점 3. ☐ 15점 4. ☐ 15점 5. ☐ 15점 6. ☐ 15점 7. ☐ 15점

166쪽 표의 해당하는 번호에 체크하세요.

상품을 팔기 위하여 소비자들을 일일이 찾아다니며 상품에 대하여 설명할 수는 없어요. 그 대신 한꺼번에 많은 사람에게 새로운 상품을 선보이는 방법을 쓰지요. 그것이 무엇이냐고요? 바로 광고예요. 광고는 텔레비전, 인터넷, 스마트폰 등 각종 매체를 통하여 소비자들에게 상품을 선보이고, 그것을 가지고 싶은 마음이 들게 하기 위하여 기업이 만든 판매 전략이에요. 수많은 광고 문구를 한번 떠올려 보세요. 이러한 광고들의 속삭임은 어느 순간 커다란 울림으로 우리의 마음을 두드리게 되지요. 바로 이렇게요.

"당신이 소비한 것이 바로 당신의 능력을 말하여 줍니다."

그러다 보면 사람들은 자신이 타는 자동차나 살고 있는 집, 사용하는 세탁기며 휴대 전화가 자신의 능력을 나타낸다고 믿게 돼요. 그래서 할 수 있다면 새롭고 좋은 것을 사려고 하지요. 하지만 이렇게 소비를 계속한다고 과연 멋진 사람이 될까요? 불과 며칠 뒤면 또 다른 신제품 광고가 나올 테고, 우리는 또 그것을 탐내게 되겠지요. 바로 구매할 수 없는 처지라면 자신의 무능력을 한탄할 거고요. (㉠) 광고는 우리를 설레게도 하지만 초라하게도 만드는 고약한 구석이 있어요. 그런데도 우리는 왜 광고에서 눈을 뗄 수가 없는 것일까요? 이제부터 그 답을 찾아보기로 해요.

어느 날, 친구가 새로 나온 휴대 전화를 들고 와서 성능이나 디자인을 보여 주며 자랑을 해요. 그것을 보면 누구든 그 제품을 사고 싶은 마음이 생기지요. 물건을 사고 싶게 만든다고 해서 다른 친구들에게 자신이 산 제품을 자랑하는 일을 광고라고 할 수 있을까요? 화장품 매장의 판매원은 제품에 대하여 열심히 설명하면서 소비자의 마음을 사로잡으려고 애를 써요. 이런 행동이 광고일까요? 물론 상품에 대한 광고 효과가 있기는 해요. 하지만 광고는 이렇게 직접적인 만남을 통하여 이루어지는 것은 아니에요. 광고는 광고 내용을 전달하는 특정한 매체를 필요로 해요. 바로 텔레비전, 신문, 인터넷, 잡지 같은 것들이지요. 그런 매체에 돈을 지불하고 상품에 대한 내용을 싣는 것을 광고라고 한답니다.

철민이 엄마는 세탁기 광고를 보고 드럼 세탁기를 샀어요. 그런데 철민이 엄마가 산 것은 단순히 드럼 세탁기만이 아니에요. 광고에서 보여 주는 드럼 세탁기가 놓여 있는 현대적이고 세련되게 꾸며진 거실과 주부들의 거친 손과는 딴판인 광고 모델의 희고 가느다란 손가락이 우아하게 버튼을 누르는 모습들을 산 것이지요. 그러니까 철민이 엄마는 드럼 세탁기를 생각하면서 세탁기를 둘러싼 멋진 분위기도 함께 떠올린 거예요. 드

럼 세탁기 광고가 보여 준 멋진 생활을 자신의 실생활과 자꾸만 비교하면서 뭔가 부족함을 느꼈을 거예요. 광고는 이런 식으로 우리로 하여금 뭔가 부족하다는 느낌이 들게 만들어요. (㉠) 광고의 목적은 사람들이 자신에게 없는 것에 대하여 욕구 불만을 품게 하는 거예요. 그래야 사람들이 무엇인가 소비하려고 애쓸 테니까요.

광고는 일차적인 욕구를 채우기 위하여 필요한 이차적인 욕구에 대하여 설명해 주어요. '뭔가 먹고 싶다'는 일차적인 욕구를 채우기 위하여 필요한 이차적인 욕구인 '뭔가'가 바로 ○○ 라면이나 ○○ 식빵, ○○ 스테이크 등이라고 말이에요. 광고는 '먹고 싶다'는 생리적인 욕구부터 '예뻐지고 싶다', '인기 있고 싶다'와 같은 사람의 고차적인 욕구까지, 광고하는 상품만 소비하면 이 모든 욕구를 다 해결할 수 있다고 설득한답니다. 그럼으로써 소비자로 하여금 무엇인가 사고 싶은 이차적인 욕구가 솟구치게 만들지요.

하지만 광고가 감추고 있는 사실이 있어요. 바로 "이 제품은 얼마 안 있으면 또 다른 신제품에 밀려서 특별함이 곧 사라질 운명에 처해 있답니다. 그러니까 특별하고 싶은 당신의 욕구를 얼마 동안밖에 채워 줄 수 없어요. 이 광고의 목적은 당신의 욕구를 채워주는 주는 것이 아니라 한없이 욕구 불만을 느끼게 하기 위한 것이랍니다."라는 것이지요.

주제찾기 **1.** 글의 주제를 가장 잘 표현한 문장은 어느 것입니까?

① 광고는 자본주의 사회에서 필수적인 경제 활동이다.
② 광고는 과장과 허상으로 다가와 우리의 욕망을 자극한다.
③ 광고는 판매자와 구매자 사이에 놓여 징검다리 구실을 한다.
④ 광고는 온갖 매체를 수단으로 하여 상품을 구매하도록 유도한다.
⑤ 광고는 우리가 상품을 구매할 때 필요한 여러 가지 정보를 제공한다.

글감찾기 **2.** 글감을 글에서 찾아 한 낱말로 쓰세요.

사실이해 **3.** 글의 내용이 <u>아닌</u> 것을 고르세요.

① 광고는 소비자에게 그것을 가지고 싶은 마음이 들게 한다.
② 광고는 우리를 설레게도 하고 초라하게도 만드는 속성이 있다.
③ 광고는 한꺼번에 많은 사람에게 새로운 상품을 선보이는 방법이다.
④ 광고는 친구가 새로 나온 전화기를 들고 와서 성능을 자랑하는 것이다.
⑤ 광고는 우리로 하여금 뭔가 부족하다는 느낌이 들게 만들어 소비를 부추긴다.

미루어알기

4. 글을 쓰게 된 동기로 볼 수 있는 것은 무엇입니까?

① 광고의 개념을 알리기 위해
② 광고의 특성을 설명하기 위해
③ 광고에 숨겨진 사실을 밝히기 위해
④ 광고와 광고 아닌 것을 구별하기 위해
⑤ 광고를 비판적으로 받아들이도록 하기 위해

세부내용

5. ㉠에 들어갈 알맞은 접속어는 무엇입니까?

① 그런데　　② 이처럼　　③ 하지만
④ 따라서　　⑤ 그래서

적용하기

6. 광고를 보고 신뢰성을 평가하는 세가지 방법입니다. 빈칸에 알맞은 낱말을 넣으세요.

> 1. 광고의 ①☐☐를 파악한다.
> 2. 광고에서 ②☐☐☐ 내용이 있는지 찾아본다.
> 3. 광고에서 ③☐☐☐ 있는 내용이 있는지 찾아본다.

요약하기

7. 글의 주요 내용을 몇 항목으로 나누어 간추렸습니다. 빈칸을 채워 완성하세요.

광고의 개념	①☐☐☐☐ 많은 사람에게 새로운 상품을 선보인다.
	②☐☐☐☐에 많은 돈을 주고 상품에 대한 내용을 싣는다.
광고의 목적	사람들의 ③☐☐을 자극한다.
	광고한 상품을 ④☐☐하도록 유도한다.
광고의 비밀	광고에는 ⑤☐☐☐☐ 사실이 있다.
	광고는 ⑥☐☐☐을 하고 있다.

점수

1~7번 문제의 점수를 더하여 총점을 쓰고 162쪽의 표에 막대그래프로 표시하세요

독해력 키움 | 12. 설명하는 글 읽기(12)

| 평가요소 | 1. ☐ 10점 | 2. ☐ 15점 | 3. ☐ 15점 | 4. ☐ 15점 | 5. ☐ 15점 | 6. ☐ 15점 | 7. ☐ 15점 |

166쪽 표의 해당하는 번호에 체크하세요.

지난 사회 시간에 찬우네 반 친구들은 우리나라 동쪽 맨 끝에 위치한 아름다운 섬, 독도에 대하여 공부하였다. 섬 전체가 천연기념물 제 336호로 지정된 독도는 동도와 서도라고 불리는 두 개의 바위섬과 그 사이 작은 섬들로 이루어져 있다. 찬우네 반 친구들은 독도의 근해가 한류와 난류가 만나 다양한 어족이 서식하는 **천혜**의 **어장**일 뿐만 아니라 풍부한 지하자원이 **매장**되어 있는 미래의 자원 **보고**임을 알게 되었다. 선생님께서 다음 시간에 독도에 대하여 조사한 내용을 발표하도록 과제를 주셔서, 찬우는 어떤 내용을 주제로 정하여 어떻게 읽을거리를 찾아야 할지 골똘히 생각에 잠겼다. '먼저 도서관에 가 보자. 거기에는 사서 선생님도 계시니까 어떻게 해야 할지 가르쳐 주실 거야.'

도서관에 도착한 찬우는 사서 선생님을 만나 도서관에 온 까닭을 말씀드렸다.

"사회 시간에 독도에 대하여 조사해서 발표해야 하는데 어떻게 해야 할지 모르겠어요."

"찬우 학생의 말을 들어 보니 주제의 범위가 너무 넓은 것 같아요. 그냥 '독도에 대해서'라고 하면 찾아보아야 하는 자료가 엄청나게 많지요. 독도의 '무엇'에 대하여 조사할 것인지 주제를 좀 더 좁혀 명확하게 정하는 과정이 필요해요."

"음……, 저는 독도가 우리 땅이라고 주장할 수 있는 근거에 대하여 알아보고 싶어요. 다른 나라 사람들을 만나서 독도가 대한민국의 땅이라고 알리기 위해서는 정확한 근거가 꼭 필요하니까요. 아마 독도가 대한민국 땅임을 모르는 사람은 없을 거예요. 그러나 왜 독도가 우리나라 땅인지 조목조목 설명하기에는 부족한 점이 많은 것이 사실이거든요."

사서 선생님께서는 찬우를 데리고 '도서 검색'이라는 팻말이 붙어 있는 컴퓨터 앞으로 가셨다.

"도서 검색 프로그램을 이용하면 자신에게 필요한 책을 쉽고 빠르게 찾을 수 있죠. 이제 찬우가 정한 주제에 관련된 책들을 찾아볼까요?"

찬우는 검색창에 주제어로 무엇을 입력할지 곰곰이 생각한 끝에 '우리 땅, 독도'를 입력하였다.

"우아, 제가 읽고 싶었던 『(강치가 들려주는) 우리 땅, 독도 이야기』라는 책도 있어요. 그런데 제가 보고 싶은 책이 어디에 있는지 어떻게 알 수 있나요? 혹시 이 넓은 도서관 전체를 둘러보며 책을 찾아야 하는 건가요?"

"그럼 시간이 무척이나 오래 걸리겠죠? 도서관에는 책이 이렇게 많으니까요. 그래서 책을 검색할 때에 책 이름과 함께 책이 있는 위치도 알려주고 있어요. 도서관에 꽂혀 있는 책 이름 아래를 보면 숫자와 글자로 이루어진 청구 기호를 볼 수 있을 거예요. 그게 바로 책이 있는 곳을 알려주는 주소예요."

"책과 자료들을 기준에 따라 분류하여 두면 정리하기도 쉽고 찾는 것도 편리하지요. 우리나라에서는 책을 열 개의 주제로 나누어 분류하고 숫자로 표시해요. 책의 내용에 따라 과학책은 과학책끼리, 역사책은 역사책끼리, 동화책은 동화책끼리 모아 두는 거예요. 이런 방법을 '한국십진분류법'이라고 해요.

"선생님, 그런데 독도가 우리 땅인 까닭에 독도에 대한 책이 너무 많아요. 이 많은 읽을거리를 어떻게 다 읽고 정리하죠? 저에게 맞는 읽을거리라는 것을 어떻게 알 수 있을까요?"

"먼저 차례를 살펴보고 필요한 부분이 있는지 찾아봐야 해요. 그리고 책을 펼쳤을 때 어려운 낱말이 없고 이해하기 쉬운 내용인지 확인해야지요. 그림이나 사진이 있으면 이해하는 데 좀 더 도움이 되겠지요? 혹시 같은 내용이 담긴 책이 여러 권인 경우에는 글쓴이나 출판사가 믿을 만한지, 출판 연도가 최근인지 확인한 뒤에 읽을거리를 선택해야 해요."

주제찾기 **1.** '찬우'가 도서관에서 과제를 해결하기 위해 설정한 주제는 무엇입니까?

① 독도의 자연 환경 ② 독도에 사는 동식물
③ 독도를 지킨 인물 ④ 독도의 위치와 지형
⑤ 독도가 우리 땅인 까닭

글감찾기 **2.** '찬우'가 도서관에 간 목적을 10자 안팎으로 쓰세요.

사실이해 **3.** 도서관에서 책이 있는 곳을 알려 주는 주소로, 책 이름 아래에 숫자와 글자로 이루어진 것을 무엇이라고 합니까?

① 도서 검색 ② 프로그램 ③ 청구 기호
④ 십진분류법 ⑤ 읽을거리

미루어알기 4. 읽을거리를 스스로 찾아 읽었을 때 가장 좋은 점은 무엇입니까?

① 흥미와 관심이 커진다.
② 감동을 남에게 전할 수 있다.
③ 내용을 보다 깊이 이해할 수 있다.
④ 직접 조사한 흔적을 보여 줄 수 있다.
⑤ 주어진 과제를 빠른 시간에 해결할 수 있다.

세부내용 5. 1문단에 나온 한자 어휘 중 비유적으로 사용된 것은 어느 것입니까?

① 서식　　② 천혜　　③ 어장
④ 매장　　⑤ 보고

적용하기 6. 도서관에서 책을 쉽고 빠르게 찾을 수 있도록 도와주는 프로그램은 무엇인지 쓰세요.

요약하기 7. 책을 찾은 다음에 자신에게 필요한 읽을거리를 선택하는 방법을 요약해 보았습니다. 빈칸에 알맞은 말을 넣으세요.

> 1. ①□□를 보고 필요한 부분이 있는지 찾는다.
> 2. ②□□□ □□이 없고 이해하기 쉬운 내용인지 확인한다.
> 3. 이해하는 데 도움이 되는 ③□□이나 ④□□이 있는지 확인한다.
> 4. ⑤□□□나 ⑥□□□가 믿을 만한지, 출판 연도가 최근인지 확인한다.

점수

1~7번 문제의 점수를 더하여 총점을 쓰고 162쪽의 표에 막대그래프로 표시하세요

독해력 키움 | 13. 설명하는 글 읽기(13)

| 평가요소 | 1. ☐ 15점 | 2. ☐ 15점 | 3. ☐ 15점 | 4. ☐ 15점 | 5. ☐ 10점 | 6. ☐ 15점 | 7. ☐ 15점 |

166쪽 표의 해당하는 번호에 체크하세요.

 우리는 흔히 억지와 주장을 구분해서 말하지. 둘을 표현하는 말에도 차이가 있어. 억지는 "떼를 쓴다."라는 말을 할 때처럼 "억지를 쓴다."라고 표현하지만, 주장은 "말을 한다."라고 할 때처럼 "주장을 한다."라고 표현하지. 물론 억지와 주장은 말을 하는 사람의 태도에도 차이가 있어. 억지는 주장과 달리 미숙[1]하게 행동할 때 더 많이 사용해. 그런데 억지와 주장에도 공통점이 있어. 둘 다 자신의 의견에 따르도록 상대를 설득하기 위한 것이라는 거야. 하지만 억지로 설득하는 것은 대부분 실패하지만 주장은 성공할 확률이 훨씬 크지. 어떤 차이 때문에 그런 것일까?

 억지는 상대에게 생각할 틈도 주지 않고 계속 자신의 의견을 강요하기 때문에, 그 의견에 대하여 서로 이야기를 나누기보다는 감정을 내세우게 될 수 있어. 그렇게 되면 양쪽 모두 속상한 상태로 대화가 끝나기 쉽지. 하지만 대부분의 주장은 자신이 왜 그러한 주장을 하게 되었는지 과정을 설명하고 상대의 의견을 구하기 때문에 양쪽의 대화가 계속될 수 있어.

 억지와 주장의 또 다른 중요한 차이는 상대의 의견에 따라 자신의 의견을 수정할 수 있는지에 있어. 주장은 서로 의견을 내놓을 때 반드시 자기 의견대로만 해야 한다고 생각하는 것이 아니라, 더 좋은 의견이 나왔을 때에는 언제든지 바꿀 수 있다고 생각하는 거야. 다시 말해, 주장은 자신의 의견이 여러 좋은 의견 중의 하나일 뿐이지 절대로 바꿀 수 없는 것은 아니라는 점을 인정하는 거야. 반대로 억지는 다른 사람들이 아무리 좋은 의견을 이야기해도 자신의 의견만을 고집하는 것을 말하지.

 앞에서처럼 상대의 의견을 존중하고 칭찬해 주는 대화는, 서로 억지만 부리다가 낯을 붉히고 속상하게 되는 일을 막을 수 있어. 그뿐만 아니라 더 좋은 생각을 만들어 낼 가능성이 커지게 되지. 혹시 친구들과 의견을 나누다가 서로 감정이 상하게 되는 경우가 생기더라도 그대로 대화를 끝내기보다는 틀어진 감정을 해결하는 것이 좋아. "내가 너의 의견을 반대했다고 해서 너를 미워하거나 인정하지 않는 건 아니야. 우린 변함없

Note [1] 미숙: 일 따위에 익숙하지 못하여 서투름.

이 좋은 친구잖아?"라는 식의 말을 해 주는 것이 좋아. 어때? 친구들하고 이런 이야기를 나누면 좋지 않겠어? 그럼 이제 자신의 의견을 효과적으로 주장할 수 있는 방법을 정리해볼까?

효과적인 주장을 하기 위한 대화의 기술

▶ 자신의 의견을 내기 전에 먼저 다른 사람의 의견을 충분히 들어 본다.

▶ 의견을 말할 때에는 감정적이 되지 않도록 논리적이고 차분한 태도를 취한다.

▶ 상대의 의견을 존중하고 장점을 인정해 주는 말을 한다. 반대의 말을 할 때에도 장점을 인정하는 말을 먼저 하는 것이 좋다.

▶ 상대의 의견에 반대할 때에도 감정을 앞세우기보다는 논리적인 설명을 하도록 한다.

▶ 의견을 주고받은 뒤에도 대화를 즐겁게 마무리하도록 한다.

[주제찾기] **1.** 글을 통해 전하고자 한 중심 내용은 무엇입니까?

① 억지와 주장의 차이
② 대화의 단절과 지속
③ 상대를 이해하는 태도
④ 즐겁게 듣기 위한 조건
⑤ 효과적인 주장을 위한 기술

[글감찾기] **2.** 글감으로 삼은 낱말 둘을 찾아 쓰세요.

[사실이해] **3.** 억지와 주장의 공통점은 무엇입니까?

① 그것을 표현하는 말
② 말을 하는 사람의 태도
③ 의견에 따르도록 설득함
④ 실패와 성공의 확률이 같음
⑤ 까닭을 말하면서 문제에 접근함

미루어알기

4. 효과적인 주장을 하기 위한 대화의 기술을 실천한 경우는 어느 것입니까?

① 똑같은 자신의 주장을, 까닭을 들어 거듭 말한다.
② 상대의 의견이 칭찬받을 이유를 길게 나열하여 말한다.
③ 상대의 말을 가로채어 더 큰 목소리로 자신의 주장을 말한다.
④ 다른 사람의 의견을 잘 듣고 논리적이고 차분한 태도로 주장을 말한다.
⑤ 자신의 마음을 솔직하게 말한 다음 상대가 공감할 만한 이야기를 들려준다.

세부내용

5. '-하다'를 붙여 새로운 낱말을 이룰 수 <u>없는</u> 것을 고르세요.

① 미숙   ② 설득   ③ 강요
④ 고집   ⑤ 의견

적용하기

6. 다음 대화의 장면에서 빈칸에 알맞은 낱말을 넣으세요.

> "자기주장을 하는 건 좋지만, 계속 밀어붙이면서 고집을 부리면 그건 ①□□이 아니라 ②□□야."
> "그건 네 말이 맞아!"
> 효진이가 맞장구쳤다.
> "무슨 그런 말도 안 되는! 싫은 건 싫은 거지. 어떻게 마음을 바꾸냐?"
> 효주는 계속 ③□□을 부렸다.

요약하기

7. 효과적인 주장을 하기 위한 대화의 기술을 두 항목으로 나누어 간추렸습니다. 빈칸에 알맞은 낱말을 쓰세요.

말하는 태도	다른 사람의 의견을 충분히 ①□□□. ②□□□이고 차분한 태도를 취한다.
말하는 방법	상대의 ③□□을 인정해 먼저 말한다. ④□□을 앞세우지 말고 논리적으로 설명한다.

점수

1~7번 문제의 점수를 더하여 총점을 쓰고 162쪽의 표에 막대그래프로 표시하세요

독해력 키움 | 14. 설명하는 글 읽기(14)

| 평가요소 | 1. ☐ 15점 | 2. ☐ 15점 | 3. ☐ 15점 | 4. ☐ 15점 | 5. ☐ 15점 | 6. ☐ 10점 | 7. ☐ 15점 |

166쪽 표의 해당하는 번호에 체크하세요.

    대부분의 사람들이 정보를 얻는 제1의 정보원은 텔레비전이에요. 종합 채널에서 뉴스는 가장 중요한 분야이기도 하지요. 사회적으로 큰 영향을 끼치는 사건이 발생하면 바로 속보나 특집으로 편성하는 등 텔레비전 뉴스는 신문 같은 다른 보도 매체와는 다른 방식으로 정보를 빨리 전달해 줍니다. 텔레비전 뉴스를 볼 때면 ㉠방금 일어난 사건의 증인이 된다는 느낌이 들 때가 있어요. 이처럼 사건을 직접 느끼게 해 주는 게 바로 텔레비전 뉴스의 힘이에요.

    뉴스 관련 보도 프로그램은 뉴스 시간에 다룰 수 없는 관련 정보나 심층 취재 내용을 전달하여 줍니다. 중요 사건이나 사안, 중요 인물에 대하여 심층적으로 보도할 필요성이 있을 때는 이에 부응하여 관련 프로그램을 편성하고 제작합니다. 뉴스 관련 보도 프로그램의 포맷은 뉴스 매거진, 뉴스 해설, 뉴스 특집, 뉴스 다큐멘터리, 뉴스 토크, 뉴스 인터뷰 등으로 나눌 수 있습니다.

    뉴스는 단순히 짧은 정보를 모아서 방송하는 프로그램이 아니에요. 기자들이 열심히 모은 정보를 체계적으로 구성해야 하는 어려운 일이에요. 보도국은 기자가 취재한 많은 뉴스거리 가운데 중요한 뉴스를 고르고 관점을 명확히 해서 기사를 작성한 뒤에 방송에 나갈 순서를 정합니다. 종합 채널 방송국에는 편집 기자와 취재 기자로 구성된 보도국이 있어요. 보도국은 정치부, 경제부, 사회부, 스포츠부 등 여러 개의 부서로 나뉘어 있지요. 뉴스를 만드는 일은 뉴스를 방송하는 시간대와 시청자 층에 따라 달라져요. 저녁 시간대의 뉴스는 가장 폭넓은 시청자 층을 대상으로 하고, 낮 시간대에는 생활과 경제를 중심으로 다루기도 합니다.

    텔레비전 방송 기자는 주어진 주제와 관련 있는 자료들을 모으고 정확하고 공정하게 사실을 밝혀서 사람들에게 정보를 제공합니다. 가끔은 많은 시간을 사무실에서 보내기도 해요. 사무실에서 전달해야 할 뉴스거리가 있는지 조사하거나 통신사에서 알려온 뉴스를 분석하고 전화로 인터뷰하거나 기사를 작성합니다. 기자는 작은 문제라도 의문을 가져야 하고 올바른 판단을 내릴 수 있어야 하는 직업이에요. 사건이 발생하면 즉시 취재에 나서야 하기 때문에 행동도 재빨라야 한답니다.

외국으로 나가 직접 국제 소식을 전하는 기자를 해외 특파원이라고 하지요. 리포터와 해외 특파원은 카메라 기사, 음향 기사와 함께 사건 장소로 나가 조사를 하고 주변 사람들을 인터뷰한 뒤에 보도국으로 돌아와 기사를 작성합니다.

가볍고 작동이 편한 디지털카메라가 등장하면서 새로운 형식의 기자도 생겼어요. 바로 '영상 르포 기자'예요. 영상 르포 기자는 촬영에서부터 편집, 해설에 이르기까지 혼자서 다 만들 수 있는 기자를 말합니다. 제작 비용과 시간을 줄일 수 있기 때문에 영상 르포 기자는 큰 성장을 했답니다.

텔레비전 뉴스에서 스튜디오에 앉아 기자나 리포터가 취재한 기사를 소개하는 진행자를 앵커라고 해요. 미국에서는 대중을 끌어들이는 사람이란 뜻으로 '앵커맨'이라고 하지요. 앵커는 뉴스를 성공적으로 전달하고 시청자가 얼마나 신뢰할 수 있는지를 결정할 만큼 영향력이 커요. 정치인이나 영화배우처럼 유명해지기도 하지요. 훌륭한 앵커가 되려면 먼저 훌륭한 기자가 되어야 합니다. 앵커는 시청자와 뉴스 내용을 연결하는 중개자이기 때문이에요. 앵커는 인터뷰와 해설을 준비하기도 합니다. 뉴스는 대개 생방송으로 진행하기 때문에 예상하지 못한 상황에 바로 대처할 수 있는 능력도 필요하답니다.

주제찾기 **1.** 글의 중심 내용은 무엇입니까?

① 텔레비전 뉴스의 힘
② 텔레비전 뉴스의 정보원
③ 텔레비전 관련 보도 프로그램
④ 텔레비전 뉴스의 구성과 참여 인원
⑤ 텔레비전 뉴스의 종류와 제작 과정

제목찾기 **2.** 매체 이름을 반드시 넣어서 글의 제목을 붙이세요.

사실이해 **3.** 뉴스의 관점과 거리가 먼 사람은 누구입니까?

① 방송 기자　　② 전문가　　③ 시청자
④ 보도 국장　　⑤ 앵커

미루어알기 **4.** ㉠의 뜻을 가장 잘 풀어놓은 것은 어느 것입니까?

① 지금 사건이 일어나고 있다.
② 사건에 대해 증언을 하고 있다.
③ 겪은 듯한 사건이라는 느낌이 든다.
④ 사건을 현장에서 보고 듣고 있는 것 같다.
⑤ 중요한 사건의 증인으로 화면에 비치고 있다.

세부내용 **5.** 글의 이해가 어려워진 이유는 무엇입니까?

① 긴 문장이 많기 때문이다.
② 전문가의 의견이기 때문이다.
③ 본 적이 없는 글감이기 때문이다.
④ 하나의 주제를 치밀하게 다루었기 때문이다.
⑤ 전문 용어, 외래어가 뜻풀이 없이 사용되었기 때문이다.

적용하기 **6.** 글에 나온 텔레비전 뉴스 관련 보도 프로그램 중 자신이 본 적이 있는 것의 이름을 쓰세요.

요약하기 **7.** 텔레비전 뉴스 보도에 가장 중요한 두 사람의 역할을 표로 간추렸습니다. 빈칸을 채워 완성하세요.

방송 기자	주어진 주제와 관련 있는 ①□□들을 모으고, ②□□하고 ③□□하게 사실을 밝혀서 정보를 제공한다.
④□□	뉴스 내용과 ⑤□□□를 연결하여 뉴스를 성공적으로 전달하며 ⑥□□□와 해설을 준비한다.

점 수

1~7번 문제의 점수를 더하여 총점을 쓰고 162쪽의 표에 막대그래프로 표시하세요

독해력 키움 | 15. 설명하는 글 읽기(15)

| 평가요소 | 1. ☐ 15점 | 2. ☐ 10점 | 3. ☐ 15점 | 4. ☐ 15점 | 5. ☐ 15점 | 6. ☐ 15점 | 7. ☐ 15점 |

166쪽 표의 해당하는 번호에 체크하세요.

　　서양에 오페라❶가 있다면 우리에게는 판소리❷가 있습니다. 물론 판소리와 오페라는 다르지만 종합 예술이라는 점에서 여러 모로 비슷합니다. 그러나 서양의 오페라에는 수십 명이 등장하는데, 판소리는 소리꾼이 홀로 수십 명의 역할을 한다는 점에서 참으로 특별한 예술입니다. 오페라에는 막대한 비용을 들인 무대 장치와 극장이 필요한데, 판소리는 북 하나만 있으면 극장은 물론이고 들판 같은 곳에서도 공연을 할 수 있습니다.

　　판소리가 소리로만 이루어지지는 않습니다. 소리꾼이 노래로 부르는 것을 '소리'라고 하고, 말로 하는 것을 '아니리'라고 합니다. 소리꾼이 노래를 부르다 중간 중간 아니리로 설명을 하지요.

　　"흥부는 참말로 반갑고도 반가워서 물끄러미 아이들이 밥 먹는 모양새를 쳐다보다가 이렇게 노래 부르는 것이었다!"

　　"심청이는 하늘을 쳐다보고 한없이 눈물을 흘리다가 치마폭으로 얼굴을 감싸 안고 뱃전으로 나아갔다. 인당수로 뛰어들려고 보니 많은 생각이 몰려드는 것이었다. 이때 그 심정을 노래로 불렀으니 이렇게 하는 것이었다!"

　　소리꾼은 이런 식으로 아니리를 하고 나서 소리를 합니다. 또, '발림'이라고 하여 손짓, 발짓을 하며 박진감 있게 온몸으로 판을 이끌어 나갑니다. 관중은 신명나는 소리와 아니리, 그리고 춤을 추듯 연극을 하듯 상황에 맞게 연출되는 발림에 빠져들어 저마다 호응을 합니다.

　　"거, 좋다!"

　　"아이고, 잘한다!"

　　"얼씨구!"

　　이와 같이 관중이 호응하는 소리를 '추임새'라고 합니다. 추임새가 있어야 소리꾼이 신명 나고 소리판도 흥겨워집니다. 탈춤에서도 관중은 "얼씨구!" 하며 추임새를 넣습니다. 추임새는 공연자와 관중이 대화하는 중요한 통로인 셈입니다. 서양 연극을 볼 때 관중이 소리를 지르면 예의가 아니지만, 우리의 공연은 다릅니다. 관중이 공연장의 열기를 이끌

Note ❶ 오페라: 음악을 중심으로 한 종합 무대 예술. 대사는 독창, 중창, 합창 따위로 부르며, 서곡이나 간주곡 따위의 기악곡도 덧붙인다. ❷ 판소리: 광대 한 사람이 고수(鼓手)의 북장단에 맞추어 서사적(敍事的)인 이야기를 소리와 아니리로 엮어 발림을 곁들이며 구연(口演)하는 우리 고유의 민속악.

고 나가기 때문이지요. 추임새가 얼마나 중요한지 다음 장면에서 다시 확인할 수 있어요.

"사람은 모두 오장 육보가 있는디,

놀부놈은 오장 육보가 아니라 오장 칠보라고,

놀부놈에게는 심술보가 하나 더······" ('흥부가'에서)

이 대목에 이르면 어른 아이 할 것 없이 박장대소를 하지요. 더러는 "잘한다!", "얼씨구!" 하며 추임새를 넣고요. 추임새에 신이 난 소리꾼의 능청스런 연기에 또다시 구경꾼들은 배꼽을 잡지요. 흥부의 가난과 비탄을 이야기할 때 소리꾼의 소리는 애절해져요. 박장대소하던 구경꾼들은 금세 눈시울이 붉어집니다. 판소리 공연장에서 흔히 볼 수 있는 풍경이에요. 아마도 판소리가 소리꾼이나 구경꾼이 깊이 공감할 삶의 희로애락을 담고 있기 때문일 것이지요.

판소리는 소리와 아니리, 발림, 그리고 추임새가 모두 어우러져야 제격입니다. 그런데 추임새에서 빠질 수 없는 것은 북을 치는 고수입니다. 고수는 극 중 상황에 맞게 장단을 치며 곧잘 추임새를 던집니다. 북을 치는 고수의 장단이 좋아야 소리꾼도 신명이 나서 노래를 잘할 수 있지요. 그래서 '1고수 2명창'이라는 말도 있답니다. 고수가 첫 번째이고, 명창은 그 다음이라는 뜻이지요. 고수도 힘든 과정을 거쳐서 길러집니다. 소리꾼이 폭포 옆에서 크게 소리를 지르며 목청을 틔웠다면, 고수도 북이 찢어질 정도로 오랫동안 연습을 해야 했습니다.

이쯤 되면 판소리가 소리꾼의 소리로만 이루어지지 않음을 알 수 있습니다. 판소리는 한 사람의 소리꾼이 고수의 북장단에 맞추어 서사적인 이야기를 소리와 아니리를 엮어 발림을 곁들이며 구연하는 우리 고유의 민속악입니다. 판소리에서 관중의 호응도 중요합니다. 판소리를 종합 예술이라고 부르는 것은 이 모든 것이 한데 어우러져 하나로 완성되기 때문입니다. 판소리는 서양 오페라 뺨치는 우리 공연 예술의 꽃입니다.

주제찾기 **1.** 글의 전체 내용을 한 문장으로 표현할 때 들어갈 필요가 <u>없는</u> 낱말을 고르세요.

① 판소리 ② 소리꾼 ③ 북장단
④ 이야기 ⑤ 현대극

글감찾기 **2.** 글감을 한 낱말로 쓰세요.

사실이해 3. 판소리와 서양 오페라의 공통점은 무엇입니까?

① 1인극이다.
② 종합 예술이다.
③ 극장이 필요하다.
④ 무대 장치를 해야 한다.
⑤ 여러 가지 악기가 있어야 한다.

미루어알기 4. 판소리의 무대가 구경꾼을 향해 열려 있어서 가능해지는 일은 무엇입니까?

① 소리꾼이 큰 목소리로 노래할 수 있다.
② 소리꾼이 구경꾼의 방해를 미리 막을 수 있다.
③ 소리꾼과 구경꾼이 힘을 합하여 무대 장치를 할 수 있다.
④ 소리꾼이 구경꾼의 도움을 받아 공연의 비용을 줄여갈 수 있다.
⑤ 소리꾼과 구경꾼이 대화를 통해 현실의 잘못된 점을 꼬집어 비판할 수 있다.

세부내용 5. 글에서 사용한 설명의 방법을 모두 바르게 늘어놓은 것을 고르세요.

① 분석, 묘사, 정의
② 정의, 분류, 예시
③ 비교, 대조, 분석
④ 분류, 비교, 대조
⑤ 예시, 묘사, 비교

적용하기 6. 판소리가 이야기 문학이라고 할 때, 다음 글과 관계 깊은 판소리의 구성 요소를 쓰세요.

> 사건의 변화, 시간의 경과, 주인공의 심리 묘사 등을 전달한다.

요약하기 7. 글의 내용을 아래와 같이 요약했습니다. 빈칸에 알맞은 낱말을 넣으세요.

> 판소리는 한 사람의 ①□□□이 ②□□의 북장단에 맞추어 ③□□□인 이야기를 소리와 ④□□□로 엮어 ⑤□□을 곁들이며 구연하는 ⑥□□□입니다. 판소리의 ⑦□□ □□는 별도로 할 필요가 없으며, 이 때문에 무대가 ⑧□□□에게 열려 있어서 자유롭게 극에 참여할 수 있습니다.

1~7번 문제의 점수를 더하여 총점을 쓰고 162쪽의 표에 막대그래프로 표시하세요

점수

독해력 키움 | 16. 설명하는 글 읽기(16)

| 평가요소 | 1. ☐ 15점 | 2. ☐ 15점 | 3. ☐ 10점 | 4. ☐ 15점 | 5. ☐ 15점 | 6. ☐ 15점 | 7. ☐ 15점 |

166쪽 표의 해당하는 번호에 체크하세요.

"밥이 보약", "상차림이 부실해도 맛깔나는 밥 한 그릇이면 족하다."라는 표현이 있다. 밥 한 사발에도 이토록 민감한 미감을 가진 민족의 입맛을 오늘날까지 지켜 온 비결에는 어떤 것이 있을까? 반찬 맛이 손맛이라면 밥맛을 좌우하는 것은 무엇일까? 비밀의 열쇠는 바로 밥솥에 있다. 가마솥 밥맛이 좋은 이유는 솥뚜껑 무게와 바닥 두께와 밀접히 관련된다.

가마솥 생산 과정에는 선인의 슬기와 전통 과학의 힘이 배어 있다. 솥은 쇠로 만들기 때문에 쇠에 대한 이해와 경험 없이 양질의 솥을 만들기는 불가능하다. 우리 겨레가 오래전부터 뛰어난 주조 기술과 제작 경험을 축적해 왔음은 이미 고고학 자료를 통해 충분히 증명되어 왔다. 또, 각 제작 과정에 쓰인 도구와 관련된 용어들은 오랜 세월 동안 내려온 생생한 경험과 노력이 숨 쉬는 과학 용어인 셈이다.

가마솥 뚜껑은 무게가 무거워 온도 변화가 서서히 일어나며, 내부 압력이 높고, 또 높은 온도가 유지되어 맛있는 밥이 된다. 가마솥 뚜껑은 다른 재질로 만든 솥의 뚜껑에 비해 훨씬 무겁다. 요즈음 사용되는 압력 밥솥은 잠그는 기능까지 있을 정도이다. 솥을 불로 가열하면 솥 안의 공기가 팽창됨과 아울러 물이 수증기로 변하게 된다. 뚜껑이 가벼우면 수증기가 쉽게 빠져나가지만 무거우면 덜 빠져나가게 되어 내부 압력이 올라간다. 압력이 높아지면 물의 끓는점이 올라가 밥이 100도 이상에서 지어져 낮은 온도에서보다 더 잘 익게 되고, 따라서 밥맛이 좋게 되는 것이다.

쌀이 잘 익으려면 대기압 이상의 압력이 필요하다. 밥을 지을 때 솥 안의 공기와 수증기가 빠져나가 '김이 새면' 설익게 되기 때문이다. 전통 가마솥 뚜껑의 무게는 솥 전체의 3분의 1에 달하는데, 이러한 원리를 전기 압력 밥솥에 그대로 적용하였다. 하지만 전기 압력 밥솥에 이런 무거운 장치를 얹을 수 없기 때문에 내솥과 뚜껑에 톱니바퀴 모양의 돌출부가 만들어져 있다. 뚜껑을 닫고 손잡이를 돌리면 톱니바퀴들이 서로 맞물리게 되어 공기와 수증기가 빠져나갈 수 없다. 여기에 압력 조절 장치를 달아 일정 압력 이상이 되면 기체 배출구를 통해 내부 기체가 빠져나오도록 설계되어 있다.

또, 가마솥은 밑바닥이 둥그렇기 때문에 열이 입체적으로 전해진다. 바닥의 두께가 부위별로 다른 점도 한몫을 한다. 대부분의 가마솥에서 불에 먼저 닿는 부분을 두껍게 하고 가장자리 부분을 얇게 만들어 열을 고르게 전달시킨다. 열전도율을 훌륭하게 적용한 것이다. 최근에 생산되는 '전기 압력 밥솥'으로 가마솥처럼 입체적으로 열을 가하기 위해 전자 유도 가열 방법을 적용한 통가열식 전기밥솥이 등장했다. 이 방식에서는 사방에서 열이 골고루 전달되어 쌀이 구석구석 잘 익는다. 통가열식 압력 밥솥은 쌀의 원형을 유지하면서 밥의 영양분 파괴를 줄인다. 취사 속도가 빠를수록 영양분 파괴가 적기 때문에 취사 시간을 9분대로 줄인 제품도 출시되었다.

기존의 전기밥솥은 보온과 취사만 가능했다면, 이제는 밥맛을 자유자재로 구현할 수 있게 되었다. 백미, 잡곡, 된밥, 진밥 등을 가족의 식성에 따라 지을 수 있고, 빵이나 갖가지 요리도 가능하게끔 기술이 발전한 것이다. 그뿐만 아니라 뚜껑과 기체 배출구 등에 끼어 있는 이물질을 제거해 주는 기능을 포함해 여러 가지 부가 기능을 갖추어 편의성을 강화하였다.

첨단 과학으로 만들었다는 이들 밥솥 역시 가마솥의 원리를 고스란히 담아냈다는 사실은 시사하는 바가 크다. 아울러 온고지신[1]이라는 말처럼 겨레의 과학적 슬기는 첨단 과학을 뒷받침하는 버팀목으로 응용되고 있을 뿐만 아니라 미래를 여는 열쇠라는 점을 결코 간과[2]해서는 안 될 것이다.

주제찾기 **1.** 글쓴이가 가장 강조하고자 한 내용은 무엇입니까?

① 우리 겨레는 과학적 슬기를 지녔다.
② 전통 과학과 현대 과학은 어울릴 수 있다.
③ 맛있는 밥을 만드는 데는 좋은 솥이 있어야 한다.
④ 전통적 기술이 새로운 기술의 창조에 버팀목 구실을 한다.
⑤ 발명은 기술의 혁신에 의존하며 기술 혁신은 과학이 뒷받침한다.

글감찾기 **2.** 글감을 글에서 찾아 한 낱말로 쓰세요.

 [1] 온고지신(溫故知新): 옛것을 익히고 그것을 미루어서 새것을 앎. [2] 간과: 큰 관심 없이 대강 보아 넘김.

사실이해 3. 글에 나타나지 않은 내용은 어느 것입니까?

① 우리 민족은 맛감각이 매우 예민하다.
② 솥의 내부 압력을 높여야 밥맛이 좋아진다.
③ 쌀이 잘 익으려면 솥의 내부에 높은 압력이 필요하다.
④ 전기 압력 밥솥은 수증기가 빠져나갈 수 없는 구조로 되어 있다.
⑤ 통가열식 밥솥의 바닥에는 전기를 열에너지로 바꾸는 장치가 되어 있다.

미루어알기 4. '통가열식 밥솥'은 가마솥의 어떤 점을 응용한 것입니까?

① 가마솥의 뚜껑이 무겁다.
② 가마솥의 재료는 무쇠이다.
③ 가마솥은 밑바닥이 둥그렇다.
④ 가마솥은 쌀의 원형을 유지한다.
⑤ 가마솥은 취사와 보온의 기능이 있다.

세부내용 5. 글에 가장 자주 사용한 설명의 방법은 무엇입니까?

① 분석과 묘사   ② 비교와 대조   ③ 정의와 예시
④ 지정과 분류   ⑤ 서사와 인과

적용하기 6. 아래의 변화를 설명할 수 있는 한자 숙어를 찾아 쓰세요.

가마솥(무쇠솥) → 통가열식 밥솥

요약하기 7. 글의 주요 내용을 아래와 같이 요약했습니다. 빈칸에 알맞은 낱말을 넣으세요.

가마솥과 통가열식 밥솥	
비슷한 점	①□□이 좋다.
다른 점	②□□□은 뚜껑이 무겁고 ③□□□이 둥글다. 통가열식 밥솥은 ④□□과 뚜껑에 톱니바퀴 모양의 돌출부와 ⑤□□ □□ 장치가 있으며, 밥솥 둘레 내부에 구리코일이 감겨 있다.

점수

1~7번 문제의 점수를 더하여 총점을 쓰고 162쪽의 표에 막대그래프로 표시하세요

독해력 키움 | 17. 설명하는 글 읽기(17)

평가요소 1. ☐ 15점 | 2. ☐ 15점 | 3. ☐ 10점 | 4. ☐ 15점 | 5. ☐ 15점 | 6. ☐ 15점 | 7. ☐ 15점

166쪽 표의 해당하는 번호에 체크하세요.

　식빵에 곰팡이가 생긴 걸 본 적 있나요? 곰팡이가 생기면 그 빵은 어떻게 하나요? 당연히 먹을 수 없으니 버리겠죠. 하지만 콩을 삶아 으깨어 만든 메주에 곰팡이가 생기면 된장이나 고추장, 간장을 만드는 재료가 돼요. 이 둘의 차이가 바로 '부패[1]'와 '발효[2]'랍니다. 부패와 발효는 모두 미생물에 의해 분해가 일어나는 과정이에요. 하지만 분해 결과 우리 생활에 유용한 물질이 만들어지면 발효, 사용할 수 없게 되거나 몸에 나쁜 물질이 만들어지면 부패라고 하지요. 우리가 즐겨 먹는 김치나 된장, 고추장, 요구르트, 치즈 등은 모두 발효로 만든 음식이에요.

　자주 이용되는 발효로는 알코올 발효와 젖산 발효가 있어요. 알코올 발효는 효모가 포도당을 분해해서 알코올을 만드는 반응이에요. 대표적인 알코올 발효 음식으로는 막걸리와 맥주 등이 있지요. 젖산 발효는 김치나 된장은 물론 요구르트나 치즈를 만드는 발효예요. 젖산균이 포도당을 분해해서 젖산을 만들어 내 새콤한 맛이 난답니다.

　김치를 만드는 방법은 생각보다 간단해요. 채소를 소금에 절였다가 씻은 뒤, 각종 양념을 해서 발효시키면 김치 완성! 이때 김치를 발효시키는 균은 젖산균인데, 유산균이라고도 해요. 젖산균을 따로 넣지 않았는데도 젖산균이 김치를 발효시킬 수 있는 건 채소를 소금에 절이는 과정 덕분이에요. 소금에 절일 때 대부분의 미생물은 죽지만 염분에 잘 견디는 젖산균은 살아남거든요. 김치를 양념한 후에 무거운 김칫돌로 꾹꾹 눌러 공기를 빼는데 그 이유는 김치에 사는 젖산균이 산소를 싫어하기 때문이에요. 이런 과정을 거쳐 젖산균이 발효를 통해 젖산을 만들어 내면 상큼하고 시원한 맛이 일품인 김치가 된답니다. 젖산은 몸 안에서 소화 효소가 잘 나오게 돕고, 유해한 세균의 번식을 억제하며, 소화된 음식물이 잘 배설될 수 있도록 도와줘요. 또 발암 물질이 만들어지는 것도 막고, 발효되는 과정에서 비타민을 2배 가까이 높이기도 하지요.

　젖산 발효는 우리 몸속에서도 일어나요. 100미터 달리기를 하고 나서 숨을 거세게 쉬어 본 적이 있나요? 숨을 거세게 쉬는 이유는 에너지를 내는 데 필요한 산소를 빨리

Note
[1] 부패: 단백질이나 지방 따위의 유기물이 미생물의 작용에 의하여 분해되는 과정. 또는 그런 현상. 독특한 냄새가 나거나 유독성 물질이 발생한다. [2] 발효: 효모나 세균 따위의 미생물이 유기 화합물을 분해하여 알코올류, 유기산류, 이산화 탄소 따위를 생기게 하는 작용. 술, 된장, 간장, 치즈 따위를 만드는 데에 쓴다.

들이마시기 위해서예요. 빠르게 달리기를 할 때 많은 에너지가 필요하거든요. 그런데 달리는 동안 사용하는 에너지의 양이 '산소 호흡'으로 만든 에너지의 양보다 크면 우리 몸은 모자라는 만큼을 산소 없이 에너지를 만드는 '무산소 호흡'을 통해 만들어 내요. 이때 우리 몸에서 일어나는 무산소 호흡이 바로 젖산 발효와 같답니다. 무산소 호흡으로 생긴 젖산은 피로를 느끼게 하는 물질로, 젖산이 근육에 너무 많이 쌓이면 근육통을 느낄 수도 있어요.

발효라고 하면 아주 오랜 시간이 걸리는 것으로 생각하기 쉽지만 효모로 식빵이나 호빵을 만들 때처럼 짧은 시간에 발효하는 경우도 있어요. 또 부패가 쓸모 있는 발효로 바뀌거나, ㉠발효가 너무 많이 되면 부패가 될 수도 있지요. 음식물 쓰레기에 미생물을 넣어 에너지로 사용할 수 있는 메탄가스를 만드는 일도 쓸모없던 부패가 쓸모 있는 발효로 바뀐 좋은 예입니다.

하루 종일 화장실에 들락날락 설사는 물론 괴로운 구토에 복통, 발열까지, 무서운 식중독에 걸려 본 적 있나요? 식중독은 부패된 음식이나 독성 물질이 있는 음식을 먹으면 걸리지요. 식중독은 세균 자체에 의한 감염이나 세균에서 만들어진 독소가 증상을 일으켜요. 자연계에 존재하는 자연 독이나 인공적인 화학 물질이 식중독 증상을 일으키기도 하지요. 대부분의 식중독은 구토나 설사로 부족해진 수분을 보충하는 정도의 치료만으로도 저절로 회복이 돼요. 구토나 설사를 억지로 멎게 하기보다는 몸에 나쁜 균이 구토나 설사로 충분히 빠져나올 수 있게 하는 것이 좋지요.

주제찾기 **1.** 글의 바탕에 놓여 설명의 출발점이 된 내용은 무엇입니까?

① 부패와 발효는 모두 분해의 과정이다.
② 부패는 사람에게 해롭고 발효는 이롭다.
③ 부패를 거쳐 다시 발효가 이루어질 수 있다.
④ 부패에 의해 유기체가 분해되어 생태계가 유지된다.
⑤ 부패는 해로운 물질이, 발효는 유용한 물질이 되는 분해 과정이다.

제목찾기 **2.** 글에 나온 낱말을 활용하여 제목을 붙이세요.

사실이해

3. 글의 내용과 일치하지 <u>않는</u> 것을 고르세요.

① 콩을 으깨어 만든 메주에 곰팡이가 생긴다.
② 포도당에 효모를 넣어두면 알코올이 생긴다.
③ 소금에 절여도 배추에 붙은 젖산균은 살아남는다.
④ 빨리 달릴수록 우리 몸속의 젖산이 더 많이 소모된다.
⑤ 음식물 쓰레기를 세균을 넣어 썩혀서 메탄가스를 만들 수 있다.

미루어알기

4. ㉠을 뒷받침할 수 있는 사례로 적절한 것은 어느 것입니까?

① 김치를 오래 두면 군내가 난다.
② 우유에 요구르트를 넣어 발효시킨다.
③ 산나물을 데쳐서 소금으로 간을 맞춘다.
④ 오미자에 설탕을 넣고 저장하여 효소를 만든다.
⑤ 오염된 물에 세균을 넣어 배양한 후 오염물질을 걸러낸다.

세부내용

5. 빵을 만들 때 재료를 분해하는 역할을 하는 것은 무엇입니까?

① 물   ② 공기   ③ 소금
④ 효모   ⑤ 밀가루

적용하기

6. 우리의 삶에 이로운 영향을 끼치도록 곰팡이와 세균을 사용한 예를 각각 하나씩 드세요.

요약하기

7. 글의 내용을 요약한 아래의 빈칸을 채우세요.

> 발효와 부패는 ①□□나 ②□□ 등의 미생물이 음식을 ③□□하여 다른 물질을 만들어내는 점은 같습니다. 하지만 ④□□로 만들어진 물질은 향이 좋고 사람이 먹을 수 있는 맛과 영양을 지니는 데 비하여, ⑤□□로 생긴 물질은 악취가 나고 ⑥□□□을 일으켜 사람이 먹을 수 없다는 점이 다릅니다.

점수

1~7번 문제의 점수를 더하여 총점을 쓰고 162쪽의 표에 막대그래프로 표시하세요

독해력 키움 | 18. 설명하는 글 읽기(18)

| 평가요소 | 1. ☐ 15점 | 2. ☐ 15점 | 3. ☐ 15점 | 4. ☐ 15점 | 5. ☐ 10점 | 6. ☐ 15점 | 7. ☐ 15점 |

166쪽 표의 해당하는 번호에 체크하세요.

조선 시대에 여성들은 사회 진출이 허용되지 않아 능력을 발휘할 수 없었습니다. 재능 있는 여성들에게 더욱 가혹해 조선 시대는 여성들에게 최고의 암흑기였지요. 그러나 자신의 능력을 갈고닦아 이름을 떨친 여성들이 있습니다.

조선 중기의 예술가였던 신사임당(1504~1551)은 시, 글씨, 그림에 모두 뛰어났습니다. 사임당은 당호❶인데, 사임당이라고 지은 것은 중국 고대 주나라 문왕의 어머니로 뛰어난 부덕을 갖추었다는 태임(太任)을 본받는 뜻이 담겨 있습니다. 사임당은 7세 때부터 스승 없이 그림 그리기를 시작했다고 전합니다. 세종 때 이름난 화가인 안견의 '몽유도원도', '적벽도', '청산백운도' 등의 산수화를 보면서 모방해 그렸고 특히 풀벌레와 포도를 그리는 데 남다른 재주가 있었죠. 사임당은 어머니 이 씨와 할머니 최 씨와 더불어 오죽헌에 살면서, 시와 그림, 글씨 등을 외가를 통해 물려받았던 것으로 보입니다. 사임당의 그림은 40폭 정도가 전하는데, 산수, 포도, 대나무, 매화, 나비, 벌, 메뚜기와 같은 풀벌레 등 다양한 소재를 즐겨 그렸지요. 단순한 주제에 간결하면서도 안정된 구도, 여성적인 섬세한 표현 등은 천재 화가로 손꼽히는 데에 부족함이 없습니다. 사임당이 지은 시로는 '유대관령망친정'과 '사친' 등이 유명합니다. 오늘날에는 천재 화가보다 대학자인 율곡 이이의 어머니로 현모양처의 모범으로 알려져 있지만 당시에는 '몽유도원도'로 유명한 안견 다음가는 화가로도 명성이 자자했답니다.

조선 중기 때의 여류 시인 허난설헌(1563~1589)은 '홍길동전'을 지은 허균의 누나입니다. 어려서부터 시로 천재성을 드러냈던 난설헌은 8살 때 자신을 신선 세계의 주인공으로 묘사한 '광한전백옥루상량문'이라는 시를 지어 어른들을 놀라게 했습니다. 결혼을 한 난설헌은 시를 쓰는 며느리를 달가워하지 않는 시어머니와 무능한 남편 때문에 심한 정신적 고통을 겪었다고 합니다. 거기다 아이들까지 모두 잃고, 친정은 역적의 집안으로 몰려 몰락했습니다. 결국 허난설헌은 27살의 젊은 나이에 세상을 떠나고 맙니다.

임윤지당(1721~1793)은 가난한 양반 가문에서 태어나 아버지를 일찍 여의고, 결혼 후 남편과 어린 자식까지 잃는 불행을 겪었습니다. 윤지당은 불운한 삶 속에서도 학문을 닦는 데 게을리하지 않았습니다. '남성과 여성은 현실에 처한 입장만 다를 뿐 타고난 본성은 다르지 않다.'고 생각한 윤지당은 남성만의 영역이었던 성리학에 과감히 도전해 조선 시대 최고의 여성 성리학자❷로 우뚝 서지요. 윤지당은 《대학》이나 《중용》 등 어려운 유교 경전을 새롭게 해석하고, 역대의 정치가나 학자를 호되게 비판해 한국 역사상 가장 위대한 여류학자로 손꼽히고 있

Note
❶ 당호: 집의 이름에서 따온 그 주인의 호.　❷ 성리학자: 중국 송나라 때에 주희가 집대성한 유학의 한 파에 속하는 학자들.

습니다. 여성이 남긴 글을 대표하는 문집 《윤지당유고》에는 윤지당의 학문적 업적이 고스란히 담겨 있습니다.

　조선 후기 명문가에서 태어난 이빙허각(1759~1824)은 여성의 학문적 자질을 존중해 주는 실학자 집안으로 시집을 갑니다. 이에 영향을 받은 빙허각은 여성 생활 백과인 《규합총서》를 한글로 펴냈습니다. 총 5권으로 이뤄진 《규합총서》는 요리를 비롯해 밭 농사법, 가축 기르는 법까지 여성의 가사 활동 영역을 집 밖 경제 활동으로까지 확장한 것으로 의의가 깊습니다. '규합'은 여성들이 거처하는 공간을 가리키고 '총서'는 한 질을 이루는 책을 말하지요. 전해지는 총서 중 유일하게 여성에 의해 쓰인 《규합총서》는 방대한 문헌을 철저하게 비교 검토하거나 자신이 직접 실험해 얻은 결과만을 실어, 여성의 가사 생활을 학문화한 책으로도 유명합니다. 빙허각은 천문지리 등에 대해 쓴 《청규박물지》와 시와 산문을 담은 《빙허각고략》도 지었다고 전합니다.

주제찾기　**1.** 글 전체의 내용을 아우를 수 있는 문장은 어느 것입니까?

　① 조선 시대의 여성들은 개인적 재능이 있었다.
　② 조선 시대의 여성들은 재능을 떨칠 기회가 없었다.
　③ 조선 시대의 여성들은 대부분 양반 가문 출신이었다.
　④ 조선 시대에 예술과 학문 분야에 뛰어난 여성들이 있었다.
　⑤ 조선 시대에는 남성들이 여성들의 사회 진출을 가로막으려 했다.

제목찾기　**2.** 글의 내용에 알맞은 제목을 10자 안팎으로 쓰세요.

사실이해　**3.** 글의 내용과 일치하는 것은 어느 것입니까?

　① 조선 시대의 여성의 삶은 알 수 없다.
　② 신사임당은 시와 그림을 후세에 남겼다.
　③ 허난설헌은 소설을 짓는 재능이 뛰어났다.
　④ 임윤지당은 성리학의 정통 학설을 이어받았다.
　⑤ 이빙허각은 처음으로 집 밖에서 경제 활동을 하였다.

미루어알기 4. 글을 읽고 알 수 있는 것은 무엇입니까?

① 조선 시대는 여성 중심이었다.
② 조선 시대 남성은 여성을 존중했다.
③ 조선 시대 여성은 이름을 가지지 못하였다.
④ 조선 시대 남성들은 문화생활의 중심에 섰다.
⑤ 조선 시대 여성은 순종하는 것을 미덕으로 여겼다.

세부내용 5. 《규합총서》는 어떤 책입니까?

① 여성의 어진 덕을 가르친 책
② 여성에게 윤리의식을 심어준 책
③ 여성의 말과 행동의 모범이 된 서적
④ 여성의 가정생활을 총망라한 백과사전
⑤ 여성이 집 밖에서 활동할 때 참고가 된 사전

적용하기 6. 글에서 소개한 여성들이 현대 사회에서 선택했을 법한 직업을 인물별로 하나씩 쓰세요.

요약하기 7. 글의 내용을 조선 전기와 후기로 나누어 요약하였습니다. 빈칸에 알맞은 말을 넣으세요.

	인물	남긴 작품 · 책
조선 전기	신사임당	①□□□, 포도 그림, 시 몇 편
	허난설헌	시 ②□□□□□□□
조선 후기	임윤지당	문집 ③□□□□□
	이빙허각	④□□□□

1~7번 문제의 점수를 더하여 총점을 쓰고 162쪽의 표에 막대그래프로 표시하세요.

점수

19. 설명하는 글 읽기(19)

우리 조상은 계절의 변화를 보다 정확하게 알기 위하여 절기[1]를 만들어 사용하였다. 절기는 태양의 위치에 따라 한 해를 스물넷으로 나눈 것이다. 예부터 우리나라가 음력을 이용하여 날짜를 세었다는 것은 잘 알려져 있다. 그래서 24절기도 음력일 것이라고 생각하는 사람이 많다. 하지만 음력을 쓰는 농경 사회의 필요성에 의해 절기가 만들어졌지만 절기는 태양의 운동과 일치한다. 실제로 달력을 보면 24절기는 양력으로 매월 4~8일 사이와 19~23일 사이에 생긴다. 절기를 통하여 계절의 변화나 농사일, 날씨의 변화와 같은 생활에 필요한 정보를 알 수 있기 때문에 우리 조상은 절기를 기준으로 하여 농사를 지었고, 그 절기에 맞는 놀이와 먹거리를 즐겼다.

24절기의 이름은 중국 주(周)나라 때 화북 지방의 기상 상태에 맞춰 붙인 이름이다. 그러므로 천문학적으로는 태양의 황경[2]이 0°인 날을 춘분으로 하여 15° 이동했을 때를 청명 등으로 구분해 15° 간격으로 24절기를 나눈 것이다. 따라서 90°인 날이 하지, 180°인 날이 추분, 270°인 날이 동지이다. 그리고 입춘(立春)에서 곡우(穀雨) 사이를 봄, 입하(立夏)에서 대서(大暑) 사이를 여름, 입추(立秋)에서 상강(霜降) 사이를 가을, 입동(立冬)에서 대한(大寒) 사이를 겨울이라 하여 4계절의 기본으로 삼았다.

24절기의 배치는 봄, 여름, 가을, 겨울로 나누고 각 계절을 다시 6등분하여 양력 기준으로 한 달에 두 개의 절기를 배치하도록 구성되어 있다. 즉, 태양의 움직임에 따른 일조량, 강수량, 기온 등을 보고 농사를 짓는데, 순태음력은 앞서 말한 대로 불편함이 있었다. 그래서 태양의 운행, 즉 지구가 태양의 둘레를 도는 길인 황도(黃道)를 따라 15°씩 돌 때마다 황하 유역의 기상과 동식물의 변화 등을 나타내어 이름을 붙인 것이다. 그 이름은 다음과 같다.

봄 : 입춘(立春), 우수(雨水), 경칩(驚蟄), 춘분(春分), 청명(淸明), 곡우(穀雨)
여름 : 입하(立夏), 소만(小滿), 망종(芒種), 하지(夏至), 소서(小暑), 대서(大暑)
가을 : 입추(立秋), 처서(處暑), 백로(白露), 추분(秋分), 한로(寒露), 상강(霜降)

Note [1] 절기: 한 해를 스물넷으로 나눈, 계절의 표준이 되는 것. [2] 황경: 황도 좌표의 경도(經度). 춘분점을 기점으로 하여 황도를 따라서 동쪽으로 돌아 0도에서 360도까지 잰다.

겨울 : 입동(立冬), 소설(小雪), 대설(大雪), 동지(冬至), 소한(小寒), 대한(大寒)

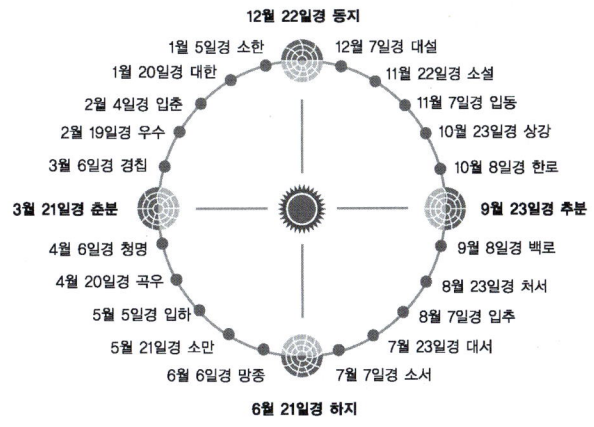

〈태양을 중심으로 돌아가는 지구의 24절기〉

한식, 단오, 삼복(초·중·말복), 칠석은 24절기가 아니다. 한식은 동지로부터 105일째 되는 날이고, 단오는 음력 5월 5일이며, 초복은 대략 7월 11일부터 7월 19일 사이가 된다. 하지로부터 세 번째로 돌아오는 경일[60개의 간지 중 경(庚)자가 들어가는 날]이 초복이 되고, 네 번째 돌아오는 경일이 중복이다. 그리고 말복은 입추로부터 첫 번째 경일이 되므로 초복과 중복은 열흘 간격이 되고, 중복에서 말복까지의 기간은 해마다 일정하지가 않다. 초복과 중복은 하지를 기준점으로 하고 말복은 입추를 기준점으로 한다. 예부터 음력 3월 3일(삼월삼진), 음력 5월 5일(오월단오), 7월 7일(칠월칠석), 9월 9일과 같이 월과 일이 겹치는 날은 양기(陽氣)가 가득 찬 길일(吉日)로 여겼는데, 그 가운데 5월 5일을 가장 양기가 센 날이라고 해서 으뜸 명절로 지내 왔다.

주제찾기 **1.** 글의 주요 내용을 가장 잘 표현한 문장을 찾으세요.

① 우리 조상은 절기에 맞추어 놀이와 먹거리를 즐겼다.
② 농사일을 할 때의 필요에 따라 절기가 만들어지게 되었다.
③ 한 해를 스물넷으로 나눈 절기는 계절의 변화를 정확히 알려준다.
④ 태양의 움직임에 따른 일조량, 강수량, 기온 등을 보고 농사를 짓는다.
⑤ 한 달에는 두 개씩, 계절마다 일정 간격으로 여섯 개씩의 절기가 배치된다.

글감찾기 **2.** 글감을 글에서 찾아 쓰세요.

사실이해 **3.** 글의 내용과 <u>어긋나는</u> 것은 어느 것입니까?

① 음력을 기준으로 24절기를 정하였다.
② 절기를 통해 날씨의 변화를 알 수 있다.
③ 절기는 지구가 태양의 둘레를 도는 길과 관련이 있다.
④ 절기의 이름은 중국 특정 지방의 기상 상태에 맞춰 붙였다.
⑤ 초복과 중복, 중복과 말복 사이의 간격은 해마다 일정하지 않다.

미루어알기 **4.** 글에서 떠올린 생각으로 적절한 것은 어느 것입니까?

① 절기가 없으면 농사를 지을 수 없다.
② 중국 고대 사회는 농경 중심의 문화였다.
③ 황하 유역의 기상은 절기에 따라 다양하게 변한다.
④ 지구가 지나가는 길과 달이 지나는 길은 서로 다르다.
⑤ 계절의 시작을 알리는 절기의 이름이 계절의 처음에 놓인다.

세부내용 **5.** 다음 중, 절기에 속하지 <u>않는</u> 것은 어느 것입니까?

① 우수   ② 망종   ③ 백로
④ 대설   ⑤ 한식

적용하기 **6.** 동식물의 변화에 따라 붙인 절기의 이름을 모두 찾아 쓰세요.

요약하기 **7.** ①절기의 이름을 붙인 근거 두 가지를 글에서 파악하여 쓰세요. 또 ②각 계절의 처음과 끝에 놓이는 절기의 이름을 모두 밝히세요.

1~7번 문제의 점수를 더하여 총점을 쓰고 162쪽의 표에 막대그래프로 표시하세요

점 수

독해력 키움 | 20. 설득하는 글 읽기(1)

평가요소: 1.☐ 15점 | 2.☐ 15점 | 3.☐ 15점 | 4.☐ 15점 | 5.☐ 20점 | 6.☐ 20점

167쪽 표의 해당하는 번호에 체크하세요.

(가) 꿈의 북극 항로, 개척의 닻 올린다

진행자: 꿈의 항로로 불리는 북극 항로가 과연 열릴 수 있을까요? 최근 지구 온난화에 따른 해빙으로 5~10년 사이에 북극 항로가 열릴 것으로 예상되면서 다시 주목을 받고 있습니다. 보도에 ○○○ 기자입니다.

기자: 최근 민간 기업에 이어 정부도 북극 항로 추진에 적극적으로 나선다는 방침이어서 관심이 급격히 고조되고 있습니다. 북극 항로가 열릴 경우, 부산 – 로테르담 항로는 기존 부산 – 수에즈운하 – 로테르담 간의 항로인 2만 100킬로미터(14일 소요)로 크게 단축됩니다. 운항 기간이 크게 단축되는 만큼 화물을 인도받는 기간이 짧아지고 물류비용도 대폭 줄어듭니다. 정부와 업계가 공통으로 북극 항로에 관심을 가지는 것도 이 항로로 인한 경제적 이익 때문입니다.

그러나 국토 해양부는 단기간에 북극 항로 개척을 기대하는 것은 성급한 일이라며 중·장기적인 사업을 설정하고 추진하겠다는 입장입니다. 상선업계의 이익을 대변하는 한국선주협회도 "북극 항로가 경제성이 돋보이는 것은 사실이지만 선박 안전 대책이 우선 확보되어야 한다."라는 반응을 보였습니다.

(나) 북극 항로 개척, 좋은 일만은 아니야

진행자: 북극해의 빙하가 빠르게 녹아내리면서 유럽과 아시아를 오갈 수 있는 북극 항로가 열리고 있다고 합니다. 북극 항로가 열리는 것이 꼭 좋기만 할까요? 보도에 ○○○ 기자입니다.

기자: 지난 7월 영국 〈파이낸셜타임스〉는 북극해의 빙하가 빠르게 녹아내리면서 유럽과 아시아를 오갈 수 있는 북극 항로가 열리고 있다고 보도하였습니다. 과거에 북극 항로가 완전히 열렸을 때는 2007년으로, 빙하 면적이 가장 많이 줄어들었던 시기입니다. 전문가들은 빙하가 계속 줄어들고 있으며, 2037년에 이르면 북극의 빙하는 사라질 것이라고 예상하고 있습니다.

이런 상황에 대하여 걱정은커녕 쾌재를 부르는 이들도 있습니다. 미국지질조사국이 최근 캐나다와 덴마크, 러시아 등 외국 과학자들과 공동으로 연구한 결과 보고에 따르면, 북극해에 매장되어 있는 원유가 440억 배럴, 천연가스는 770조 제곱피트에 달할 것이라고 합니다. 이에 따라 많은 국가와 기업이 북극 항로의 경제적 가치를 따져보고 있습니다.

그러나 지구 온난화로 인한 피해도 매우 클 것으로 예상됩니다. 지금도 북극 지역 야생 동물인 북극곰과 물개, 바다표범 등은 멸종 위기에 처해 있습니다. 이들의 생존이 어렵게 되면 그 지역 원주민들의 삶도 함께 힘들어질 수밖에 없습니다. 세계자연기금은 북극의 얼음이 모두 녹아 버리면 바닷물 수위가 높아져 지구촌 인구의 4분의 1이 홍수 피해를 입게 될 것이라고 경고하였습니다.

관련 교과 국어

주제찾기 1. (가)와 (나)의 내용을 통합한 주제문은 어느 것입니까?

① 지구 온난화로 인하여 북극 항로 개척이 추진되고 있다.
② 북극 항로의 개척이 미칠 영향을 우선적으로 고려해야 한다.
③ 정부와 기업이 협력해서 북극 항로의 개척에 앞장서 가야 한다.
④ 지구 온난화로 북극해가 녹게 되면 해수면이 상승하여 홍수 피해를 입는다.
⑤ 북극 항로의 개척에 따른 경제적인 이익과 생태학적 피해를 함께 생각해 볼 때이다.

글감찾기 2. (가), (나)가 공통적으로 보도 대상으로 삼은 것이 무엇인지 글에 나온 낱말을 활용하여 밝히세요.

사실이해 3. 텔레비전 뉴스의 짜임 중, (가)와 (나)에 모두 나타나 있는 것은 무엇입니까?

① 진행자의 도입, 진행자의 해설   ② 진행자의 해설, 진행자의 요약
③ 진행자의 도입, 기자의 보도   ④ 진행자의 요약, 기자의 보도
⑤ 기자의 보도, 기자의 마무리

미루어알기 4. 뉴스를 시청하면서, (가)와 (나)의 관점을 가장 앞서 알 수 있는 요소는 무엇입니까?

① 제목의 표현과 내용   ② 진행자의 첫 마디 말
③ 진행자의 자세한 해설   ④ 기자가 제시한 그림과 사진
⑤ 기자가 보도한 인터뷰 내용

세부내용 5. (가), (나)의 관점을 대조적으로 보여 주는 낱말의 짝은 어느 것입니까?

① 꿈-개척   ② 이익-피해   ③ 주목-빙하
④ 단축-매장   ⑤ 추진-생존

적용하기 6. (가)와 (나)의 방송사에서 뉴스의 관점과 그것을 드러내기 위해 어떤 단체의 의견을 취재하였는지 찾아 쓰세요.

(가) 방송사	①
(나) 방송사	②

점수

1~6번 문제의 점수를 더하여 총점을 쓰고 163쪽의 표에 막대그래프로 표시하세요

독해력 키움 | 21. 설득하는 글 읽기(2)

| 평가요소 | 1. ☐ 15점 | 2. ☐ 15점 | 3. ☐ 15점 | 4. ☐ 15점 | 5. ☐ 10점 | 6. ☐ 15점 | 7. ☐ 15점 |

167쪽 표의 해당하는 번호에 체크하세요.

　우리나라는 민주주의 국가야. 여러 가지 법과 제도로 국민 개개인의 존엄성을 지켜 주려 노력하고 있어. 하지만 민주주의를 이루기까지는 아주 오랜 시간이 걸렸지. 그 사이 많은 사람이 죽거나 상처를 입었어. 민주주의는 여러 사람들의 노력과 희생의 대가로 얻어 낸 거야. 그저 당연한 것으로 받아들이는 민주주의…. 민주주의를 이루기까지 겪었던 힘든 과정을 알고 나면 우리가 누리는 자유가 얼마나 소중한지도 알게 될 거야. 우리나라의 민주주의가 어떤 과정을 거치며 발전해 왔는지 살펴볼까?

　1945년 8월 15일 우리나라는 일본으로부터 독립을 했고, 1948년 7월 17일 우리나라 최초의 헌법이 시행되었어. 헌법 제1조 1항에 '대한민국은 민주 공화국이다.'라고 적혀 있지만, 실제로는 그 역할을 하지 못했지. 대한민국의 첫 대통령이었던 이승만과 이승만을 따르는 자유당은 오랫동안 독재 정치를 했어. 1960년 3월 15일 치러진 대통령 선거에서는 부정을 저지르기까지 했지. 돈과 힘을 이용해 표를 모은 거야. 3·15 부정 선거는 많은 사람들을 성나게 했어. 그래서 4월 19일, 많은 학생과 시민들이 거리로 나와 시위를 했지. 결국 이승만은 대통령 자리에서 물러났고, 새 정부가 들어섰어.

　1961년 5월 16일, 사회 혼란을 내세워 박정희를 중심으로 한 군인들이 군사 쿠데타를 일으켰어. 박정희 정권은 1967년의 선거에서 국민의 재신임을 얻었으나, 60년대 말부터 외채의 급증, 무역 적자 폭의 확대, 차관기업의 독과점화와 중소기업의 위축, 인플레 등 선진 자본주의에 노예처럼 따라가기만 하는 독점 자본주의의 모순이 한꺼번에 터져 나와 경제적 위기가 심화되었어. 한편 '선성장·후분배' 논리에 입각한 고도 성장 정책과 이를 뒷받침하기 위한 저임금·저곡가 정책은 민중의 희생을 강요해 해마다 50만 명 이상의 농민이 농촌을 떠나는 현상이 발생했으며, 노동자의 급속한 수적 증가에도 불구하고 전체 국민 소득에서 차지하는 노동자 소득의 비율이 줄어드는 등 사회적 불평등과 구조적 모순이 심화되었어. 박정희는 1972년 이른바 10월 유신을 통해 독재 체제를 굳건히 한 다음, 1979년 10월 26일 김재규에 의해 죽음을 당할 때까지 무려 18년간이나 대통령 자리에 있었지. 그 기간 동안 수많은 사람들이 민주주의를 부르짖다가 죽거나 몹시 다쳤어.

　박정희 대통령이 죽자 많은 사람들이 드디어 우리나라에서도 민주주의가 꽃을 피울 수 있을 거라고 기대를 했어. 하지만 뒤이어 전두환을 중심으로 한 새로운 군인 세력이 나타나 1979년 12월 12일 군사 쿠데타를 일으켰어. 당연히 많은 시민과 학생들이 민주주의를 외치며 저항을 했지. 1980년 5월 18일 광주에선 군인들이 민주주의를 외치는 시민들에게 총을 쏘며 잔인하게 시위를 진압했어. 시민들은 군인들에게 대항했고, 이 과정에서 많은 시민들이 죽거나 다쳤어.

5·18 민주화 운동이 바로 민주주의로 이어지진 않았지만, 그 정신은 이후 많은 사람들에게 큰 영향을 끼쳤어. 시민과 학생들은 대통령을 국민들이 직접 뽑도록 하라며 시위를 했어. 1987년 1월 14일에 서울대학교를 다니던 학생이 고문을 당하다 죽었고, 6월 9일에는 또 다른 학생이 시위를 하다 경찰이 쏜 최루탄에 맞아 죽었어. 더 이상 참지 못한 사람들은 너도나도 거리로 뛰쳐나와 민주주의를 외쳤지. 결국 정부는 6월 29일, 6·29 선언을 통해 국민들의 뜻을 받아들였어. 이래서 우리나라는 국민의 손으로 직접 대통령을 뽑고, 진정한 민주화의 길로 들어서게 되었어.

※선생님이 학생들에게 수업한 내용을 그대로 옮겨놓은 글입니다. 이런 글을 '강의록'이라 합니다.

주제찾기 1. 강의록의 핵심 주장은 무엇입니까?

① 민주주의는 개인의 존엄성을 지켜준다.
② 민주주의에서는 자유가 소중한 가치이다.
③ 민주주의는 국가의 독립 이후에 이루어진다.
④ 민주주의는 독재에 맞서 싸우는 강한 힘이다.
⑤ 민주주의는 민중의 항쟁과 희생에 따른 결과이다.

제목찾기 2. 빈칸을 채워 글의 제목을 완성하세요.

□□□□ □□□의 과정

사실이해 3. 글에서 다루지 <u>않은</u> 내용은 어느 것입니까?

① 민주주의를 이루기까지 오랜 시간이 걸렸다.
② 1945년 이후 대통령의 독재 정치가 몇 차례 있었다.
③ 대통령의 독재 정치가 민중의 거센 저항을 불러일으켰다.
④ 민주주의와 경제 성장을 함께 이루어내기는 어렵다.
⑤ 군사 정변으로 대통령이 된 사람이 있었다.

미루어알기

4. 글의 내용으로 볼 때, 정부에서 일부러 낮은 임금, 낮은 쌀값 정책을 펼친 이유는 무엇입니까?

① 임금과 쌀값이 지나치게 높기 때문에
② 임금이 낮아야 쌀값도 낮아질 수 있기 때문에
③ 경제 성장을 쉽게, 빠른 시간 안에 이룰 수 있기 때문에
④ 임금이 높고 쌀값이 낮으면 농민들의 불만이 점점 커지기 때문에
⑤ 낮은 임금과 낮은 쌀값을 유지해야 서민들이 좀 더 잘 살 수 있기 때문에

세부내용

5. 글쓴이가 우리나라 정치 권력이 과거에 저지른 잘못을 비판하기 위해 사용한 단어들을 모아놓은 것을 고르세요.

① 노력, 희생   ② 독재, 부정   ③ 성장, 분배
④ 평등, 모순   ⑤ 진압, 고문

적용하기

6. 우리나라의 민주화를 위한 항쟁은 무엇에 저항한 것이었는지 10자 이내로 쓰세요.

요약하기

7. 글의 전개 과정에 따라 내용을 아래와 같이 요약하려 합니다. 빈칸에 알맞은 낱말을 넣으세요.

우리나라 ①□□□□의 발전 과정
↓
이승만의 독재와 부정, 민중의 ②□□과 ③□□
↓
박정희의 독재와 부정, ④□□□ 운동
↓
전두환의 독재와 ⑤□□ 통치, 민중의 저항

점 수

1~7번 문제의 점수를 더하여 총점을 쓰고 163쪽의 표에 막대그래프로 표시하세요

독해력 키움 | 22. 설득하는 글 읽기(3)

| 평가요소 | 1. ☐ 15점 | 2. ☐ 15점 | 3. ☐ 15점 | 4. ☐ 15점 | 5. ☐ 10점 | 6. ☐ 15점 | 7. ☐ 15점 |

167쪽 표의 해당하는 번호에 체크하세요.

여러분이 모둠별 과제를 해결하기 위해 보고서를 작성하거나, 미술 작품을 만들어야 하거나, 컴퓨터 프로그램[1]을 완성해야 할 때 많은 시간과 노력을 들여야 하지요? 열심히 만든 내 노력의 결과물을 다른 친구가 스스로 한 것처럼 몰래 베껴간다면, 기분이 어떠할까요? 만든 이의 노력과 시간은 눈에 보이지 않지만 매우 가치 있는 것이지요. 저작권은 창작물을 만든 사람의 노력과 결과물의 가치를 인정하고, 만든 사람, 즉 저작자의 권리를 보호하고자 하여 사람들이 지켜주기로 약속해 놓은 권리입니다.

저작권의 대상이 되는 저작물에는 소설·시·논문·강연·각본·음악·연극·무용·회화·서예·도안·조각·공예·건축물·사진·영상·도형·컴퓨터 프로그램·작곡·영화·춤·그림·지도 등이 포함됩니다. 저작물에는 물리적 매체뿐만 아니라, 디지털[2]화 된 형태 역시 해당되지요. 문자 형태의 저작물뿐만 아니라, 컴퓨터로 작성한 건축 설계도면, MP3와 같은 음악 저작물, DVD 영화나 비디오 같은 영상 저작물, 소프트웨어와 같은 컴퓨터 프로그램 저작물, 그 밖에 인터넷으로 주고받는 미술이나 사진 저작물 등이 모두 저작권의 보호 대상이 됩니다. 영상 발표 자료 등을 만들기 위해 인터넷으로 내려 받아서 사용하는 글꼴 파일 또한 저작권의 보호 대상이랍니다. 무료로 나누어준다고 하는 글꼴일지라도, 글꼴의 이용 조건을 꼼꼼히 확인해 볼 필요가 있답니다.

인터넷으로 주고받을 수 있는 자료가 무수히 많이 있는 사회에서 정보를 이용하는 사람으로서, 이러한 저작권법을 엄격히 들이댈 경우, 법을 지키며 살아가는 것이 쉽지 않겠다는 생각이 들지 않나요? 그래서 사람들 중에는, 저작권을 인정하면서 저작물을 자유롭게 이용하는 것을 허락함으로써 저작권을 공유[3]하자는 움직임도 있답니다. 이러한 움직임을 카피레프트(copyleft)라고 하지요. 저작권을 일컫는 카피라이트(copyright)의 반대되는 뜻으로 만든 용어입니다.

카피레프트에 대해 간략히 살펴볼까요? 카피레프트는 저작권에 바탕을 둔 사용 제

Note
[1] 컴퓨터 프로그램: 어떤 문제를 해결하기 위하여 그 처리 방법과 순서를 자세히 적어서 컴퓨터에 알리는 한 묶음의 명령문 집합체.
[2] 디지털: 여러 자료를 유한한 자릿수의 숫자로 나타내는 방식. '수치', '수치형', '숫자', '숫자식'으로 순화.
[3] 공유(公有): 두 사람 이상이 한 물건을 공동으로 소유함. 함께 나누어 가짐.

한이 아니라 저작권을 바탕으로 한 정보의 공유를 강조하지요. 카피레프트의 입장에서는 지식과 정보가 과거에 이미 형성된 지식에 바탕을 두어 생겨나거나 발전하는 것이므로, 한 개인이나 기업의 소유물이 아니라 사회 구성원 공동의 자산으로 봅니다. 따라서 지식과 정보에 자유롭게 접근하고 사용할 수 있게 함으로써, 새로운 지식과 정보의 생성이 더욱 힘을 얻을 수 있다는 신념에서 출발하지요.

카피레프트는 무조건적인 정보 공유를 주장하거나, 저작자의 권한을 인정하지 않는 것이 아닙니다. 영화, 음원, 소프트웨어 등이 쉽게 유통되고 불법 다운로드 되어 무료로 사용 가능한 현실을 고려할 때, 저작자의 권한을 엄격히 보호하지 않을 경우 발생하는 문제점도 매우 크다는 생각이 들지요. 저작자가 들인 시간과 노력 및 결과물의 가치를 잘 알고, 그 권리가 보호되어야 할 필요성을 충분히 공감하는 것이 먼저 인정되어야겠지요.

주제찾기 1. 글에 뚜렷이 드러난 글쓴이의 중심 생각은 무엇입니까?

① 저작권은 저작자의 권리이다.
② 지식과 정보는 대단히 중요하다.
③ 저작권에 의해 창작을 촉진할 수 있다.
④ 저작권을 우선 법으로 보호해주어야 한다.
⑤ 저작권은 복제하거나 복제하도록 하는 권리이다.

글감찾기 2. 글감을 글에서 찾아 한 낱말로 쓰세요.

사실이해 3. 글의 내용을 잘못 파악한 것을 고르세요.

① 저작권은 노력의 결과물이다.
② 예술 창작물은 저작권 대상이다.
③ 저작의 결과물에 대해 권리를 준다.
④ 인터넷에서 많은 지식과 정보를 주고받는다.
⑤ 저작권법이 엄격히 지켜져야 창작이 활성화된다.

미루어알기 **4.** 인터넷에 같거나 비슷한 내용의 글이 여럿 새로 올라왔을 때, 저작권자를 어떻게 따질 수 있을까요?

① 누구의 글이 가장 먼저 올라왔는지 가려낸다.
② 어떤 글이 가장 독창적인 글인지 비교 대조해 본다.
③ 내용이 다른 것과 가장 큰 차이를 보이는 것을 찾는다.
④ 과거에 저작권을 인정받은 적이 있는 사람의 글을 선택한다.
⑤ 모든 글쓴이를 대상으로 글을 쓴 과정을 자세히 밝혀서 올리도록 한다.

세부내용 **5.** 글에서 설명하지 <u>않은</u> 대상은 어느 것입니까?

① 저작권　　② 저작물　　③ 저작자
④ 정보 공유　　⑤ 저작 인접권

적용하기 **6.** 저작권의 독점이 일으킬 폐단을 막기 위해 어떤 노력을 해야 하는지, 글에 나온 낱말을 활용하여, 한 문장으로 쓰세요.

요약하기 **7.** 글의 내용을 아래와 같이 몇 문장으로 요약했습니다. 빈칸을 채워 완성하세요.

> '저작물'은 저작자가 새로 만들어 낸 ① □□□이며, 여기에 붙여진 권리가 저작권이다. 저작물을 만드는 데에는 ② □□과 ③ □□, 돈과 정성이 많이 든다. 어떤 사람은 저작권이 지나치게 엄격하면 창작을 힘들게 한다고 하면서 저작권을 바탕으로 한 정보의 ④ □□를 강조하기도 한다. 하지만 이런 주장에 앞서, 저작자가 들인 시간과 노력 및 결과물의 가치를 잘 알고, 그 ⑤ □□가 우선적으로 보호되어야 한다.

점 수

1~7번 문제의 점수를 더하여 총점을 쓰고 163쪽의 표에 막대그래프로 표시하세요

독해력 키움 | 23. 설득하는 글 읽기(4)

평가요소 1. ☐ 15점 2. ☐ 15점 3. ☐ 15점 4. ☐ 15점 5. ☐ 10점 6. ☐ 15점 7. ☐ 15점

167쪽 표의 해당하는 번호에 체크하세요.

우리는 흔히 '콜럼버스의 신대륙 발견'이라는 표현을 쓰면서 콜럼버스가 아메리카 대륙을 발견하였다고들 한다. 또, 콜럼버스의 항해는 역사적으로 아주 중요한 사건으로 여겨진다. 그 뒤 유럽 사람들이 아메리카로 물밀 듯이 밀려들었으며, 아메리카는 물론이고 유럽, 나아가서는 세계 전체의 운명까지도 완전히 달라졌다는 점에서 주목할 만한 역사적인 사건임에는 틀림없다.

(㉠) 과연 콜럼버스가 아메리카 대륙을 발견하였다고 할 수 있을까? '발견'은 아무도 살지 않는 비어 있는 땅을 처음 알아내고 상륙하여 개척하였을 때 사용할 수 있는 낱말이다. 그렇다면 콜럼버스가 항해했던 그 시대, 아메리카 대륙은 아무도 살고 있지 않은 비어 있는 땅이었을까?

콜럼버스가 살던 무렵, 유럽은 큰 변화를 겪고 있었다. 여러 국가에서 강력한 왕이 나타나 갈라져 있던 영토를 통일하고 나라의 힘을 크게 키우고 있었다. 상업이 크게 발달하고 돈과 무역에 대한 사람들의 관심도 커졌다. 유럽의 여러 국가는 새로운 항로와 새로운 땅을 찾기 위하여 경쟁적으로 탐험대를 파견하였다. 당시 유럽에서는 인도나 중국에서 사막을 거쳐 지중해로 들어오는 향신료와 비단, 보석 등이 큰 인기였다. 특히, 인도는 향신료와 금, 보석, 비단 등을 쉽게 구할 수 있는 꿈의 세계였다. 그래서 유럽 사람들은 이 물건들을 인도에서 직접 뱃길로 들여오면 큰돈을 벌 수 있으리라고 생각하였다.

포르투갈에서도 일찌감치 아프리카를 돌아 인도로 가는 뱃길을 찾고 있었다. 그런데 이탈리아 사람 콜럼버스는 다른 방향으로 항해하여 인도로 가려는 계획을 세웠다. 땅과 땅의 중간에 다른 대륙이 있으리라고는 아무도 상상하지 못하였으므로 콜럼버스는 대서양을 반대 방향으로 돌아 항해하려고 하였다. 콜럼버스는 이러한 계획을 가지고 먼저 포르투갈을 찾아갔지만, 왕실은 관심을 보이지 않았다. 콜럼버스는 다시 에스파냐를 찾아갔다. 에스파냐 왕실은 포르투갈에 뒤질세라 콜럼버스를 지원하였고, 이렇게 해서 콜럼버스의 항해가 이루어졌다. 1492년 8월 3일, 콜럼버스는 산타 마리아호를 비롯한 배 세 척과 선원 구십 명을 이끌고 에스파냐의 파로스 항을 떠났다. 두 달이 넘

게 항해한 끝에 어느 섬에 도착하였다. 콜럼버스는 마침내 인도에 도착하였다고 믿고, 신께 감사드리는 뜻으로 그곳을 '산살바도르 섬'이라고 이름 붙였다. 그리고 죽을 때까지 그곳이 인도라고 믿었다. 몇 년 뒤, 이탈리아 사람 아메리고 베스푸치는 콜럼버스가 발견한 곳이 인도가 아니라 유럽 사람들이 몰랐던 다른 땅이라는 사실을 밝혔다. 이 땅이 오늘날의 아메리카 대륙이다. '아메리카'는 그의 이름 '아메리고'에서 딴 것이다.

(㉡) 우리가 알고 있는 것과는 달리, 콜럼버스가 항해 끝에 도착한 아메리카 대륙에는 적어도 수백만 명에서 수천만 명으로 추정되는 많은 사람이 다양하고 수준 높은 문화를 누리면서 넓은 땅 곳곳에 살고 있었다. 그들이 바로 인디언들, 아니 아메리카 원주민들이었다. '인디언'이라는 말은 콜럼버스가 발견한 대륙을 인도라고 믿었기 때문에 붙여진 이름이다. 요즈음에는 '아메리카 원주민'이라고 고쳐 부른다.

이렇게 그들만의 문화를 형성하며 아메리카 대륙에서 대대손손 살아온 원주민들의 처지에서 보면, 콜럼버스는 초대하지 않은 손님이었다. 초대하지 않은 손님이 갑자기 나타나면서 약탈과 정복이 시작되었다. 콜럼버스와 그 뒤에 밀려든 유럽 사람들은 원주민들의 것을 약탈하였고, 정복을 위해 원주민들의 목숨을 앗아 가는 일도 서슴지 않았다. 결국 콜럼버스의 항해는 전통과 문화를 가꾸며 살아오던 원주민들의 삶을 송두리째 앗아 갔다. 이처럼 콜럼버스의 항해는 '신대륙 발견'이 아니라 원주민이 살고 있던 곳을 침범한 '구대륙 침략'이었다.

주제찾기 **1.** 글쓴이의 관점이 뚜렷하게 담겨 있는 문장은 어느 것입니까?

① 콜럼버스의 항해는 역사적으로 중요한 사건이다.
② 콜럼버스가 살던 무렵 유럽은 큰 변화를 겪고 있었다.
③ 인도는 향신료와 금, 보석, 비단 등을 쉽게 구할 수 있었다.
④ 콜럼버스의 항해는 '신대륙 발견'이 아니라 '구대륙 침략'이었다.
⑤ 오래 전부터 신대륙에는 원주민이 수백만 명 이상이나 살고 있었다.

제목찾기 **2.** 세 마디로 이루어진 구절로 글의 제목을 붙이세요.

사실이해 **3.** 콜럼버스의 항해와 관련해서, 글의 내용과 <u>어긋나는</u> 것은 어느 것입니까?

① 이 사건 이후에 유럽 역사가 크게 달라졌다.
② 향신료와 비단, 보석 등은 유럽에서 인기가 있었다.
③ 이 시도가 있기 전에는 육로를 통해 무역이 이루어졌다.
④ 콜럼버스는 당시 사람들과 다른 뱃길을 이용하려고 하였다.
⑤ 포르투갈과 에스파냐 왕실 양쪽에서 지원을 받아 항해가 이루어졌다.

미루어알기 **4.** 글을 읽고 새롭게 떠올린 생각으로 적절한 것은 어느 것입니까?

① 왕국의 번영을 위해 큰돈이 필요했다.
② 유럽인들은 신대륙 발견을 예상하고 있었다.
③ 콜럼버스는 지구가 둥글다는 사실을 알고 있었다.
④ 유럽인들은 뱃길로 인도를 왕래하며 이익을 남겼다.
⑤ 신대륙을 발견하면 지원해 준 왕의 이름을 지명으로 삼았다.

세부내용 **5.** ㉠과 ㉡에 공통적으로 들어갈 수 있는 낱말은 무엇입니까?

① 그래서 ② 그러나 ③ 그러면
④ 그런데 ⑤ 그리고

적용하기 **6.** 다음은 글쓴이의 관점을 파악하는 방법입니다. 빈칸에 알맞은 낱말을 넣으세요.

> 글에 나타난 ①□□이 무엇인지 파악한다. → 글쓴이의 ②□□이 담겨 있는 낱말이나 문장을 찾는다. → ③□□에 담겨 있는 의미나 의도를 따져본다.

요약하기 **7.** 글쓴이의 생각을 담고 있는 문장 3개를 글에서 모두 찾아 그대로 옮겨 쓰세요.

점수

1~7번 문제의 점수를 더하여 총점을 쓰고 163쪽의 표에 막대그래프로 표시하세요

독해력 키움 | 24. 설득하는 글 읽기(5)

평가요소
1. ☐ 15점 | 2. ☐ 15점 | 3. ☐ 10점 | 4. ☐ 15점 | 5. ☐ 15점 | 6. ☐ 15점 | 7. ☐ 15점

167쪽 표의 해당하는 번호에 체크하세요.

(가) 우리나라뿐만 아니라 세계 곳곳에서 벌어지고 있는 자연 개발은 우리의 삶을 위협하고 있다. 이러한 무분별한 개발로 우리 삶의 터전인 자연은 몸살을 앓게 되었고, 이제 인류의 생존까지 위험한 상황에 이르렀다. 우리는 자연의 목소리에 귀를 기울이고 자연을 보호하여야 한다. 자연을 보호하여야 하는 까닭은 무엇인가?

첫째, 자연은 한 번 파괴되면 복원되기가 어렵다. 한 그루의 어린나무가 아름드리나무로 성장하는 데 약 30년에서 50년이 걸린다고 한다. 우유 한 컵으로 오염된 물을, 물고기가 살 수 있는 깨끗한 물로 만들려면 우유 한 컵의 약 2만 배의 물이 필요하다. 이처럼 환경을 오염시키는 것은 순식간이지만 오염된 환경을 되살리는 데는 수십, 수백 배의 시간과 노력이 든다.

둘째, 무리한 자연 개발은 생태계를 파괴한다. 생물은 서로 유기적인 생태계로 얽혀 있으며 주변 환경과 영향을 주고받으면서 살아간다. 자연 개발로 생태계를 파괴하면 결국 사람의 생활환경을 악화시키는 결과를 초래한다. 예를 들어, 사람의 편의를 위한 시설을 만들면서 무분별하게 산을 파헤치면 동식물은 삶의 터전을 잃기도 한다. 무리한 자연 개발의 결과로 기후 변화 현상까지 나타나 동물이 멸종 위기에 처하고, 지구 환경이 위협을 받기도 한다. 동식물이 살 수 없는 곳은 사람도 살 수 없는 곳이 된다. 사람도 자연의 일부분이므로 자연과 조화를 이루어야 우리 삶이 풍요로워진다.

셋째, 자연은 우리 후손이 살아갈 삶의 터전이다. 당장의 편리와 이익만을 추구하다 보면 우리 후손에게 훼손된 자연을 물려주게 된다. 환경을 고려하지 않은 개발로 물, 공기, 토양, 해양 등의 자연환경이 돌이키기 힘들 정도로 훼손되면 우리 후손은 그 훼손된 자연 속에서 살아가야 한다. 조상으로부터 금수강산을 물려받은 우리는 후손에게 아름다운 자연을 물려주어야 할 의무가 있다. 자연은 조상이 남긴 소중한 환경 유산이자 동시에 후손이 앞으로 살아갈 삶의 터전임을 잊어서는 안 된다.

자연은 어머니의 따뜻한 품이자 우리의 영원한 안식처이다. 더 이상 무분별한 개발로 금수강산을 훼손해서는 안 된다. 자연 개발로 사라져 가는 동식물을 다시 이 땅으로 돌아오게 하여 더불어 살아가도록 해야 한다. 지나친 개발로 인한 지구 온난화와 이상 기후 현상이 더 이상 심해지지 않도록 노력하는 일도 우리 모두에게 남겨진 과제이다. 이제 우리 모두 자연 보호를 실천에 옮겨야 한다.

(나) 21세기 들어 인류는 역사상 유례없는 발전을 해 왔다. 이처럼 빠르고 편리하며 풍요로운 생활 모습은 자연을 잘 개발하여 얻은 수확이라고 할 수 있다. 자연을 더 효과적이고 계획

적으로 개발하는 것은 인류가 새로운 꿈을 펼 수 있도록 해 준다. 인류의 발전을 위하여 자연을 개발하여야 한다. 자연을 개발하여야 하는 까닭은 무엇일까?

첫째, 자연재해를 막기 위하여 자연 개발이 필요하다. 우리나라는 여름이면 태풍과 홍수로 큰 피해를 당하고, 봄과 겨울이면 가뭄으로 어려움을 겪는다. 그렇지만 미리 계획을 세워 대비하면 이러한 자연재해를 막을 수 있다. 대표적인 예로 댐 건설을 들 수 있다. 지난 1995년과 1997년 홍수 때, 소양강 댐과 대청 댐 등이 있어 물을 가두었기 때문에 수도권이나 중부권이 물난리를 피할 수 있었다. 그리고 인명 피해와 이재민을 크게 줄일 수 있었다. 또, 가뭄에는 하천이나 지하수가 마르기 때문에 댐에 가두어 둔 물이 유용하게 활용된다.

둘째, 자연 개발로 편리한 삶을 누릴 수 있다. 과학자나 전문가들은 자연을 유용하게 활용하여 경제를 성장시키고, 건강과 안전을 보장할 장치를 개발하였다. 그 결과, 인류는 편리하고 안락한 생활을 즐기고 있다. 자연을 개발하여 만든 거대한 놀이공원이나 운동장 등에는 휴일이면 여가를 즐기는 사람들로 붐빈다. 산과 바다에서는 편리하고 안전하게 만들어진 케이블카나 해상공원 놀이기구 등을 이용하여 여가를 즐기고 있다. 또, 길을 넓게 만들고 터널을 뚫음으로써 쉽고 빠르게 목적지를 오갈 수 있다.

셋째, 인구 증가에 대비하기 위하여 자연 개발을 해야 한다. 세계의 인구는 매우 빠른 속도로 증가하고 있다. 특히, 우리나라는 세계적으로 인구 밀도가 높은 나라이다. 이렇게 많은 인구가 좁은 땅에서 살아가려면 더 많은 땅이 필요하다.

우리는 종종 자연을 개발하는 일이 곧 자연을 파괴하는 일과 같다고 비난한다. 그러나 사람들은 자연을 개발하여 찬란한 문명의 꽃을 피워왔지 결코 자연을 파괴한 것은 아니었다. 사람은 인류의 미래를 지금보다 더 낫게 만들려는 선한 의지를 가지고 있기 때문에 지구를 온전하게 지키면서 개발하려고 노력한다. 우리는 자연을 보호 대상으로 그대로 놓아두기보다는 인류의 발전을 위하여 유용하게 개발하여야 한다.

적용하기 1. (가), (나)의 주장을 각각 10자 이내로 쓰세요.

글감찾기 2. (가)와 (나)의 공통적인 글감을 글에 나온 낱말을 사용하여 쓰세요.

관련 교과 **국어**

사실이해 3. (가), (나)의 내용을 잘못 파악한 것은 어느 것입니까?

① (가)-자연 개발의 피해는 규모가 크다.
② (가)-자연은 한 번 파괴되면 되돌리기 어렵다.
③ (나)-인류의 발전을 위해 자연을 개발해야 한다.
④ (나)-자연 재해를 막기 위해서 자연을 개발해야 한다.
⑤ (나)-인구 증가에 대비하기 위하여 자연을 개발해야 한다.

미루어알기 4. (가)와 (나)가 주장의 근거로 삼은 것들의 공통적인 내용은 무엇입니까?

① 지구 온난화와 이상 기후 현상
② 자연 개발이 인간의 삶에 미치는 영향
③ 자연 개발의 결과 인류가 도달한 위험한 상황
④ 자연 개발에 의한 풍요롭고 편리한 삶
⑤ 자연 개발과 생태계의 관계

세부내용 5. 글의 짜임으로 볼 때, (나)에는 나오지만 (가)에는 나오지 않는 것은 무엇입니까?

① 문제 상황 ② 글쓴이의 주장 ③ 주장에 대한 근거
④ 주장의 재강조 ⑤ 내용의 요약

주제찾기 6. (가), (나)의 글쓴이들이 토론을 한다고 했을 때 알맞은 주제를 쓰세요.

요약하기 7. (가)와 (나)의 주장과 근거를 표로 정리하였습니다. 빈칸을 채워 완성하세요.

	(가)		(나)
주장	자연을 ①□□하여야 한다.	주장	자연을 ⑤□□하여야 한다.
근거	자연은 한 번 ②□□되면 복원되기 어렵다. 무리한 자연 개발은 ③□□□를 파괴한다. 자연은 ④□□이 살아갈 삶의 터전이다.	근거	⑥□□□□를 막기 위하여 자연 개발이 필요하다. 자연 개발로 ⑦□□한 삶을 누릴 수 있다.

점 수

1~7번 문제의 점수를 더하여 총점을 쓰고 163쪽의 표에 막대그래프로 표시하세요

독해력 키움 | 25. 설득하는 글 읽기(6)

| 평가요소 | 1. ☐ 15점 | 2. ☐ 15점 | 3. ☐ 15점 | 4. ☐ 15점 | 5. ☐ 10점 | 6. ☐ 15점 | 7. ☐ 15점 |

167쪽 표의 해당하는 번호에 체크하세요.

안녕하세요. 저는 세번 컬리스 스즈키입니다. 저는 '에코'를 대표하여 이 자리에 섰습니다. 저희는 세상의 작은 변화를 가져오기 위해 '에코'라는 모임을 만들어 활동하고 있습니다. 따로 숨겨 놓은 다른 생각은 없어요. 단지 저는 제 미래를 위해 싸우고 있습니다. 제 장래를 잃어버린다는 것은 선거에서 진다든지 증권 시장에서 얼마쯤 잃는다든지 하는 것과는 다른 차원이니까요. 저는 앞으로 살아갈 모든 세대를 위해 여기에 섰습니다. 저는 세계 곳곳에서 굶주리는 아이들을 대신하여 여기에 섰습니다. 저는 이 행성 위에서 죽어가는 수많은 동물을 위해 여기에 섰습니다. 우리는 이제 말하지 않고는 그냥 있을 수 없게 되었거든요.

저는 언제나 야생 동물들의 무리를 보고 싶었고, 새들과 나비들로 가득 찬 정글과 열대림을 보기를 꿈꿨습니다. 그렇지만 제가 엄마가 되었을 때, 우리 아이들이 볼 수 있도록 그런 것이 과연 존재하고 있기나 할지 모르겠습니다. 여러분은 이런 소소한 것에 대해 제 나이 때 걱정해 보셨습니까? 이 모든 것이 실제로 우리 눈앞에서 일어나고 있는데도 우리는 마치 문제를 해결할 충분한 시간과 해결책을 가지고 있는 것처럼 행동하고 있습니다.

저는 어린아이일 뿐이고, 따라서 해결책을 가지고 있지 않습니다. 여러분은 과연 해결책을 가지고 계신지 저는 묻고 싶습니다. 여러분은 어떻게 하면 오존층에 난 구멍을 메울 수 있는지 알지 못합니다. 죽은 강으로 연어를 되돌아오게 할 방법도, 사라져버린 동물을 되살려 놓는 방법도 알지 못합니다. 그리고 여러분은 이미 사막이 되어 버린 곳을 푸른 숲으로 되살려 놓을 능력도 없습니다. 여러분이 고칠 방법을 모른다면 제발 그만 망가뜨리길 바랍니다! 여러분은 정부의 대표로, 기업가로, 기자나 정치가로 여기에 와 계실 것입니다. 그렇지만 여러분은 그 이전에 어머니와 아버지, 형제와 자매, 이모와 삼촌들입니다. 그리고 여러분 모두 누군가의 자녀들입니다.

저는 이틀 전, 여기 브라질에서 큰 충격을 받았습니다. 우리는 길거리에서 살고 있는 몇몇 아이와 잠깐 시간을 보냈습니다. 그중 한 아이가 우리에게 이렇게 말하더군요.

"내가 부자가 되었으면 좋겠어. 만약 내가 부자라면 나는 거리에 살고 있는 모든 아이에게 음식과 옷과 약과 집, 그리고 사랑을 줄 거야."

아무것도 가진 게 없는 아이가 기꺼이 나누겠다고 하는데, 모든 것을 다 가지고 있는 우리는 어째서 그토록 인색할까요? 저는 이 아이들이 제 또래라는 사실을 자꾸 생각하게 됩니다. 어디서 태어났는가 하는 사실이 굉장한 차이를 만든다는 것, 저도 리우의 빈민가 파벨라에 살고 있는 저 아이들 중의 하나일 수 있었다는 생각을 하지 않을 수 없습니다. 저는 소말리아에서 굶주려 죽어가는 한 어린이일 수도 있었고, 중동의 전쟁 희생자, 또는 인도에서 구걸하는 아이일 수도 있었습니다. 저는 어린아이일 뿐입니다. 하지만 만약 전쟁에 쓰이는 그 엄청난 돈이 빈곤을 해결하고 환경 문제에 대한 해답을 찾는 데 쓰인다면, 이 지구가 얼마나 멋진 곳으로 바뀔지 알고 있습니다.

학교에서도, 유치원에서도, 어른들은 우리에게 착한 사람이 되라고 가르칩니다. 어른들은 우리에게 가르칩니다. 서로 싸우지 말고, 절약하고, 서로 존중하고, 청결히 하고, 다른 생물들을 해치지 말고, 더불어 나누어야 한다고. 그런데 어째서 여러분은 우리에게 하지 말라고 한, 그런 행동들을 하십니까? 여러분이 이 회의에 참석하고 계신 이유는 무엇이며, 누구를 위해서 이런 회의를 열고 있는지 잊지 마십시오. 우리는 여러분의 아이들입니다. 여러분은 우리가 앞으로 어떤 세계에서 자랄지 결정하고 계신 겁니다. 저는 이 자리에서 여러분에게 호소합니다. 제발 우리 바람이 여러분이 하려는 행동에 반영되도록 노력해 주십시오.

주제찾기

1. 연설한 사람의 주장은 무엇입니까?

① 저는 앞으로 살아갈 모든 세대를 위해 여기에 섰습니다.
② 우리는 문제의 해결책을 가지고 있는 양 행동하고 있습니다.
③ 여러분이 고칠 방법을 모른다면 제발 그만 망가뜨리길 바랍니다!
④ 모든 것을 다 가지고 있는 우리는 어째서 그토록 인색할까요?
⑤ 어른들은 우리에게 착한 사람이 되라고 가르칩니다.

글감찾기

2. 연설에서 해결을 촉구한 두 가지 문제를 낱말로 쓰세요.

관련 교과 **국어**

사실이해

3. 지구가 겪고 있는 문제로 이 글에 나오지 <u>않은</u> 것은 어느 것입니까?

① 오존층에 난 구멍
② 사라져버린 동물들
③ 사막이 되어버린 푸른 숲
④ 연어가 되돌아오지 않는 죽은 강
⑤ 전쟁의 두려움에 떨고 있는 시리아 난민들

미루어알기

4. 호소력을 높이기 위해 어떤 방법을 활용하였습니까?

① 현상을 그림 그리듯이 묘사했다.
② 어른들의 잘못을 반복해서 강조했다.
③ 부자 나라와 가난한 나라의 삶을 대조했다.
④ 청중들의 자녀들이 겪을 수 있는 일임을 내세웠다.
⑤ 어린이가 어른보다 문제 해결 능력이 크다고 힘주어 말했다.

세부내용

5. 이런 종류의 글에서 머리말로 적절한 내용은 무엇입니까?

① 그날 있었던 사건
② 인사말과 자기소개
③ 듣는 사람들을 향한 질문
④ 청중을 큰소리로 부르는 말
⑤ 주장이 무엇인지 제시하는 문장

적용하기

6. 연설을 한 목적을 말한 문장을 모두 찾아 옮겨 쓰세요.

요약하기

7. 다음은 글에 대해 소개한 내용입니다. 빈칸에 알맞은 낱말을 넣으세요.

> 이 글은 환경운동가 세번 컬리스 스즈키가 열두 살 때인 1992년, 브라질 리우데자네이루에서 열린 국제연합 환경 개발 회의에서 ①□□□ 것입니다. 지구가 겪고 있는 ②□□과 ③□□ 문제를 지적하고 있으며 ④□□ □□을 위해 ⑤□□□이 함께 노력하기를 호소하고 있습니다.

점 수

1~7번 문제의 점수를 더하여 총점을 쓰고 163쪽의 표에 막대그래프로 표시하세요

독해력 키움 | 26. 설득하는 글 읽기(7)

| 평가요소 | 1. ☐ 15점 | 2. ☐ 15점 | 3. ☐ 15점 | 4. ☐ 10점 | 5. ☐ 15점 | 6. ☐ 15점 | 7. ☐ 15점 |

167쪽 표의 해당하는 번호에 체크하세요.

"요즈음 즐겁지 않아요. 뭐, 신나는 일이 있어야 말이죠."

이런 말을 선뜻 내뱉는 사람이 많아졌다. 꿈이 없는 사람이 이렇게 말하는 경우가 많다. 자신이 정말 하고 싶은 일이나 도달하고 싶은 목적지가 없으니 당연히 재미가 없다. 무엇을 해야 신나고, 어떻게 해야 즐거운지 모른다. 지금 자신이 어디에 서 있는지도 모를 것이다. 이렇게 꿈이 없다면 삶은 활력을 잃게 된다.

목적지가 뚜렷하면 현실이 비록 힘들고 고되어도 힘이 난다. 해야 할 일이 있고, 하고 싶은 것이 있기 때문에 힘들고 지칠 때마다 빛나는 꿈을 향하여 한 걸음 한 걸음 다가가는 자신의 모습을 떠올리며 힘을 낼 수 있다. 시장에서 40년 동안 순대를 팔아 모은 돈으로 가난한 학생들에게 장학금을 준 한 할머니가 계셨다. 그 할머니께서는 엄동설한에 갈라 터진 손으로 힘든 일을 하시면서도 사는 재미가 없다고 말씀하시지 않았다. 분명한 목적을 가지고 일을 하셨기 때문이다. 어려운 상황에서도 삶의 의미를 찾아 준, 소박하지만 위대한 꿈은 할머니께서 살아가시는 원동력이 되었다. 할머니의 꿈은 다른 사람을 위한 것이었지만, 꿈을 이루는 동안의 시간은 오롯이 할머니의 몫이었다.

목적지를 분명하게 정하면 시간을 낭비하지 않게 된다. 누구나 한 번쯤은 제대로 놀지도 못하고 그렇다고 제대로 공부하는 것도 아닌 채 어영부영 시간을 보낸 적이 있을 것이다. 무엇을 하였는지 쉽게 떠올릴 수 없지만, 분명한 것은 그 순간에도 시간을 흘렀다는 것이다. 이렇게 시간을 허비하는 일이 없도록 목적지를 뚜렷하게 정하여야 한다. 여행 갔을 때를 생각하여 보자. ㉠<u>목적을 세우고 계획을 짜서 여행을 떠나면 훨씬 많은 것을 체험하고 여유롭게 시간을 보낼 수 있다. 그렇지 않고 무작정 여행을 떠나면 우왕좌왕하느라고 제대로 보지도 못하고 시간에 쫓기다 돌아오는 경우가 생긴다.</u>

목적지가 있으면 삶이 훨씬 더 신나고 재미있다. 신나는 일이 없다는 사람에게 신나는 것이 무엇이냐고 물어보면 대부분 대답을 못 하고 우물거린다. 신나는 일에 대하여 깊이 생각하여 본 적이 없기 때문이다. 사람은 단순히 잘 먹고 잘 잔다고 하여 행복해지지 않는다. 아무 일도 하지 않고 놀기만 한다면 재미있을 것 같지만, 친구들과 아무리 신나게 놀고 온갖 장난을 다해 보아도 언젠가는 시들해지고 허무해지기 마련이다. 신나는 인생, 행복한 인생을 살기 위해서는 인생의 목적지가 뚜렷해야 한다.

살아가는 데 인생의 목적만큼 커다란 버팀목이 되어 주는 것은 없다. 힘을 내도록 격려하여 주고, 어떤 시련에도 굴복하지 않게 해 준다. 우리는 꿈을 가져야 한다. 원대한 꿈을 꾸고 목적지를 정하자. 설령 중간에 ⓒ방향이나 궤도를 수정한다고 하더라도 상관없다. 아무 목적 없이 가기보다 일정 기간까지라도 목적이 있어야 삶에 더 도움이 되기 때문이다.

이제는 진정으로 하고 싶은 일이 무엇인지 고민하자. 꿈을 이루기 위하여 어떤 목표를 세우고 어떻게 노력하여야 하는지 계획을 세워야 한다. 일 년 안에 어떤 모습으로 어떻게 성장하여 있을지, 그 안에서 얼마만큼 꿈과 가까워져 있을지를 아는 사람과 모르는 사람은 엄청난 차이가 있다.

명확한 목적이 있는 사람은 힘난한 길에서도 앞으로 나아간다. 하지만 아무런 목적이 없는 사람은 순탄한 길에서조차 앞으로 나아가지 못한다. 목적지를 뚜렷하게 세우고, 미래를 위하여 지금 무엇을 해야 할지 정하자. 그에 따라 체계적으로 준비하고 노력하는 사람에게 행복한 삶을 살 자격이 주어진다.

주제찾기

1. 글쓴이의 주장은 무엇입니까?

① 인생의 목적지를 정하자.
② 삶이 신나거나 즐겁지 않다.
③ 꿈이 없는 삶은 활력을 잃는다.
④ 재미있게 살도록 격려해 주어야 한다.
⑤ 어떻게 살아야 삶이 의로운지 고민하자.

글감찾기

2. 글에 나타난 비유적인 낱말을 넣어서 제목을 붙이세요.

사실이해 3. 글에 나타나지 <u>않은</u> 것은 어느 것입니까?

① 문제 삼을 만한 상황
② 주장을 뒷받침하는 말
③ 주장을 뒷받침하는 사례
④ 뒷받침하는 내용의 요약
⑤ 주장을 반복하여 강조하는 말

미루어알기 4. ㉠이 뒷받침하는 내용은 무엇입니까?

① 삶이 재미가 없어 살아갈 힘이 없다.
② 살아가는 데 목적지는 커다란 버팀목이 된다.
③ 목적지가 뚜렷하면 힘들고 고되어도 힘이 난다.
④ 목적지가 있으면 삶이 훨씬 더 신나고 재미있다.
⑤ 목적지를 분명하게 정하면 시간을 낭비하지 않게 된다.

세부내용 5. ㉡을 적절하게 바꾸어 쓴 것은 어느 것입니까?

① 버팀목이 되는 것
② 목적지에 이르는 과정
③ 일정 기간까지 사는 방법
④ 하고 싶은 일에 대한 생각
⑤ 험난한 앞날을 살도록 하는 힘

적용하기 6. 글쓴이가 제시한 첫 번째 주장의 근거가 적절한지 판단하고, 그 까닭을 쓰세요.

요약하기 7. 글의 짜임에 따라 주요 내용을 요약했습니다. 빈칸에 알맞은 말을 넣으세요.

서론 (①□□ □□)	즐겁지 않고 신나는 일이 없다고 말하는 사람이 많다.
본론 (근거)	②□□□가 뚜렷하면 현실이 힘들어도 힘이 난다. 목적지를 분명히 정하면 ③□□을 낭비하지 않게 된다. 목적지가 있으면 삶이 훨씬 ④□□□ 재미있다.
결론 (주장 반복)	인생의 ⑤□□□를 정하자.

1~7번 문제의 점수를 더하여 총점을 쓰고 163쪽의 표에 막대그래프로 표시하세요

점수

독해력 키움 | 27. 설득하는 글 읽기(8)

167쪽 표의 해당하는 번호에 체크하세요.

　우리 인간은 나와 차이가 있을 때 두려워하고 경계하는 습성이 있어. 낯설다는 것, 그것은 익숙하지 않다는 것이야. 사람들은 보통 이 낯선 것을 업신여기거나 아니면 동경한단다. 그 마음속에는 두려움이 숨어 있기 때문이지. '나와 다르기 때문에 나를 위협할 수도 있다.'는 막연한 생각에서 비롯된 인간의 오래된 본능이라고 할 수 있어. 어느 날 갑자기 나타난 키 큰 거인 걸리버를 소인국 사람들은 어떻게 했니? 걸리버에 대해 아무것도 모르면서 걸리버의 몸에 밧줄을 꽁꽁 묶어 두었던 거 기억하지? 이것은 낯선 사람이 자신을 해칠지도 모른다고 생각했기 때문이야.

　그렇다면 이 낯선 것과 친해지는 방법에는 무엇이 있을까? 그것은 바로 '익숙해지는 것'이란다. 차별이란 '너'와 '나'를 구분 짓는 행위란다. 차별은 '편 가르기'에서 출발해. 자신과 다르다는 이유로 다른 사람을 무시하고 깔보는 태도란다. '우리 집', '우리 학교', '우리 동네' 등 '우리'라는 낱말은 참 따뜻하고 정감 어린 말이야. 하지만 그 '우리'에 포함되지 않는 사람이라면 어떨까? '우리'라는 울타리 안에 속하지 않는 사람들에게는 '우리'라는 그 말이 차갑고 부당하고 때로는 폭력적으로 들릴 수 있어. 여기서 한마디! "너와 나는 틀려." 등에서 보듯이, 우리는 '틀리다'는 말을 자주 쓰곤 해. 자기 기준에서 조금이라도 다르면 '틀려'라고 규정해버려. 이럴 때 '틀리다'는 말보다 '다르다'는 말을 사용하는 것이 옳아.

　근대 사회로 넘어오면서 '모든 인간은 존엄성을 갖는다.'는 생각이 자리 잡게 되었어. 하지만 여전히 사람들은 성별, 장애 여부, 피부색, 나이, 출신 지역 등의 셀 수 없이 많은 이유로 알게 모르게 자기와 다른 사람을 무시하고 깔보는 경우가 많아. 이런 차별의 이유들을 가만 들여다보면 모두 자기의 의지와는 상관없이 ㉠<u>태어날 때부터 결정된 것</u>이 대부분이야. 자신의 의지와는 아무 상관없이 그저 주어진 조건들 때문에 차별을 받아야 한다면 정말이지 너무 억울하지 않을까? 평등한 사회, 모두가 행복한, 더 아름다운 사회로 나아가려면 아직도 우리가 귀 기울여야 할 부분이 많아. 사소한 차이들이 차별을 낳고, 더 나아가 타인의 인권을 침해하게 만들어서는 안 될 거야.

　살색, 연주황색, 살구색, 모두 한 가지 색깔을 가리키는 말이야. 크레파스 색깔 가운데 특정 색을 우리나라에서는 오랫동안 '살색'이라고 불러왔어. 그런데 그것은 잘못된 말이란다. '살색이 뭐 어때서?' 이렇게 고개를 갸우뚱하는 친구들이 있을지도 몰라. 살색은 우리 한민족의 피부 색깔을 생각할 때만 살색인 거야. 우리나라에 사는 외국인들에게는 이 '살색'이라는 한마디 표현이 차별을 낳는 말이 될지도 몰라. 국가인권위원회에서는 '살색'이라는 표현이 평등권을 침해할 소지가 있다고 하여 '연주황'으로 쓸 것을 권고하였단다. 그러자 이번에는 '연주황'이라는 단어는 어려운 한자어라면서 '살구색'이라고 바꾸어 달라고 진정을 낸 거야. 결국 이 진정은 받아들여졌고, 마침내 '살색'은 '살구색'이 되었단다.

　옛날, 여성이 남성과 똑같은 권리를 얻기 전에 남성들은 이렇게 말했어. "여자들은 너무 어리석어. 여자들에게 정치를 맡기기가 영……." 옛날, 흑인이 백인과 똑같은 권리를 얻기 전에 백인들은 이렇게 말했어. "흑인들은 너무 어리석어. 흑인들에게 정치를 맡기기가 영……." 지금 우리 어른들은 아이들에게 이렇게 말하지 "너희는 너무 어려서……." 여자이기 때문에, 어리기 때문에, 피부색이 다르기 때문에, 다른 종교를 믿기 때문에, 가난하기 때문에……. 우리가 남을 차별하고 소외시키는 이유는 너무나 다양해. 어떤 나라에서는 여자로 태어났다는 이유만으로 태어나자마자 목숨을 잃기도 한다는구나.

　인류의 역사는 인권을 위한 투쟁의 연속이었어. 지금껏 살펴본 것처럼 인권은 저절로 하늘에서 뚝 떨어진 것이 결코 아니란다. 인권은 인간다운 삶을 살려고 했던 수많은 사람의 끊임없는 노력과 희생으로 얻어진 거야. 오랫동안 인간의 권리를 실현하고자 하는 실천 과정 속에서, 그리고 생활 속에서 싸워 얻어낸 것이란다. 인권이 무엇인지 깨닫고, 옳은 행동과 부당한 행동을 느끼고, 올바른 방향으로 실천해 나가는 것! 이것이 우리가 해야 할 일이야.

주제찾기　**1.** 글쓴이의 주장을 가장 잘 표현한 문장은 어느 것입니까?

① '다르다'와 '틀리다'를 구별해야 한다.
② 인간은 낯선 것을 두려워하고 경계하는 습성이 있다.
③ 사소한 차이로 차별하고 타인의 인권을 침해해서는 안 된다.
④ 외국인이 차별받지 않음으로서 우리나라는 선진국으로 나아갈 수 있다.
⑤ 인권이 무엇인지 깨닫고 그 보장을 위해 올바른 방향으로 실천해 나가야 한다.

글감찾기　**2.** 글의 중심 낱말 둘을 찾아 쓰세요.

사실이해

3. 글에 나오지 <u>않은</u> 내용은 어느 것입니까?

① 낯설어서 걸리버를 밧줄로 묶은 일
② 인간다운 삶을 위한 노력과 희생의 장면
③ '우리'가 때로 남을 소외시킬 수 있다는 사실
④ 자기와 다른 사람을 무시하고 깔보는 많은 이유
⑤ 인권을 지키기 위해 오랫동안 노력한 여러 사례들

미루어알기

4. 다른 사람의 인권을 존중하지 않았을 때 생길 수 있는 일을 고르세요.

① 남을 두려워하고 경계하는 습성이 생긴다.
② 인간의 오래된 본능인 공격 성향이 심해진다.
③ 내가 하는 일에 자신감이 생겨 일의 능률이 향상된다.
④ 보다 힘세고 똑똑한 사람에게 업신여김을 당하며 소외된다.
⑤ 사람들이 서로를 미워하고 믿지 못해서 심한 불안에 떨게 된다.

세부내용

5. ㉠에 속하지 않는 것은 어느 것입니까?

① 성별   ② 피부색   ③ 옷차림
④ 출신 지역   ⑤ 장애 여부

적용하기

6. 아래의 말이 잘못된 이유를, 낱말 뜻에 기대어 한 문장으로 쓰세요.

> "필리핀에서 온 저 녀석은 피부색, 말투, 하는 짓 등 모든 것이 우리하고는 영 틀려."

요약하기

7. 글의 짜임에 따라 단계별로 내용을 요약했습니다. 빈칸에 알맞은 말을 넣으세요.

서론 (문제 상황)	'나와 다르기 때문에 나를 위협할 수 있다.'는 막연한 생각에서 ①□□ □을 두려워하고 ②□□한다.
본론 (근거)	③□□은 '우리'에 속하지 않는 사람을 자신과 다르다는 이유로 무시하고 깔보는 행위이다. ④□□한 사회를 위해 타인의 인권을 ⑤□□해야 한다. '살색'이 '살구색'이 된 것처럼 ⑥□□을 지키는 일은 작은 것에서 시작한다. 인권은 수많은 사람들의 끊임없는 ⑦□□과 ⑧□□의 결과이다.
결론 (주장)	인권이 무엇인지 깨닫고, 올바른 방향으로 ⑨□□하여 모두가 인간다운 삶을 사는 ⑩□□□ 사회를 만들자.

점수

1~7번 문제의 점수를 더하여 총점을 쓰고 163쪽의 표에 막대그래프로 표시하세요

독해력 키움 | 28. 설득하는 글 읽기(9)

| 평가요소 | 1. ☐ 15점 | 2. ☐ 10점 | 3. ☐ 15점 | 4. ☐ 15점 | 5. ☐ 15점 | 6. ☐ 15점 | 7. ☐ 15점 |

167쪽 표의 해당하는 번호에 체크하세요.

　자신도 모르는 사이에 머릿속에 박혀 버린 생각을 '고정 관념'이라고 해. 국어사전에 따르면, 고정 관념이란 '마음속에 굳어 있어 쉽게 변하지 않는 생각'을 뜻해. 고정 관념은 나이를 먹고 이런저런 경험을 쌓아 갈수록 더 심해진단다. 너도 '어른들은 참 이상해!' 하고 생각할 때가 있지? 아마도 어른들이 고정 관념에 빠져 있는 것을 보았을 때 네가 잘 느끼는 감정일 거야. 어느 때에는 말도 들어 보지 않고 미리 야단부터 치기도 하지? 바로 이 고정 관념 때문에 그런 경우가 많아. 네 친구 가운데 "계집애가 뭘 안다고 그래."라든가, "무슨 계집애들이 남자아이들처럼 공을 찬다고 야단이야."라고 말하는 친구가 있다면 그 친구는 벌써 여자에 대한 고정 관념이 생겼다는 증거야. 반대로 "남자가 되어 가지고 왜 씩씩하지 못해!"라고 몰아붙이는 여자아이들이 있다면 이 또한 남자에 대한 고정 관념이 뿌리를 내리고 있다는 증거이지.

　고정 관념이 좋지 않은 까닭은 사실과 다르게 머릿속에 박혀 있는 생각을 아무런 의심 없이 행동으로 옮기게 하거나, 자신도 모르게 진실을 외면하여 버리기 때문이야. 실제로, 사람들이 고정 관념에 얼마나 많이 휩싸여 있는지 알아보기 위하여 미국에서 재미있는 조사를 한 적이 있단다. 아기에게 젖꼭지를 물리고 있는 할아버지의 사진을 학생들에게 보여 주면서 선생님이 이렇게 물었다는구나. "이것이 무슨 사진이지?" 그런데 놀랍게도 거의 모든 학생이 흘끔 쳐다보고는 이렇게 대답하더라는 거야. "엄마가 아기에게 우유 먹이는 사진이에요." 선생님이 다시 한 번 사진을 내밀고 물었대. "자, 자세히 보렴. 엄마가 확실하니?" 그제야 학생들은 "어, 할아버지네. 난 엄마인 줄 알았지." 하더라는 거야. 처음부터 할아버지를 찍은 사진이었는데도 학생들은 아기에게 젖을 먹이는 사람은 어머니라는 생각만 가지고 있었기 때문에 자세히 들여다볼 생각조차 하지 않았던 거지. 너도 그와 비슷한 고정 관념을 가지고 있지 않은지 한 번 확인하여 볼까?

　자, 뱀과 그 뱀의 혀를 그린 다음 색칠하여 보자. 너는 뱀의 혓바닥에 무슨 색깔을 칠하였니? 붉은색이라고? 그래, 너뿐만 아니라 많은 아이, 심지어는 어른들까지 너처럼 붉은색을 칠하고는 해. 하지만 동물원에 가거든 잘 살펴보렴. 뱀의 혀는 붉은색이 아니라 대게 검은색이야. 그런데도 만화나 그림에 나오는 뱀의 혀는 붉게 칠하여 있기 일쑤이지. 이렇게 한번 깊게 박힌 생각은 오래오래 고쳐지지 않는 법이야. 생각도 길들여지기 때문이지.

짐승들을 보렴. 산짐승과 집에서 기르는 가축은 다르잖아? 같은 짐승이지만 가축은 사람들이 길들인 거지. 그래서 야생 동물과 모습은 비슷하여도 성격은 아주 다르단다. 개와 늑대, 그리고 집돼지와 멧돼지를 비교하여 보면 알 거야. 집에서 기르는 개 중에는 조금만 추워도 감기에 걸리는 녀석이 많지. 집돼지는 주는 것만 받아먹을 줄 알지 스스로 먹이를 찾을 능력은 없어. 그러나 산속이나 들판에서 홀로 먹이를 찾아다니는 늑대나 멧돼지는 개나 집돼지보다 훨씬 냄새도 잘 맡고 빨리 달려. 길들여지지 않고 거친 자연환경에 잘 적응하며 살아간단다.

우리 인간의 마음이나 생각도 길들여지고 때 묻고 습관화되면 가축처럼 나약해지게 마련이야. 흔히 '누구누구는 얌전하다.'라는 말을 칭찬으로 쓰지 않니? 하지만 얌전하다는 것은 때로는 틀 속에 갇혀 있다는 뜻도 된단다. 틀에 박힌 생각은 그저 정하여진 철도를 따라 달리는 기차와 다를 것이 없지. 그러나 길들여지지 않은 야생마는 푸른 벌판을 동서남북 가리지 않고 어디로든 달려갈 수 있잖아? 누가 등에 올라타고 채찍을 휘두르지 않아도 야생마는 혼자서 마음대로 벌판을 달리지. 바람처럼 자유롭게 말이야. 그러므로 생각도 그렇게 자유로워야 새로운 것을 창조하여 낼 수 있지 않겠니?

주제찾기 **1.** 글에 나타난 필자의 주장은 무엇입니까?

① 어른들은 쉽게 고정 관념에 빠진다.
② 자신도 모르게 진실을 외면해서는 안 된다.
③ 생각이 자유로워야 새로운 것을 창조해 낼 수 있다.
④ 머릿속에 한번 깊게 박힌 생각은 오래오래 고쳐지지 않는다.
⑤ 늑대는 길들여지지 않고 거친 자연환경에 잘 적응하며 살아간다.

글감찾기 **2.** 글쓴이가 물리치고자 한 것이 무엇인지 글에서 찾아 쓰세요.

사실이해

3. 글에 대한 설명으로 <u>잘못된</u> 것을 고르세요.

① 논설문의 정해진 형식을 지키고 있다.
② 자료를 어디에서 인용했는지 밝히고 있다.
③ 이야기를 해 주는 말투로 설득력을 높이고 있다.
④ 읽는 사람이 스스로 결론을 이끌어 내도록 하고 있다.
⑤ 일상생활에서 흔히 겪을 수 있는 일들로 주장을 확인하게 하였다.

미루어알기

4. '꽉 막힌 생각'을 벗어나 '뻥 뚫린 생각'을 보여 주는 것은 어느 것입니까?

① 뱀의 혀는 붉은 색인 줄 알고 있다.
② 외과 의사는 다 남자라고 생각하고 있다.
③ 여자들은 울기만 잘하고 순종하는 약한 존재이다.
④ 남자들만 할 수 있는 일과 여자들만 할 수 있는 일은 구별된다.
⑤ 기계처럼 문제 풀이에만 익숙해지기보다 스스로 학습 방법을 터득해야 한다.

세부내용

5. 주장을 뒷받침하는 방법 중, 가장 많이 사용한 것은 무엇입니까?

① 인용하기   ② 예를 들기   ③ 까닭 말하기
④ 자세히 설명하기   ⑤ 예의 의미를 해석하기

적용하기

6. 우리 사회에서 남자가 여자에 대해 지녔던 고정 관념을 하나만 들어 보세요.

요약하기

7. 주장을 뒷받침하는 까닭 두 가지를 아래의 표로 정리했습니다. 빈칸을 채워 완성하세요.

고정 관념이 좋지 않은 까닭	①□□과 다르게 머릿속에 박혀 있는 생각을 아무런 의심 없이 ②□□으로 옮기게 하거나, 자신도 모르게 ③□□을 외면하여 버린다.
틀에 박히지 않은 생각이 좋은 까닭	생각이 ④□□□□□ 새로운 것을 ⑤□□하여 낼 수 있다.

점수

1~7번 문제의 점수를 더하여 총점을 쓰고 163쪽의 표에 막대그래프로 표시하세요

독해력 키움 | 29. 설득하는 글 읽기(10)

평가요소 | 1. ☐ 15점 | 2. ☐ 15점 | 3. ☐ 15점 | 4. ☐ 15점 | 5. ☐ 10점 | 6. ☐ 15점 | 7. ☐ 15점

167쪽 표의 해당하는 번호에 체크하세요.

이삭 줍는 사람들 장 프랑수아 밀레 (프랑스국립박물관연합(RMN), 지엔씨미디어)

(가) 수확이 한창인 어느 가을날의 들녘입니다. 그림에 전체적으로 쏟아지는 밝은 빛이 수확의 즐거움과 기쁨을 표현하고 있습니다. 뒤쪽의 볏짚 더미 역시 가을의 풍요로움을 더하여 줍니다.

수확이 끝난 밭에서는 세 명의 여인이 떨어진 이삭을 줍고 있습니다. 이삭을 줍는 세 여인의 모습이 무척이나 힘차 보입니다. 그것은 이삭을 줍는 일이 쉽지 않은 노동이지만 세 여인 역시 수확의 기쁨을 느끼고 있기 때문이겠지요. 세 여인의 표정은 잘 드러나지 않지만 이삭을 줍는 손길에서 생동감이 느껴집니다.

그림에 칠해진 따뜻한 느낌의 색깔이 전체적으로 온화한 분위기를 풍기고, 아름다운 전원의 모습이 잘 표현되어 더욱 깊은 감동을 줍니다. 이 그림은 이처럼 가을날의 풍요로운 시골 풍경을 생동감 있게 잘 표현한 그림입니다.

(나) 드넓은 들판에 세 명의 여인이 허리를 숙여 이삭을 줍고 있습니다. 거두어들인 곡식을 쌓느라 흥겨운 저 뒤의 사람들에 비하면 이 여인들은 동네에서 가장 가난한 사람들임에 틀림없습니다. 떨어진 이삭을 줍는 일은 가진 것이 없는 사람들의 몫이니까요.

이렇게 이삭을 줍는 것도 자기 마음대로 할 수 있는 일은 아니에요. 관청이나 이웃의 허락을 받은 사람만이 추수가 끝난 들판에 나가 이삭을 주울 수 있습니다. 이

여인들은 이나마도 감지덕지하며 이삭을 줍고 있는 거지요.

여인들이 얼마나 가난한지는 옷차림을 보아도 금세 알 수 있습니다. 게다가 무척 고되고 지쳐 보이기까지 하는군요. 세 여인의 표정은 굳어 있고, 허리에 올린 여인의 손에서 노동의 고됨이 느껴집니다.

그럼에도 이 여인들은 인간으로서의 존귀함을 결코 잃지 않고 있습니다. 그것은 이들이 가난하나마 열심히 일하여 자신들의 삶을 지켜가고 있기 때문입니다. 이 그림은 이렇게 가난한 세 여인의 고된 땀방울을 잘 표현한 그림입니다.

주제찾기 **1.** (가), (나)의 글이 초점을 맞춘 내용은 무엇입니까?

① (가), (나) 모두 풍경에 초점을 맞추었다.
② (가), (나) 모두 사람에 초점을 맞추었다.
③ (가)는 풍경에, (나)는 사람에 초점을 맞추었다.
④ (가)는 사람에, (나)는 풍경에 초점을 맞추었다.
⑤ (가)는 분위기에, (나)는 움직임에 초점을 맞추었다.

제목찾기 **2.** 그림에 대해 스스로 떠올린 제목을 붙여보세요.

사실이해 **3.** 그림의 여인들로부터 떠올린 인상을 잘못 연결한 것은 어느 것입니까?

① (가)-무척이나 힘차 보인다.
② (가)-손길에서 생동감이 느껴진다.
③ (가)-고된 땀방울이 비치는 것 같다.
④ (나)-여인들의 표정이 굳어 있다.
⑤ (나)-무척 고되고 지쳐 보인다.

미루어알기

4. (가), (나)를 읽고 떠올린 생각으로 적절한 것을 고르세요.

① 보이고 들리는 대로 말이나 행동을 하게 돼.
② 같은 사물이나 현상에 대해서는 생각도 같이 해.
③ 보는 대로 그림을 그리고 들리는 대로 말을 하는 거야.
④ 같은 사물이나 현상에 대해서도 태도나 방향이 달라질 수 있어.
⑤ 어떤 분위기에서 그림을 감상하는지에 따라서 느낌과 생각이 달라져.

세부내용

5. (가), (나)에서 앞에 나온 내용을 요약하는 구실을 하는 낱말을 모두 모아놓은 것은 어느 것입니까?

① 수확이-드넓은   ② 그림에-여인들   ③ 그것은-여인들
④ 표정은-게다가   ⑤ 이처럼-이렇게

적용하기

6. 다음 문장을 관점을 바꾸어 표현해 보세요.

> 벌써 숙제를 반이나 했어.

요약하기

7. (가), (나)의 주장을 확인하려고 합니다. 빈칸에 알맞은 낱말을 쓰세요.

> (가) 이 그림은 가을날의 ①□□□□ 시골 풍경을 ②□□□ 있게 잘 표현한 글입니다.
> (나) 이 그림은 ③□□□ 세 여인의 고된 ④□□□을 잘 표현한 그림입니다.

독해력 키움 | 30. 설득하는 글 읽기(11)

| 평가요소 | 1. ☐ 15점 | 2. ☐ 10점 | 3. ☐ 15점 | 4. ☐ 15점 | 5. ☐ 15점 | 6. ☐ 15점 | 7. ☐ 15점 |

167쪽 표의 해당하는 번호에 체크하세요.

   옛날엔 외국에 나가는 게 흔치 않은 일이었어. 몇 십 년 전만 해도 해외여행을 할 수 있는 사람은 거의 없었지. 그런데 요즘은 해외여행도 많이 하고, 국내에 있는 외국인도 100만 명이 넘어서 이제 50명에 한 명이 외국인이야. 지구 반대편에서 일어나고 있는 일도 실시간으로 알 수 있으니 이젠 외국이라고 해도 멀게 느껴지지가 않아. 세계가 하나의 마을, 지구촌이 된 거지. 세계화란 세계가 점점 더 가까워지고 이전보다 훨씬 더 많은 영향을 서로 주고받게 되는 변화를 일컫는 말이야.

   세계가 가까워진다는 말은 무슨 뜻일까? 가까워진다는 것은 그만큼 오고 가기가 쉬워지고, 소식을 전하기도 쉬워진다는 얘기야. 이처럼 세계가 서로 오가기 쉽고 소식을 전하기 쉬워진 것은 교통과 통신 기술이 크게 발달했기 때문이야. 즉 교통과 통신의 발달이 세계화를 가능하게 한 것이지. 교통수단이 발달하면서 이전에는 쉽게 갈 수 없었던 세계 곳곳을 쉽게 갈 수 있게 되었고, 또 직접 가지 않더라도 인터넷과 전화를 통하면 세계 여러 나라의 소식을 그 자리에서 바로 알 수 있게 되었어. 인터넷을 통한 채팅이나 전화로 여러 나라 사람들과 대화도 할 수 있으니까, 멀리 떨어진 나라의 사람들도 내 이웃처럼 지낼 수 있게 된 거지.

   세계화가 되면 어떤 좋은 점들이 있을까? 첫째, ㉠세계를 무대로 활동할 수 있어. 우리나라는 인구에 비해 땅이 그리 넓지 않은 나라야. 하지만 지구촌 시대가 되면서 우리 국토의 범위를 넘어 활동을 넓혀 갈 수 있게 되었어. 둘째, 세계화가 되면 경우에 따라 경제적인 이익을 더 많이 얻을 수도 있어. 예를 들어 인건비가 싼 중국이나 동남아시아에 공장을 지으면, 보다 적은 비용으로 물건을 만들어서 이익을 더 많이 남길 수 있겠지? 셋째, 세계화가 되어 세계 각국의 다양하고 좋은 문화를 접하면 사회가 더욱 발전할 수 있어. 무조건 자기 것만 고집하면, 사회가 폐쇄적이 되고 좋지 않은 관습도 계속 지키게 되거든. 넷째, 지구촌 문제를 해결하기 위해서 함께 노력할 수 있어. 오존층 파괴, 지구 온난화 같은 환경 문제는 한 나라에서만 발생하는 것이 아니고 한 나라의 노력만으로는 해결할 수 없는 문제야. 또 각지에서 일어나는 전쟁을 멈추게 하고 세계 평화를 유지하는 일도 한 나라의 힘만으로는 할 수가 없어. 세계화가 되면 이런 문제를 해결하기 위해 여러 나라가 협력하기 쉬워져.

   세계화가 진행되면서 나타나는 여러 가지 변화들에는 나쁜 점도 있어. 첫째, 세계화는 여러 문화를 접하는 통로가 되기도 하지만, 선진국의 문화를 일방적으로 전달하는 수단이 되기도 해. 극장에 가 보면 외국 영화는 미국이나 중국, 유럽 영화 정도뿐이잖아? 동남아시아나 아프리카와 같은 제3세계의 영화는 거의 찾아볼 수가 없어. 세계화 시대라면 다양한 나라의 영화를 볼 수 있어야 할 것 같은데 말이야. 못사는 나라의 문화가 선진국의 문화에 가려 사라져 버리는 거야. 둘째, 경제적인 불평등이 더욱 커질 수 있어. 세계화를 통해 경제적 이익이 커질 수 있어. 그렇지만 그 이익이 공평하게 돌아가지 않는다면 어떻게 될까? 예를 들어, 수출을 통해서 번 돈을 몇몇 기업만 나눠 가진다고 생각해 봐. 기업은 돈을 벌었지만 국민들은 여전히 가난하겠지. 그리고 나라 간에도 차이가 있어. 강대국은 더욱 부강해지는 반면 약소국의 발전이 더딘 것도 해결해야 할 문제야.

세계화를 반대하는 사람들의 모임도 있는데, 대표적으로 세계사회포럼이 있어. 이 모임은 세계경제포럼이 선진국 위주의 모임이며 저개발국과 빈곤국가의 관점을 철저히 외면한다고 비판하면서 세계화에 반대하는 각국의 운동가들의 모임이야. 이들의 주요 의제는 부의 집중, 빈곤의 세계화, 지구 환경 파괴를 앞당기는 다보스포럼을 중단시키는 것이야. 이 외에도 지구촌의 소수 집단의 인권 문제, 인종 문제, 유전자 변형 식품 문제, 부유한 나라에서 자국 농민들에게 제공하는 농산물 수출 보조금 문제, 아동 학대 금지 등을 논의의 주제로 다루고 있어.

주제찾기 **1.** 글의 중심 내용은 무엇입니까?

① 세계화와 더불어 세계가 점점 가까워지고 있다.
② 교통 통신에 의해 영향을 주고받는 나라가 많아지고 있다.
③ 멀리 떨어진 나라의 사람들도 내 이웃처럼 지낼 수 있게 되었다.
④ 세계화가 되면 지구촌 문제를 해결하기 위해 여러 나라가 협력해야 한다.
⑤ 교통 통신의 발달로 세계화가 점점 빨라지고 있으나 좋은 점도, 나쁜 점도 있다.

글감찾기 **2.** 글감을 글에서 찾아 한 낱말로 쓰세요.

사실이해 **3.** 글에서 다루지 않은 것은 어느 것입니까?

① 세계화의 개념　　　　　　　　② 세계화가 가능해진 배경
③ 세계화의 부작용을 피하는 방법　④ 세계화가 되면 좋은 점
⑤ 세계화의 나쁜 점

미루어알기 4. 세계화의 나쁜 영향을 피하기 위한 방법으로 적절한 것을 고르세요.

① 전파력이 강한 대중문화의 확산을 위해 노력한다.
② 경제 성장에 박차를 가해 입지를 튼튼하게 다져나간다.
③ 환경 문제의 해결에 앞장서기 위해 국제회의를 자주 열도록 한다.
④ 열린 마음으로 다른 문화를 인정하고 불이익을 당하지 않도록 노력한다.
⑤ 세계화의 이익을 모두가 누릴 수 있도록 국제적인 봉사 활동에 참여하는 기회를 가진다.

세부내용 5. ㉠에 의해 떠올릴 수 있는 것은 무엇입니까?

① 한류의 확산 ② 간편해진 해외여행
③ 늘어나는 외국 관광객 ④ 우리나라 제품의 다양화
⑤ 외국에서 시도되는 상품 광고

적용하기 6. 글의 내용을 바탕으로 다음 사례에 대한 자신의 생각을 한 문장으로 쓰세요.

> 인도네시아의 찌야찌야 부족이 사용하는 언어에는 문자가 없었다. 이들 부족은 한국과의 교류를 통해 자신들이 가지지 못한 문자를 한글에서 빌려와 자신들의 언어를 표기하는 방법으로 한글을 사용한다. 이를 통해 그들의 고유한 언어를 기록하고 배울 수 있으며 유지할 수 있게 되었다.

요약하기 7. 세계화의 긍정적 영향과 부정적 영향을 정리했습니다. 빈칸을 채우세요.

긍정적 영향	부정적 영향
세계를 ①□□로 활동할 수 있다. ②□□□ □을 더 많이 얻을 수 있다. 다양한 ③□□를 접하여 사회를 발전시킬 수 있다. ④□□ 문제의 해결을 위해 함께 노력할 수 있다.	⑤□□□ 약자가 사라질 수 있다. 경제적 ⑥□□□이 더 커질 수 있다. ⑦□□□□가 심해질 수 있다.

점 수

1~7번 문제의 점수를 더하여 총점을 쓰고 163쪽의 표에 막대그래프로 표시하세요

독해력 키움 | 31. 설득하는 글 읽기(12)

평가요소 1. □ 15점 2. □ 10점 3. □ 15점 4. □ 15점 5. □ 15점 6. □ 15점 7. □ 15점

167쪽 표의 해당하는 번호에 체크하세요.

(가) 동물 실험이란 과학적 목적을 위하여 동물을 대상으로 행하는 실험을 말한다. 동물 실험을 거쳐 이루어지는 신약 개발은 국가 경제에 중요한 영향을 미칠 뿐만 아니라 인간의 생명과도 직접 관련된다.

그렇다면 신약 개발을 위한 동물 실험은 왜 필요할까?

첫째, 신약을 개발하면서 나타날 수 있는 부작용에 대하여 연구할 수 있기 때문이다. 새롭게 개발된 약은 사람들의 질병을 치료하는 긍정적인 효과와 함께 부정적인 효과, 즉 부작용도 있다. 따라서 새로 개발한 약을 질병 치료약으로 보급하기 위해서는 그 약이 사람에게 해롭지 않다는 것을 증명하여야 한다. 이를 검증하기 위해서는 여러 번의 실험이 필요하다. 이때 사람에게 직접 실험하게 되면 많은 사람이 고통을 받거나 심지어는 목숨을 잃게 될 수도 있다. 이 과정에서 동물을 대상으로 실험함으로써 많은 사람이 안전하게 약을 섭취할 수 있게 된다.

둘째, 동물 실험을 통하여 질병을 예방하고 치료법을 개발하여 더 많은 생명을 살릴 수 있기 때문이다. 과거에 진행된 여러 동물 실험이 있었기에 과학자들은 다양한 질병에 대하여 알게 되었고, 치료법을 발전하여 많은 생명을 구할 수 있었다. 예를 들면, 동물 실험을 통하여 소아마비, 결핵, 풍진, 홍역 등 치명적인 질병들을 예방하는 백신이 개발되었다.

만약 최소한의 범위에서조차 동물 실험을 허용하지 않는다면 더 이상의 의학 발전은 기대하기 어려울지도 모른다. 또, 다가오는 질병의 위험에 대처하지 못할 수도 있다. 동물 보호를 명목으로 동물 실험을 시도조차 하지 않는다면 질병으로 인하여 사람들의 생명을 잃는 일이 더욱 증가하게 될 것이다.

(나) 우주 개발을 위한 동물 실험을 반대하는 입장도 있다. 동물 보호 단체에서는 사람들이 우주 개발을 위하여 동물에게 마구잡이로 생체 실험을 한다고 비판한다. 우주 개발을 위하여 새끼를 밴 동물들을 우주로 보내거나, 위험한 우주 광선에 일부러 동물들을 노출시키는 등 사람에게는 행할 수 없는 우주 실험을 동물에게도 허용해서는 안 된다고 주장한다.

예를 들면, 우주 탐사를 위하여 스푸트니크 2호에 탑승하였던 개인 라이카의 경우를 생각하여 볼 수 있다. 당시 언론은 라이카가 일주일 동안 우주 공간에서 생존하다가 미리 설치한 장치로 약물이 주입되어 고통 없이 생을 마쳤다고 발표하였다. 그러나 이 발표는 몇 십 년이 지난 뒤 새롭게 공개된 뜻밖의 자료에 의하여 거짓으로 판명되었다. 사실 라이카는 우주선의 가속도와 뜨거운 열을 견디지 못하고 고통과 공포 속에서 버티다가 결국 몇 시간 만에 죽고 말았다는 것이다. 특히, 우주선에 실려 우주로 간 동물들이 우주 공간에서 머무르다가 무사히 지구로 돌아온다고 하여도 이 가운데 절반 이상은 결국 숨진다고 한다. 동물의 목숨이 사람보다 가볍다고만은 할 수 없음에도 동물의 죽음은 별로 신경 쓰지 않고 동물 실험이 이루어지고 있다.

우주에서 생명체가 살 수 있는지에 대한 연구가 동물을 대상으로 한 생체 실험으로 이루어져도 그 결과가 사람에게 똑같이 적용된다고 보기 어렵다. 사람과 동물은 신체 구조가 다르기 때문이다. 그러므로 우주 개발이나 과학 발전이라는 목적을 달성하기 위하여 죄 없는 동물들이 생체 실험의 대상으로 죽어가는 일은 없도록 해야 한다.

주제찾기 1. (가)와 (나)는 모두 어떤 물음에 대해 답한 글입니까?

① 동물 실험은 반드시 해야 하는가?
② 신약 개발은 삶에 어떤 보탬이 되는가?
③ 동물 실험이 질병을 예방하고 치료하는가?
④ 우주 개발을 위해서 어떤 동물이 활용되었는가?
⑤ 동물이 우주 공간에서 보일 반응을 예측할 수 있는가?

글감찾기 2. (가), (나)의 공통 글감을 글에서 찾아 쓰세요.

사실이해

3. (가)와 (나)의 내용을 잘못 파악한 것을 고르세요.

① (가)–동물 실험은 과학적 목적이 있다.
② (가)–신약 개발은 경제적인 이익을 가져온다.
③ (가)–신약 개발 과정에서 사람이 위험해질 수 있다.
④ (나)–동물에게 마구잡이로 생체 실험을 한다는 비판이 있다.
⑤ (나)–개는 우주선의 가속도와 뜨거운 열을 견디다가 굶어죽었다.

미루어알기

4. 동물 실험을 감행하는 사람들이 내세우는 목적은 무엇이라고 할 수 있습니까?

① 과학과 기술의 발전을 촉진한다.
② 사람들의 삶을 안전하고 편리하게 한다.
③ 사람이 할 수 없는 일을 대신 하도록 한다.
④ 미래에 닥칠지도 모를 위협에 미리 대응한다.
⑤ 실험의 결과가 사람에게 똑같이 적용되도록 한다.

세부내용

5. (가)와 (나)에서 주장의 근거를 제시하는 방법을 알려주는 표현을 순서대로 늘어놓은 것은 어느 것입니까?

① 그렇다면 – 입장도 있다.
② 첫째 – 예를 들면
③ 따라서 – 당시 언론은
④ 왜 필요할까? – 예를 들면.
⑤ 만약 – 이루어지고 있다.

적용하기

6. 다음 주장에 대한 반론을 쓰세요.

> 사람과 동물은 신체 구조가 다르기 때문에, 사람을 위한다는 명목으로 동물의 생체 실험을 실행해서는 안 된다.

요약하기

7. (가)와 (나)의 주장을 각각 한 문장으로 쓰세요.

점 수

1~7번 문제의 점수를 더하여 총점을 쓰고 163쪽의 표에 막대그래프로 표시하세요

독해력 키움 | **32. 설득하는 글 읽기(13)**

평가요소 | 1. ☐ 15점 | 2. ☐ 15점 | 3. ☐ 15점 | 4. ☐ 15점 | 5. ☐ 10점 | 6. ☐ 15점 | 7. ☐ 15점

167쪽 표의 해당하는 번호에 체크하세요.

    학급회의 시간이었다. 기타 토의 안건으로 학급 동아리를 조직하자는 의견이 나왔다. 친구들은 관심을 보이며 자세를 고쳐 앉았다. 눈빛에는 생기가 돌았다. 안건을 꺼낸 종운이가 말하였다.

    "학급 동아리를 조직하면 좋겠습니다. 초등학교 시절의 특별한 추억을 만들고 싶습니다. 학급 동아리를 만들면 꿈과 끼를 키울 수 있는 기회를 얻게 될 것입니다. 친구들과 더 돈독한 관계를 맺을 수도 있습니다."

    "학급 동아리를 조직하자는 의견이 나왔습니다. 여러분은 어떻게 생각하시나요? 동아리를 만든다면 어떤 것이 좋을까요? 혹시 생각해 본 친구가 있나요?"

    학급 회장은 친구들을 향하여 물었다. 얼마간의 침묵이 흐른 뒤에 경진이가 손을 들고 일어섰다.

    "연극 동아리를 만들면 좋겠습니다. 첫째, 옆 반에 질 수 없습니다. 옆 반에서는 이미 연극 동아리를 조직하여 졸업식에서 공연하는 것을 목표로 연습 중이라고 합니다. 우리 반은 옆 반과 비교하여 모자란 것이 없습니다. 우리 반도 지금부터 열심히 준비하면 졸업식에서 공연할 수 있을 것입니다. 둘째, 연극을 무대에 올리면 뿌듯하기 때문입니다. 연극을 무대에 올리기까지의 과정은 무척 힘이 듭니다. 연극을 하려면 희곡을 쓰고, 감정과 동작을 어떻게 표현할지도 고민해야 하며, 무대 연출도 해야 합니다. 자신의 역할에 충실하면서도 다른 사람과의 화합도 고려해야 하고요. 이렇게 개인의 노력이 모여서 하나의 작품을 완성하는 공동의 경험은 무척 어렵고 힘들겠지만, 성공했을 경우에는 큰 기쁨이 될 것입니다. 잊을 수 없는 추억이 되겠지요."

    잠시 뒤, 가만히 듣고 있던 지혜가 손을 번쩍 들었다.

    "운동 동아리를 만들면 어떨까요? 체육은 많은 학생이 좋아하는 과목입니다. 그런 체육 시간만 기다리다가 이론 수업을 한다고 하여 실망했던 적이 누구에게나 있을 것입니다. 막상 체육관이나 운동장에 나가도 우리가 기대했던 체육 활동이 아닌 적도 있었지요. 여러분, 이제는 운동 동아리를 만듭시다. 운동 동아리를 만들면, 첫째, 그동안 하고 싶었지만 하지 못했던 운동을 마음껏 할 수 있습니다. 둘째, 두뇌가 좋아진다고 합니다. 운동과 뇌의 관계를 설명해 주는 좋은 예가 있습니다. 수업 시간

에 의자에 가만히 앉아서 공부할 때와 몸을 움직이면서 활동적으로 공부할 때를 떠올려 보십시오. 공부한 내용이 더 오래 기억나고 즐거웠던 적은 어느 때입니까? 바로 활발히 움직였을 때입니다. 날마다 운동을 하면 학습 능력이 향상되어 성적이 오른다는 연구 결과도 있습니다."

지혜가 말을 끝내고 앉았다. 친구들이 동의하는지 고개를 끄덕였다. 몇몇 남학생은 마음껏 운동을 할 수 있다는 기대감에 박수를 치고 환호성을 질렀다.

이때 호열이가 입을 열었다.

"지역 사랑 동아리는 어때요? 첫째, 다양한 활동을 할 수 있습니다. 마을의 쓰레기를 줍거나 우리 지역의 어려운 사람을 찾아가 도와주는 일을 할 수 있습니다. 우리 지역의 역사를 알아보거나 우리 지역 홍보 동영상을 만들 수도 있겠지요. 둘째, 봉사 시간을 받을 수 있습니다. 봉사를 하면 기쁨과 보람을 느낍니다. 그리고 봉사 시간도 채울 수 있으니 일석이조입니다. 또, 형한테 들었는데 봉사 시간을 많이 채우면 대학교에 갈 때나 사회에 나가 취직할 때도 많은 도움이 된다고 합니다."

호열이의 말이 끝나자 교실은 조금 소란스러워졌다. 종운이는 호열이의 의견이 새로웠다.

"좋은 의견이 많이 나왔습니다. 평소에 생각을 이것저것 많이 한 모양입니다. 또 다른 의견 없나요? 그렇다면 지금까지 나온 의견 가운데에서 하나를 정하도록 하겠습니다. 어떤 학급 동아리가 좋은지 생각해 봅시다. 투표는 잠시 뒤에 하겠습니다."

주제찾기 **1.** 학생들이 제시한 의견의 내용은 무엇입니까?

① 학급 동아리 조직 결성 여부
② 학급 동아리 조직이 활동할 방향
③ 학급 동아리 조직을 해야 하는 이유
④ 학급 동아리 조직이 학습에 미치는 영향
⑤ 학급 동아리 조직이 지역 사회와 맺는 관계

글감찾기 **2.** 글에 나온 낱말을 넣어서 학급회의의 의제(안건)가 무엇인지 쓰세요.

사실이해 3. 학생들의 역할을 잘못 파악한 것은 어느 것입니까?

① 종운이-회의의 안건 제시
② 학급 회장-회의의 진행 주도
③ 경진이-의견과 근거의 발표
④ 지혜-반대 의견과 근거의 발표
⑤ 호열이-의견과 근거의 발표

미루어알기 4. 학급회의의 과정을 살펴보았을 때 근거가 적절한지 판단하는 방법으로 볼 수 없는 것을 고르세요.

① 회의의 상황에 맞는지 살펴본다.
② 의견과 관련된 내용인지 견주어본다.
③ 제시하는 내용이 사실인지 따져본다.
④ 실천할 수 있는 내용인지 살펴본다.
⑤ 듣는 사람이 좋아할지 짐작해본다.

세부내용 5. 이 글은 어떤 말하기 형식과 가깝습니까?

① 독화 ② 대화 ③ 연설
④ 토의 ⑤ 토론

적용하기 6. 의견에 대한 근거가 적절하지 않은 두 사람을 가려내고 그 까닭을 밝히시오. 답은 '누구의 몇 번째 근거는 이런 이유로 적절하지 않다.'라는 형식으로 작성하세요.

요약하기 7. 세 사람의 의견과 근거를 정리했습니다. 알맞은 낱말로 빈칸을 채우세요.

경진	연극 동아리를 만들자.	옆 반에 질 수 없다. 연극을 무대에 올리면 ①□□□□
지혜	운동 동아리를 만들자.	하지 못했던 ②□□을 마음껏 할 수 있다. ③□□가 좋아진다.
호열	지역 사랑 동아리를 만들자.	다양한 ④□□을 할 수 있다. ⑤□□ □□을 받을 수 있다.

1~7번 문제의 점수를 더하여 총점을 쓰고 163쪽의 표에 막대그래프로 표시하세요

점수

독해력 키움 | 33. 설득하는 글 읽기(14)

평가요소 1. ☐ 15점 | 2. ☐ 15점 | 3. ☐ 10점 | 4. ☐ 15점 | 5. ☐ 15점 | 6. ☐ 15점 | 7. ☐ 15점

167쪽 표의 해당하는 번호에 체크하세요.

　나는 우리나라가 세계에서 가장 아름다운 나라가 되기를 원합니다. 가장 부강한 나라가 되기를 원하는 것은 아닙니다. 내가 남의 침략에 가슴이 아팠으니, 내 나라가 남을 침략하는 것을 원치 아니합니다. 우리의 부유함은 우리의 생활을 풍족히 할 만하고, 우리의 강함은 남의 침략을 막을 만하면 족합니다. 오직 한없이 가지고 싶은 것은 높은 문화의 힘입니다. 문화의 힘은 우리 자신을 행복하게 하고, 나아가서 남에게 행복을 주겠기 때문입니다.

　지금 인류에게 부족한 것은 무력도 아니오, 경제력도 아닙니다. 자연과학의 힘은 아무리 많아도 좋으나, 인류 전체로 보면 현재의 자연과학만 가지고도 편안히 살아가기에 넉넉합니다. 인류가 현재에 불행한 근본 이유는 인의[1]가 부족하고, 자비가 부족하고, 사랑이 부족한 때문입니다. 이 마음만 발달이 되면 현재의 물질력으로 20억이 다 편안히 살아갈 수 있을 것입니다. 인류의 이 정신을 배양하는 것은 오직 문화입니다.

　나는 우리나라가 남의 것을 모방하는 나라가 되지 말고, 이러한 높고 새로운 문화의 근원이 되고, 목표가 되고, 모범이 되기를 원합니다. 그래서 진정한 세계의 평화가 우리나라에서, 우리나라로 말미암아서 세계에 실현되기를 원합니다. 홍익인간[2]이라는 우리나라 시조 단군의 이상이 이것이라고 믿습니다.

　또 우리 민족의 재주와 정신과 과거의 단련이 이 사명을 달성하기에 넉넉하고, 국토의 위치와 기타의 지리적 조건이 그러하며, 또 1차 2차 세계대전을 치른 인류의 요구가 그러하며, 이러한 시대에 새로 나라를 고쳐 세우는 우리의 서 있는 시기가 그러하다고 믿습니다. 우리 민족이 주연 배우로 세계의 무대에 등장할 날이 눈앞에 보이지 아니합니까!

　이 일을 하기 위하여 우리가 할 일은 사상의 자유를 확보하는 정치 양식의 건립과 국민 교육의 완비입니다. 내가 앞에서 자유의 나라를 강조하고, 교육의 중요성을 말한 것이 이 때문입니다.

　최고 문화 건설의 사명을 달성할 민족은 한 마디로 말하면, 모두 성인(聖人)을 만드는 데 있습니다. 대한사람이라면 간 데마다 신용을 받고 대접을 받아야 합니다. 우리의 적이 우리를 누르고 있을 때에는 미워하고 분해하는 살벌한 투쟁의 정신을 길렀었거니와, 적은 이미 물러갔으니 우리는 증오의 투쟁을 버리고 화합의 건설을 일삼을 때입니다. 집안이 불화하면 망하고, 나라 안이 갈려서 싸우면 망합니다. 동포간의 증오

와 투쟁은 망할 징조입니다. 우리의 용모에서는 생기 있는 모습이 빛나야 합니다. 우리 국토 안에는 언제나 봄바람이 부드럽게 넘쳐야 합니다. 이것은 우리 국민 각자가 한 번 마음을 고쳐먹음으로써 되고, 그러한 정신의 교육으로 길이 이어질 것입니다.

최고 문화로 인류의 모범이 되기로 사명을 삼는 우리 민족의 개개인은 이기적 개인주의자여서는 안 됩니다. 우리는 개인의 자유를 끝까지 주장하되, 그것은 저 짐승들과 같이 저마다 제 배를 채우기에 쓰는 자유가 아니요, 제 가족을, 제 이웃을, 제 국민을 잘 살게 하기에 쓰이는 자유입니다. ㉠공원의 꽃을 꺾는 자유가 아니라 공원에 꽃을 심는 자유입니다. 우리는 남의 것을 빼앗거나 남의 덕을 입으려는 사람이 아니라, 가족에게, 이웃에게, 동포에게 주는 것으로 낙을 삼는 사람입니다. 우리말에 이른바 선비요 점잖은 사람입니다.

그러므로 우리는 게으르지 아니하고 부지런합니다. 사랑하는 처자를 가진 가장은 부지런할 수밖에 없습니다. 한없이 주기 위함입니다. 힘 드는 일은 내가 앞서 하니 사랑하는 동포를 아낌이요, 즐거운 것은 남에게 권하니 사랑하는 자를 위하기 때문입니다. 우리 조상들이 좋아하던 인후지덕(仁厚之德)이란 것입니다.

이러함으로써 우리나라의 산에는 삼림이 무성하고 들에는 오곡백과가 풍성하며, 촌락과 도시는 깨끗하고 풍성하고 화평한 것입니다. 그리하여 우리 동포, 즉 대한사람은 남자나 여자나 얼굴에는 항상 화기가 있고, 몸에서는 덕의 향기를 발할 것입니다. 이러한 나라는 불행하려 하여도 불행할 수 없고, 망하려 하여도 망할 수 없는 것입니다.

Note **1** 인의: 어질고 떳떳함, 유교의 덕목. **2** 홍익인간: 널리 인간을 이롭게 함.

주제찾기 **1.** 글쓴이의 주장을 잘 드러낸 문장은 어느 것입니까?

① 우리 모두는 성인군자가 되어야 한다.
② 내 나라가 남을 침략하는 것을 원치 아니한다.
③ 내가 한없이 가지고 싶은 것은 높은 문화의 힘이다.
④ 현재의 자연과학만 가지고도 편안히 살아가기에 넉넉하다.
⑤ 우리 민족의 개개인은 이기적 개인주의자여서는 절대로 안 된다.

제목찾기 **2.** 글의 제목을 글에 나온 낱말을 활용하여 10자 내외로 쓰세요.

사실이해

3. 글의 내용과 거리가 먼 것은 어느 것입니까?

① 우리나라는 남의 침략을 받은 적이 있다.
② 우리는 증오를 버리고 화합을 일삼아야 한다.
③ 인의, 자비, 사랑의 정신은 문화로써 배양할 수 있다.
④ 세계의 평화가 우리나라에서부터 세계에 실현되기를 원한다.
⑤ 우리나라의 산에는 삼림이 무성하고 들에는 오곡백과가 풍성하다.

미루어알기

4. 글을 쓴 때를 짐작할 수 있도록 하는 구절은 어느 것입니까?

① 지금 인류에게 부족한 것
② 현재에 인류가 불행한 근본 이유
③ 우리 민족의 재주와 정신과 과거의 단련
④ 새로 나라를 고쳐 세우는 우리의 서 있는 시기
⑤ 짐승들과 같이 저마다 제 배를 채우기에 쓰는 자유

세부내용

5. ㉠의 뜻을 옳게 풀어놓은 것을 고르세요.

① 생명을 해치는 자유가 아니라 살리는 자유이다.
② 폭력을 행사하는 자유가 아니라 평화로운 자유이다.
③ 한 사람을 이롭게 하는 자유가 아니라 여러 사람을 이롭게 한다.
④ 자신만의 이익을 추구하는 자유가 아니라 남을 이롭게 하려는 자유이다.
⑤ 공중도덕을 벗어나는 자유가 아니라 공중도덕을 지키는 정신을 추구한다.

적용하기

6. 이 글은 연설문입니다. 예상 청중이 누구인지 글에서 모두 찾아 쓰세요.

요약하기

7. 글쓴이의 주장과 근거를 간추렸습니다. 빈칸에 알맞은 낱말을 넣으세요.

주장	내가 한없이 가지고 싶은 것은 높은 ①□□의 힘이다.
근거	문화의 힘은 우리 자신을 ②□□□□ 하고, 나아가서 남에게 행복을 주겠기 때문이다. 인류가 현재에 불행한 근본 이유는 ③□□가 부족하고, ④□□가 부족하고, ⑤□□이 부족한 때문이다. 우리 민족의 ⑥□□와 ⑦□□과 과거의 단련이 이 사명을 달성하기에 넉넉하고, 국토의 위치와 ⑧□□의 요구가 그러하기 때문이다.

1~7번 문제의 점수를 더하여 총점을 쓰고 163쪽의 표에 막대그래프로 표시하세요

점수

독해력 키움 | 34. 설득하는 글 읽기(15)

| 평가요소 | 1. ☐ 15점 | 2. ☐ 15점 | 3. ☐ 15점 | 4. ☐ 15점 | 5. ☐ 10점 | 6. ☐ 15점 | 7. ☐ 15점 |

167쪽 표의 해당하는 번호에 체크하세요.

　당신들은 돈으로 하늘을 살 수 있다고 생각하는가? 당신들은 비를, 바람을 소유할 수 있다는 말인가? 내 어머니가 옛날 내게 이렇게 말씀하신 적이 있다. 이 땅의 한 자락 한 자락 그 모든 곳이 우리 종족에게는 성스럽다고. 전나무 잎사귀 하나 물가의 모래알 하나, 검푸른 숲 속에 가득 피어오르는 안개의 물방울 하나하나, 초원의 풀 하나하나, 웅웅거리는 곤충 한 마리 한 마리마다 우리 종족의 가슴속에 그 모두가 성스럽게 살아 있는 것들이라고.

　언젠가 내 아버지가 내게 이렇게 말씀하신 적이 있다. 나는 나무들 몸속에 흐르는 수액을 내 혈관에 흐르는 피처럼 잘 알고 있노라고. 우리는 이 땅의 일부이고 이 땅은 우리의 일부라고.

　대지 위에 피어나는 꽃들은 우리의 누이들이라고. 곰과 사슴과 독수리는 우리의 형제라고. 바위산 꼭대기, 널따란 들판, 그 위를 달리는 말들, 그 모두가 ⓐ한가족이라고. 내 조상의 목소리가 내게 말하였다. 반짝이며 흐르는 시냇물은 내 조상의 조상들, 그들의 피가 살아 흐르는 것이라고. 맑디맑은 호수에 어리어 살아 있는 영혼의 모습은 우리 종족의 삶에 대한 기억이라고. 속삭이는 물결은 할머니의 할머니의 목소리. 강들은 너의 형제들, 목마를 때 너의 목을 적셔 주고 우리가 탄 카누를 옮겨 주고 우리 자식들을 먹여 키우니, 너는 형제를 대하듯이 똑같은 사랑으로 강들을 대하여야 한다고.

　내 할아버지의 목소리가 내게 말하였다. 대기는 헤아릴 수 없을 만큼 값진 것이라고. 대기가 키워 가는 모든 생명마다 대기의 정령이 깃들어 있으니, 내게 첫 숨을 쉴 수 있게 해 준 대기에 내 마지막 숨을 돌려주었다고. 들꽃 향기 가득한 바람을 느끼고 맛볼 수 있는 저 땅과 대기를 너는 성스럽게 지켜 가야 한다고.

　마지막 인디언 남자와 마지막 인디언 여자가 사라지고 난 뒤, 인디언에 대한 기억이 오직 초원에 드리워진 뭉게구름 위 그림자뿐일 때, 그때도 해안과 숲과 내 종족의 영혼은 아직 남아 있을 것인가? 내 조상은 내게 말하였다. 우리는 알고 있지. 이 땅은 우리의 소유가 아니라 우리가 이 땅의 일부라는 것을. 내 할머니의 목소리가 내게 말하였다. 우리가 너에게 가르친 것들을 너는 네 애들에게 가르쳐라. 이 땅은 너의 어머니, 이 땅에서 벌어지는 일들은 이 땅의 아들딸 모두에게 벌어지게 될 것이라고.

내 목소리를 잘 들으라! 내 조상의 목소리를 잘 들으라! 당신들 백인의 운명이 어찌 될지 우리는 모른다. 모든 들소들이 도살되고 나면 그다음 무슨 일이 벌어질 것인가? 모든 야생마가 길들여지고 나면 그다음 무슨 일이 벌어질 것인가? 숲 속에 아무도 몰래 숨어 있던 장소가 수많은 인간의 냄새로 질식해버리고 나면 과연 무슨 일이 일어날 것인가? 웅웅거리는 철사 줄로 언덕을 얽어매어 놓고 나면? 그러면 울창하던 숲은 어디에 있을 것인가? 사라져 버리고 없겠지. 그러면 독수리는 어디에 있을 것인가? 사라져 버리고 없겠지. 우리가 저 쏜살같이 달리는 말들과 작별을 하고 사냥을 할 수 없게 되면? 그것은 삶의 끝, 그저 살아남기 위한 투쟁이 시작되겠지.

우리는 알지, 세상 만물은 우리를 하나로 엮는 핏줄처럼 서로 연결되어 있다는 것을. 우리 사람이 이 생명의 그물을 엮은 것이 아니라, 우리는 단지 그 그물 속에 들어 있는 하나의 그물코일 뿐. 우리가 이 그물을 향하여 무슨 일을 하든 그것은 곧 바로 우리가 우리 자신에게 하는 일.

어린아이가 엄마의 뛰는 가슴을 사랑하듯이, 우리는 땅을 사랑한다. 이제 우리가 당신들에게 우리 땅을 주니, 우리가 보살폈듯이 애써 보살피라. 이제 당신들이 이 땅을 가진다고 하니 지금 이대로 이 땅의 모습을 지켜가라. 당신의 아이들을 위하여 땅과 대기와 강물을 보살피고 간직하라. 우리가 사랑하였듯이 똑같은 마음으로 그것들을 사랑하라.

주제찾기 **1.** 글 속의 '나'가 품고 있는 중심 생각은 무엇입니까?

① 인간은 모든 자연물을 소유할 수 있다.
② 인간을 둘러싸고 있는 자연은 인간을 살찌운다.
③ 자연이 인간을 이롭게 하듯 인간도 자연을 이롭게 한다.
④ 세상 만물은 서로 연결되어 있으며 인간도 그 중 하나이다.
⑤ 야생마를 길들이듯이 백인들은 스스로 자연을 개척해 나가야 한다.

글감찾기 2. 글에 나오는 '나'는 무엇에 대해 말하고 있습니까? 10자 안팎으로 답하세요.

사실이해 3. 글 속의 '나'는 어떤 상황에 놓여 있습니까?

① 심각한 자연재해를 마주하고 있다.
② 다른 원주민 부족과 다툼에 직면했다.
③ 같은 부족 사람들로부터 버림을 받았다.
④ 부족이 위기에 처하여 신에게 빌고 있다.
⑤ 백인에게 대대로 살던 땅을 내어주게 되었다.

미루어알기 4. 글 속의 '나'가 떠올린 미래 세계의 모습은 어떠합니까?

① 백인들이 부족 사람들을 보살필 것이다.
② 부족 사람들이 땅을 빼앗기고 떠돌 것이다.
③ 인간이 자연을 지배하고 생존 경쟁을 할 것이다.
④ 부족 사람들이 땅을 되찾고 신을 모시게 될 것이다.
⑤ 백인들과 부족 사람들이 화합하여 풍요롭게 될 것이다.

세부내용 5. ㉠의 '한'과 뜻이 비슷한 '한'을 가진 낱말은 어느 것인가요?

① 한여름   ② 한마음   ③ 한가위
④ 한가을   ⑤ 한가운데

적용하기 6. 글 속의 '나'와 같은 생각을 지니고, 스스로를 비유해서 표현한 문장을 하나 쓰세요.

요약하기 7. 글의 주요 내용을 전개된 순서에 따라 항목을 나누어 간추렸습니다. 빈칸에 알맞은 말을 글에서 찾아 넣으세요.

이 땅의 모든 것들은 우리 종족에게 ①□□□□ 살아 있다.
형제를 대하듯이 똑같은 ②□□으로 자연을 대하여야 한다.
③□□는 헤아릴 수 없을 만큼 값진 것이니 성스럽게 지켜가야 한다.
이 땅은 우리의 ④□□가 아니라 우리가 이 땅의 일부이다.
백인에 의해 자연이 ⑤□□되고, 생존경쟁이 시작될 것이다.
만물은 생명의 그물로 엮여 있어 ⑥□□에 하는 일은 자신에게 하는 일과 같다.
백인들은 ⑦□과 ⑧□□와 ⑨□□을 보살피고 사랑하여야 한다.

점 수

1~7번 문제의 점수를 더하여 총점을 쓰고 163쪽의 표에 막대그래프로 표시하세요

34. 설득하는 글 읽기(15) 109

독해력 키움 | 35. 이야기 읽기(1)

평가요소 1. ☐ 15점 | 2. ☐ 15점 | 3. ☐ 10점 | 4. ☐ 15점 | 5. ☐ 15점 | 6. ☐ 15점 | 7. ☐ 15점

168쪽 표의 해당하는 번호에 체크하세요.

(가) 옛날, 중국이 여러 나라로 나누어져 있을 때의 일입니다. 연나라는 남쪽으로 제나라, 서쪽으로 조나라와 국경을 맞대고 있었는데 항상 두 나라의 위협을 받고 있었습니다. 연나라가 제나라와 전쟁 중이던 어느 해, 연나라에 흉년이 들었습니다. 그러자 조나라는 이를 기회로 삼아 연나라를 침략하려고 하였습니다. 연나라는 제나라와 전쟁 중이어서 어떻게든 조나라와의 전쟁을 피하고 싶었습니다. 그래서 연나라의 왕은 소대라는 사람을 보내어 조나라의 왕을 설득하게 하였습니다. 소대는 조나라의 왕을 찾아가 말하였습니다.

"이번에 제가 이곳으로 오는 길에 역수를 건너다가 큰 조개 하나가 입을 벌리고 햇볕을 쬐는 광경을 보았습니다. 그런데 마침 황새 한 마리가 날아와 조개의 살을 쪼았습니다. 그러자 조개는 입을 다물어 황새의 주둥이를 물었습니다. 그때 황새가 말하였습니다. '오늘도 비가 오지 않고 내일도 비가 오지 않는다면 너는 말라 죽을 거야.' 이 말을 들은 조개는 황새에게 말하였습니다. '내가 오늘도 놓지 않고 내일도 놓지 않는다면 너야말로 굶어 죽고 말겠지.' 둘은 서로 양보하지 않고 싸웠습니다. 그때 마침 그곳을 지나던 어부가 그물로 둘을 모두 잡게 되었습니다. 연나라와 조나라가 서로 협력하지 않고 싸운다면 누구에게 이익이겠습니까? 이웃의 크고 강한 진나라가 이득이 아니겠습니까? 이것은 마치 조개와 황새가 서로 다투다가 어부에게 잡히는 형상이라고 할 수 있습니다. 유념하시기를 바랍니다."

(나) 중국 진나라 차윤은 밤에도 책을 읽고 싶었지만 넉넉지 않은 살림에 좀처럼 기름 살 돈이 생기지 않았어요. 어느 날, 일이 늦게 끝나 캄캄한 밤중에 혼자 집으로 돌아오던 길이었어요. 풀숲을 지나는데 차윤의 발길에 놀란 반딧불이가 화르르 날아오르는 거예요. 반짝반짝 빛을 내며 수십 마리의 반딧불이가 날아오르자 주변이 대낮처럼 환하게 밝아졌어요. "옳거니! 그러면 되겠구나!" 차윤은 무릎을 탁 쳤어요. 그러고는 반딧불이를 자루에 담아 모으기 시작했어요. 그날 밤부터 차윤은 자루에 한가득 담긴 반딧불이를 등불 삼아 열심히 공부했고, 훗날 상서랑이라는 높은 벼슬까지 올랐답니다.

차윤이 살던 진나라에는 손강이라는 사람도 살았어요. 손강 역시 책을 좋아했지

만 집안이 가난하기는 차윤과 마찬가지였어요. 겨울이라 농사일은 없었지만 기름 살 돈이 없어 밤이 되면 아무것도 할 수 없었어요. 밤을 새워 과거 준비를 해도 모자랄 지경인데 해가 지면 책 한 권도 제대로 볼 수 없었어요. 손강은 답답한 마음에 방에서 나와 혼자 마당을 서성였어요. 저녁 내내 소복소복 내린 눈이 달빛에 반사되어 돌의 조그마한 무늬까지 보일 정도로 주변이 환했어요. "그래, 이 정도면 책에 있는 글자가 보이지 않을까?" 잠시 고민하던 손강은 후다닥 책을 가지고 나왔어요. 눈빛에 비추어 보니 글자가 제법 잘 보였어요. 낡은 옷 사이로 겨울바람이 술술 들어와 오들오들 떨었지만 손강은 한참 동안 그렇게 책을 읽으며 공부했어요. 추위와 싸워 가며 열심히 공부한 결과 손강은 과거에 급제했고, 훗날 어사대부라는 높은 벼슬에 올랐답니다.

　이렇듯 차윤과 손강처럼 어려운 처지에서도 열심히 공부하는 것을 두고 사람들은 '형설지공'이라고 부르게 되었어요.

주제찾기　**1. (가)가 속뜻으로 전하고자 한 교훈은 무엇입니까?**

　① 가난하고 시끄러운 환경에서도 꿋꿋이 공부하여야 한다.
　② 황새와 조개가 싸우면 항상 사람이 노력 없이 이익을 얻는다.
　③ 고생을 하면서 부지런하고 꾸준하게 공부하는 자세가 중요하다.
　④ 두 사람이 싸우고 있는 사이에 엉뚱한 다른 사람이 이익을 얻는다.
　⑤ 이웃한 두 나라 사이에 전쟁이 나면 멀리 있는 다른 나라가 번영한다.

글감찾기　**2. (가)와 (나)에서 이야깃거리로 끌어들인 글감을 모두 찾아 쓰세요.**

사실이해　**3. (나)에 대한 설명으로 옳은 것은 어느 것입니까?**

　① 비유에 의해 상황을 쉽고 생생하게 전달하였다.
　② 이야기를 통해 관용 표현이 생긴 유래를 말하였다.
　③ 사람이 자연으로부터 이익을 얻을 수 있음을 깨닫게 했다.
　④ 같은 나라에 살았던 두 선비의 출세 과정을 중심 내용으로 삼았다.
　⑤ 고생 끝에 즐거움이 온다는 속담이 실현되는 모습을 줄거리로 엮었다.

미루어알기 4. (가)와 (나)를 바르게 비교 대조한 내용을 찾으세요.

① (가), (나) 모두 배경이 뚜렷하지 않다.
② (가), (나) 모두 사람의 일을 동물의 일로 비유했다.
③ (가)는 인물이 중심 내용이고, (나)는 사건이 중심 내용이다.
④ (가)는 나랏일에, (나)는 개인의 삶에 초점을 맞추었다.
⑤ (가), (나) 모두 사건의 순서대로 내용을 전개했다.

세부내용 5. (가)와 (나)처럼 '옛날의 어떤 유래와 사건으로 만들어져 생활 속에서 널리 쓰이는 말'을 무엇이라고 합니까?

① 고사성어(故事成語) ② 관용 표현(慣用表現) ③ 속담 격언(俗談格言)
④ 상용 한자(常用漢子) ⑤ 한자 숙어(漢字熟語)

적용하기 6. 다음 뜻을 가진 관용 표현을 (나)의 글에서 찾아 쓰세요.

① 마음이 유쾌하지 않고 우울하다.
② 갑자기 어떤 놀라운 사실을 알게 되었다.

요약하기 7. (가)와 (나)의 내용을 각각 간추렸습니다. 빈칸을 채워 완성하세요.

(가) 연나라를 ①□□에, 조나라를 ②□□에 진나라를 ③□□에 각각 비유하여 연나라와 조나라와 싸우면 진나라가 큰 노력 없이 이익을 얻게 될 것이니 싸워서는 안 된다는 사실을 ④□□하는 내용이다. 고사 성어로는 ⑤□□□□이다.

(나) 진나라 차윤이 ⑥□□□□를 보아 그 불빛으로 글을 읽고, 손강이 ⑦□□에 비추어 글을 읽었다는 내용의 이야기이다. 고생을 하면서 부지런하고 꾸준하게 공부하는 자세를 이르는 말로, 고사 성어로는 ⑧□□□□이다.

1~7번 문제의 점수를 더하여 총점을 쓰고 164쪽의 표에 막대그래프로 표시하세요

점 수

36. 이야기 읽기(2)

평가요소 1. ☐ 15점 2. ☐ 15점 3. ☐ 10점 4. ☐ 15점 5. ☐ 15점 6. ☐ 15점 7. ☐ 15점

168쪽 표의 해당하는 번호에 체크하세요.

　초등학교 때 우리 집은 제기동에 있는 작은 한옥이었다. 골목 안에는 고만고만한 한옥 여섯 채가 서로 마주 보고 있었다. 그때만 해도 한 집에 아이가 보통 네댓은 됐으므로 골목길 안에만도 초등학교 다니는 아이가 줄잡아 열 명이 넘었다. 학교가 파할 때쯤 되면 골목은 시끌벅적 아이들의 놀이터가 되었다.

　어머니는 내가 집에서 책만 읽는 것을 싫어하셨다. 그래서 방과 후 골목길에 아이들이 모일 때쯤이면 대문 앞 계단에 작은 방석을 깔고 나를 거기에 앉히셨다. 아이들이 노는 것을 구경이라도 하라는 뜻이었다.

　딱히 놀이 기구가 없던 그때, 친구들은 대부분 술래잡기, 사방치기, 공기놀이, 고무줄놀이 등을 하고 놀았지만 나는 공기놀이 외에는 그 어떤 놀이에도 참여할 수 없었다. 하지만 골목 안 친구들은 나를 위해 꼭 무언가 역할을 만들어 주었다. 고무줄놀이나 달리기를 하면 내게 심판을 시키거나 신발주머니와 책가방을 맡겼다. 그뿐인가. 술래잡기를 할 때에는 한곳에 앉아 있어야 하는 내가 답답해할까 봐 어디에 숨을지 미리 말해 주고 숨는 친구도 있었다.

　우리 집은 골목에서 중앙이 아니라 모퉁이 쪽이었지만 내가 앉아 있는 계단 앞이 늘 친구들의 놀이 무대였다. 놀이에 참여하지 못해도 나는 전혀 소외감이나 박탈감을 느끼지 않았다. 아니, 지금 생각하면 내가 소외감을 느낄까 봐 친구들이 배려해 준 것이었다.

　그 골목길에서의 일이다. 초등학교 1학년 때였던 것 같다. 하루는 우리 반이 좀 일찍 끝나서 혼자 집 앞에 앉아 있었다. 그런데 그때 마침 골목을 지나던 깨엿 장수가 있었다. 그 아저씨는 가위를 쩔렁이며 목발을 옆에 두고 대문 앞에 앉아 있는 나를 흘낏 보고는 그냥 지나쳐 갔다. 그러더니 리어카를 두고 다시 돌아와 내게 깨엿 두 개를 내밀었다. 순간 아저씨와 내 눈이 마주쳤다. 아저씨는 아무 말도 하지 않고 아주 잠깐 미소를 지어 보이며 말했다. / "괜찮아."

　무엇이 괜찮다는 것인지도 몰랐다. 돈 없이 깨엿을 공짜로 받아도 괜찮다는 것인지, 아니면 목발을 짚고 살아도 괜찮다는 말인지……. 하지만 그건 중요하지 않다. 중요한 것은 내가 그날 마음을 정했다는 것이다. 이 세상은 그런대로 살 만한 곳이라고. 좋은 친구들이 있고, 성의와 사랑이 있고, "괜찮아."라는 말처럼 용서와 너그러움이 있는 곳

이라고 믿기 시작했다는 것이다.

　괜찮아 – 난 지금도 이 말을 들으면 괜히 가슴이 찡해진다. 2002년 월드컵 4강에서 독일에 졌을 때, 관중은 선수들을 향해 외쳤다.

"괜찮아! 괜찮아!"

혼자 남아 문제를 풀다가 결국 골든벨을 울리지 못해도 친구들이 얼싸안고 말해준다.

"괜찮아! 괜찮아!"

'그만하면 참 잘했다'고 용기를 북돋아 주는 말, '너라면 뭐든지 다 눈감아 주겠다'는 용서의 말, '무슨 일이 있어도 나는 네 편이니 넌 절대 외롭지 않다'는 격려의 말, '지금은 아파도 슬퍼하지 말라'는 나눔의 말, 그리고 마음으로 일으켜 주는 부축의 말, "괜찮아!"

그래서 세상을 사는 것이 만만치 않다고 느낄 때, 죽을 듯이 노력해도 내 마음대로 일이 풀리지 않는다고 생각될 때, 나는 내 마음속에서 작은 속삭임을 듣는다. 오래전 내 따뜻한 추억 속 골목길 안에서 들은 말 – '괜찮아! 조금만 참아, 이제 다 괜찮아질 거야.'

아, 그래서 '괜찮아'는 (　　　　㉠　　　　)

주제찾기　**1.** 글쓴이가 말 한 마디를 듣고 정한 마음의 내용은 무엇입니까?

① 아이들이 노는 것을 구경이라도 하라는 뜻이었다.
② 어머니는 내가 집에서 책만 읽는 것을 몹시 싫어하셨다.
③ 돈 없이 깨엿을 공짜로 받아도 괜찮다는 것인지 도무지 알 수 없었다.
④ 이 세상은 성의와 사랑이 있고, 용서와 너그러움이 있는 곳이라고 믿기 시작했다
⑤ 죽을 듯이 노력해도 일이 풀리지 않는다고 생각될 때, 마음속에서 작은 속삭임을 듣는다.

글감찾기　**2.** 글쓴이가 마음을 정하도록 한 말을 글에서 찾아 쓰세요.

사실이해 3. '괜찮아'에서 떠올린 말의 뜻과 거리가 먼 것은 어느 것입니까?

① 용기 ② 용서 ③ 격려 ④ 나눔 ⑤ 승리

미루어알기 4. ㉠에 들어가기에 알맞은 문장은 어느 것입니까?

① 친구들이 얼싸안고 주고받는 말이다.
② 이제 다시 시작할 수 있다는 희망의 말이다.
③ 상대의 잘못을 너그럽게 용서해 주겠다는 말이다.
④ 장애가 세상을 살아가는 데 걸림돌이 아니라는 말이다.
⑤ 세상 함께 가는 길은 누구도 외롭지 않다고 외치는 말이다.

세부내용 5. 이 글이 속한 갈래의 특징을 적절하게 설명한 것은 어느 것입니까?

① 몸의 움직임을 따라 사건이 생긴다.
② 만들어진 목소리의 주인공이 작품에 있다.
③ 정해진 형식 없이 솔직하게 마음을 드러낸다.
④ 대립적인 성격을 가진 인물들이 무대에서 활동한다.
⑤ 같거나 비슷한 소리의 반복에 의해 아름다움을 이루어낸다.

적용하기 6. 글쓴이가 말에 의해 떠올린 감동을 관용적으로 표현한 문장을 찾아 쓰세요.

요약하기 7. 글의 내용을 표로 정리했습니다. 빈칸을 채워 표를 완성하세요.

처지	두 다리가 불편하여 걷지 못함.
일어난 일	골목길에서 글쓴이에게 깨엿 장수 아저씨가 깨엿 두 개를 내밀며 "①□□□"라고 말해줌.
생각이나 느낌	글쓴이는 이 세상은 좋은 ②□□들이 있고, 선의와 ③□□이 있고, ④□□와 너그러움이 있어 그런대로 살 만한 곳이라고 ⑤□□ 시작함.

점수

1~7번 문제의 점수를 더하여 총점을 쓰고 164쪽의 표에 막대그래프로 표시하세요

독해력 키움 | 37. 이야기 읽기(3)

| 평가요소 | 1. ☐ 15점 | 2. ☐ 15점 | 3. ☐ 10점 | 4. ☐ 15점 | 5. ☐ 15점 | 6. ☐ 15점 | 7. ☐ 15점 |

168쪽 표의 해당하는 번호에 체크하세요.

[앞의 줄거리] 사람들은 땅만 쳐다보고 폐지를 줍는 할머니를 '종이 할머니'라고 불렀다. 종이 할머니는 채소 가게 앞에 쌓인 빈 상자를 가져가려는, 눈에 혹이 난 할머니를 밀치고 상자를 가져가지 못하게 하면서 열심히 폐지를 모아서, 고물상에 가서 폐지를 주고 부스러기처럼 적은 돈을 받았다. 허리가 구부러질 대로 구부러지면 땅에 납작하게 붙어 버리겠지 하는 마음으로 살았다. 종이 할머니네 맞은편 집에 이사 온 메이는 종이 할머니께 다 쓴 종이를 가져다 드렸고, 얼마 뒤에는 스케치북을 놓고 갔는데, 거기에는 우주 그림이 그려져 있어, 할머니는 어릴 적 꿈을 떠올리며 모처럼 하늘을 올려다보았다.

종이 할머니는 스케치북을 안고 집으로 들어갔어. 햇빛이 잘 들어오지 않아서 단칸방은 늘 어둑했어. 하지만 아늑했지. 종이 할머니는 스케치북에 있는 그림을 한 장 한 장 떼어 내어 벽에 붙였어. 그리고 옆으로 누워서 찬찬히 그림을 보았단다. 가장 마음에 드는 건 마지막 장에 그려진 우주 그림이었어. 종이 할머니는 우주 그림을 자세히 보다가 아까는 보지 못했던 것을 보게 되었어. 바로 찌그러진 파란 지구 맞은편 위에 떠 있는 포도 모양의 성이야. 포도 알갱이들은 하나하나가 작은 방 같았지. 그리고 그 알갱이들은 투명하고 푸른빛을 띠며 빛나고 있었어. 꼭 유리로 만든 바다처럼 보였어.

포도 모양의 성 맨 꼭대기에는 두 아이가 앉아서 차를 마시고 있었어. 그런데 참 이상하지 뭐야. 두 아이 중 하나는 눈이 불룩하게 튀어나오고 입은 개구리처럼 커다랬어. 게다가 팔다리는 길고 머리부터 발끝까지 초록빛이었지. 이런 사람은 한 번도 본 적이 없었어. 할머니는 그게 뭔지 무척 궁금했어.

'희한하다. 다 늙어 빠졌는데 이제 와서 뭐가 궁금하단 말이여.'

종이 할머니는 자신을 타박하다가 궁금증을 애써 지워버리고는 돌아누웠어. 그런데도 자꾸만 생각나는 거야.

'그 초록색 아이는 누구일까?' 하고 / 그때였어. / "할머니, 이거요?"

아이의 목소리가 들렸어. 종이 할머니는 반가운 마음에 문을 활짝 열었어.

"우리 집에 들어올려?" / 아이는 방으로 들어와 벽에 붙여진 자신의 그림을 보고는 팔짝팔짝 뛰었지. / "와, 이거 내가 그린 그림이다!"

종이 할머니는 우주 속에 떠 있는 포도 모양의 성을 가리켰어.

"그란디 저건 뭐여?" / "우주 호텔."

"우주 호텔이 뭐여? 우주에도 호텔이 있단 말이여?"

"네, 우주는 아주아주 넓은 곳이니까요. 우주 호텔은 우주를 여행하다가 쉬는 곳이에요. 목성에 갔다가 쉬고, 토성에 갔다가 쉬고⋯⋯. 우주여행은 무척 힘들어요. 그래서 우주 호텔에 들러 잠깐 쉬는 거예요. 외계인 친구를 만나서 차도 마시면서요."

"외계인? 진짜 외계인이 있는 겨?"

종이 할머니의 눈이 커다래졌어. 그러자 아이는 초록색 아이를 가리켰어.

"얘는 뽀뽀나예요. 내가 우주를 여행할 때 만난 외계인 친구예요. 뽀뽀나는 뽀뽀하는 걸 좋아해요. 그래서 입을 개구리처럼 내밀고 다녀요."

아이는 이렇게 말하고는 밖으로 달려 나갔어.

아이가 나가고, 종이 할머니는 아이의 말을 곰곰이 생각해 보았어.

'그래, 아이의 말이 맞을지도 모르겠군. 하늘도 저렇게 넓은데 저 하늘 밖의 우주는 얼마나 넓을까?' / 종이 할머니의 눈에는 우주 호텔이 보이는 것 같았어. 바람개비처럼 돌고 있는 별들 사이에 우뚝 솟아 있는 우주 호텔.

종이 할머니는 그곳으로 비둘기처럼 날아가고 싶었단다. 종이 할머니는 작은 마당으로 나갔어. 그리고 힘겹게 허리를 펴고 천천히 고개를 들었단다. 그러고는 하늘을 올려다보았지. 하늘엔 먹구름이 물러가고 환한 빛이 눈부시게 쏟아지고 있었어.

"눈은 아직 늙지 않았구먼. 아주 멀리 있는 것도 볼 수 있지."

종이 할머니는 환한 빛 너머, 하늘 너머, 별 너머, 우주 호텔 너머, 유리 바다에 둘러싸인 성을 보았지. 종이 할머니는 결심했어. 쉽게 허리를 구부리지 않기로 말이야. 쉽게 허리를 구부리면 다시는 저 우주 호텔을 보지 못할 것 같았거든.

주제찾기 **1.** 이야기의 주제를 가장 잘 표현한 것을 고르세요.

① 꿈을 가지게 되면 삶이 행복해진다.
② 어린아이의 마음이 세상을 아름답게 한다.
③ 이웃과 어울리며 살아갈 때 세상이 밝아진다.
④ 가난이 마음을 병들게 하여 사람을 불행에 빠뜨린다.
⑤ 재물에 대한 욕심이 가난하고 힘없는 사람을 미워하게 한다.

글감찾기 **2.** 이야기의 주제와 관련된 상징적인 공간을 글에서 찾아 쓰세요.

사실이해 **3.** '포도 모양의 성'을 그리는 데 끌어들인 요소와 거리가 먼 것은 무엇입니까?

① 빛깔　② 색깔　③ 크기　④ 모양　⑤ 움직임

미루어알기

4. 종이 할머니는 자신이 사는 곳을 왜 우주 호텔이라고 생각하게 되었습니까?

① '메이'가 우주 호텔이 있다고 말했기 때문이다.
② 우주 호텔이 있다고 믿어야 허리를 펼 수 있기 때문이다.
③ 늙어가면서 혼자 지내는 쓸쓸한 처지에 위로가 될 수 있기 때문이다.
④ 인생이라는 여행에서 잠시 쉬어가며 친구를 만나는 곳이라고 여겼기 때문이다.
⑤ 인류의 꿈인 우주여행이 멀지 않은 미래에 실현될 수 있다는 희망을 가지게 되었기 때문이다.

세부내용

5. 종이 할머니가 스스로를 비유한 낱말은 무엇입니까?

① 부스러기   ② 바람개비   ③ 비둘기
④ 하늘   ⑤ 바다

적용하기

6. 다음 장면이 인상 깊은 까닭을 한 문장으로 쓰세요.

> 종이 할머니가 허리를 펴고 고개를 들어 하늘을 올려다보며 다시는 허리를 구부리지 않기로 결심한다.

요약하기

7. 글의 주요 내용을 순서에 따라 간추리려고 합니다. ①, ②에 들어가야 할 내용을 각각 쓰세요.

| 종이 할머니는 허리를 굽혀 땅만 보며 종이를 주웠다. |
↓
| 종이 할머니는 종이 상자를 빼앗기지 않으려고 소리치며, (①) |
↓
| 종이 할머니는 메이가 그린 우주 그림을 보고 어릴 적 꿈을 떠올린다. |
↓
| 종이 할머니가 우주호텔과 우주여행에 대해 듣는다. |
↓
| ② |

1~7번 문제의 점수를 더하여 총점을 쓰고 164쪽의 표에 막대그래프로 표시하세요

독해력 키움 | 38. 이야기 읽기(4)

| 평가요소 | 1. ☐ 15점 | 2. ☐ 15점 | 3. ☐ 15점 | 4. ☐ 15점 | 5. ☐ 10점 | 6. ☐ 15점 | 7. ☐ 15점 |

168쪽 표의 해당하는 번호에 체크하세요.

[앞의 줄거리] 독일의 작가와 음악가들의 이름이 쓰인 도로 표지판을 닦는 청소부 아저씨는 정말 열심히 일하였고, 자기 직업을 사랑하여 행복하였다. 어느 날, 아저씨는 표지판에 있는 유명한 사람들에 대해 하나도 몰랐다는 사실을 깨달았다. 그래서 아저씨는 일하면서 음악가와 작가들에 대하여 공부하였고, 좀 더 일찍 책을 읽지 않은 것을 안타까워하였다.

작가들의 모든 작품을 알게 되었을 때, 아저씨는 일을 하면서 특별히 마음에 든 구절들을 혼자 읊조려 보았어.

괴테의 '마왕'

"누가 이렇게 늦은 밤에 바람 속을 달리는가?"

브레히트의 '악당 매키의 노래'

"그 상어는 이빨이 있다네. / 얼굴에 이빨이 있다네."

또 슈토름의 '백마의 기수'나 빌헬름 부슈의 '막스와 모리츠'에 나오는 구절들.

이렇게 아저씨는 멜로디를 휘파람으로 불며, 시를 읊조리고, 가곡을 부르고, 읽은 소설을 다시 이야기하면서 표지판을 닦았어.

지나가던 사람들이 그것을 듣고는 걸음을 멈추었어. 파란색 사다리를 올려다보고는 깜짝 놀랐지. 그런 표지판 청소부는 한 번도 만난 적이 없었거든, 대부분의 어른들은 표지판을 청소하는 사람 따로 있고, 청소부가 시와 음악을 알 것이라고는 상상도 못 하지. 그런데 그렇지 않은 아저씨를 보자 그들의 고정 관념이 와르르 무너진 거야. 그들의 고정 관념은 수채통으로 들어가, 타 버린 종잇조각처럼 산산이 부서졌어.

사다리 위의 아저씨는 자신이 어떤 사건을 일으켰는지 전혀 알아차리지 못하였어. 표지판을 박박 문질러 닦고 호호 불어 윤을 내었지. 표지판이 반짝반짝 빛나면 비로소 일을 멈추고 쉬었어.

이제 아저씨는 시립 도서관에서 음악가와 작가들에 대하여 학자들이 쓴 책을 빌리기 시작하였어. 그 책들은 이해하기 어려웠고, 때로는 결코 끝까지 읽어 내지 못하리라는 생각이 들었어. 시간이 흘러, 아저씨는 꽤 나이가 먹었어. 아저씨는 예나 지금이나 표지판을 돌보고 보살폈어. 이따금 손가락 끝으로 이제는 무척이나 소중해진 이 글들을 어루만지며, 일하는 동안 자기 자신에게 음악과 문학에 대하여 강연을 하였지.

그러던 어느 날, 한 가족이 파란색 사다리 옆에 서서 열심히 아저씨 이야기를 들었어. 어떤 두 여자아이는 재잘대던 이야기를 멈추고 아저씨를 올려다보았어. 한 젊은이는 가방을 땅에 내려놓고 귀를 기울였어. 거기에 어떤 선생님과 반 학생들도 함께 와서 듣는 거야. 사람들이 모인 것을 보자 다른 사람들이 그 뒤에 가서 섰어. 아저씨는 아무것도 알아차리지 못하였어. 일을 끝내고 여전히 중얼거리며 파란색 사다리를 내려오는데, 사람들이 박수를 치는 거야. 아저씨는 얼굴이 빨개졌어. 얼른 물건들을 챙겨 다음 표지판을 향하여 파란색 자전거를 밀었어. 사람들이 아저씨를 따라왔어. 아저씨는 부담스러웠지만, 어떻게 하겠어? 따라오지 말라고 하기가 쉽지 않았어. 일을 계속하며 강연을 하는 수밖에. 그러면서 밑을 내려다보지 않으려고 애를 썼어.

　이튿날 아침, 사람들은 벌써 바흐 거리에서 아저씨를 기다리고 있었어. 아저씨는 너무 놀라 딸꾹질이 나왔어. 아저씨는 숨을 멈추고 천천히 열까지 센 다음, 파란색 사다리로 올라가 첫 번째 표지판을 닦으며 새 강연을 시작하였지. 사람들은 아저씨 발꿈치에 바싹 붙어 있었어. 아저씨가 마지막 표지판을 청소하고 마지막 말을 끝내자 사람들은 웅성웅성 칭찬의 말을 주고받았어. 아저씨는 도망치듯 자리를 떠났고, 사람들도 뿔뿔이 흩어졌어. 이제 아저씨는 다른 사람들을 생각하여야 한다는 것을 깨달았어. 그래서 더욱 열심히 준비를 하였어. 웃음거리가 되고 싶지 않았거든.

　네 군데 대학에서 강연을 해 달라는 부탁이 들어왔어. 그렇게 하면 아저씨는 훨씬 유명해질 수 있을 거야. 그런데 아저씨는 거절하기로 결심하고 답장을 썼어.

　"나는 하루 종일 표지판을 닦는 청소부입니다. 강연을 하는 건 오로지 내 자신의 즐거움을 위해서랍니다. 나는 교수가 되고 싶지 않습니다. 지금 내가 하는 일을 계속하고 싶습니다. 안녕히 계세요."

주제찾기　1. 글을 읽고 떠올린 감명 깊은 내용은 무엇입니까?

　① 작가와 음악가의 거리에서는 생각이 깊어진다.
　② 훌륭한 청소부는 더러움과 싸움을 포기하지 않는다.
　③ 자기 직업을 사랑하는 사람은 인생에서 전혀 바꿀 것이 없다.
　④ 음악가들이 소리를, 마술사가 카드를 대하듯 작가는 글을 마주한다.
　⑤ 자신의 일에 만족하여 행복할 수 있고, 예술로 삶을 풍요롭게 할 수 있다.

제목찾기　2. 소설 구성의 3요소인 '인물, 사건, 배경' 중 무엇에 초점을 맞추었습니까? 그 요소를 쓰고, 그 요소가 들어가게 하여 제목을 붙이세요.

사실이해 3. 글에 나타난 사건이 아닌 것을 고르세요.

① 청소부가 마음에 든 시구를 읊조렸다.
② 청소부는 나이들 때까지 자신에게 강연했다.
③ 한 가족이 서서 열심히 청소부의 이야기를 들었다.
④ 사람들이 보내는 환호가 부끄러워 청소부는 딸꾹질을 했다.
⑤ 대학에서 강연 요청이 있었지만 현재 직업에 만족하기로 했다.

미루어알기 4. 이야기의 주인공은 뒷날 어떤 삶을 살았을까요?

① 방송에 출연하여 인기 있는 강사가 되었을 것이다.
② 대학에서 예술 강의를 하면서 청소부를 그만두었을 것이다.
③ 계속 거리 강연을 하며 열심히 도로 표지판을 청소하였을 것이다.
④ 시민들을 모아놓고 문학 강연을 하면서 창작 활동도 하게 되었을 것이다.
⑤ 음악가와 작가를 넘어 그들을 연구한 학자들에 대해서도 알게 되었을 것이다.

세부내용 5. 시간이 흘렀음을 알려주는 구절은 어느 것입니까?

① 이렇게 아저씨는   ② 지나가던 사람들이   ③ 사다리 위의 아저씨는
④ 그러던 어느 날   ⑤ 점점 더 많은

적용하기 6. 다음 글을 보고, 주인공이 어떤 인생관을 지니고 있는지 한 문장으로 쓰세요.

> 주인공은 더 유명해질 수 있고 보수도 좋은 교수 자리를 거절하고 청소부로 남기로 하였다.

요약하기 7. 소설 구성의 3요소에 따라 이야기의 주요 내용을 아래의 표로 정리하였습니다. 빈칸에 알맞은 말을 넣으세요.

인물	①□□□ □□□
사건	도로 표지판을 청소하는 아저씨가 유명한 ②□□□와 ③□□들의 이름을 늘 코앞에 두고 있었으면서도 그들에 대해 아무것도 몰랐다는 사실을 깨달았다. 아저씨는 그들에 대해 공부해가면서 ④□□의 소중함과 진정한 ⑤□□을 깨달아간다.
배경	독일의 어느 도시

1~7번 문제의 점수를 더하여 총점을 쓰고 164쪽의 표에 막대그래프로 표시하세요

점수

독해력 키움 | 39. 이야기 읽기(5)

| 평가요소 | 1. ☐ 15점 | 2. ☐ 15점 | 3. ☐ 10점 | 4. ☐ 15점 | 5. ☐ 15점 | 6. ☐ 15점 | 7. ☐ 15점 |

168쪽 표의 해당하는 번호에 체크하세요.

[앞의 줄거리] 서울 상급 학교로 진학한 경환이가 하기휴가 때 집에 돌아와 유행가를 부르고 나비를 잡는 꼴이 바우 눈에는 곱게 보이지 않았다. 경환이와 말다툼을 한 바우는 경환이가 쫓던 나비를 일부러 날려 버렸고, 경환이도 바우의 송아지에게 돌을 던졌다. 경환이가 나비를 잡는 척하면서 바우네 참외밭을 결딴내자 바우는 경환이를 때리고 서로 다투게 되었다. 바우 어머니가 바우에게, 경환이에게 나비를 잡아 가서 빌라고 하였으나, 바우는 그럴 생각이 없었다.

"인마, 남은 서울 학교 다녀서 다 나비도 잡고 그러는 건데 건방지게 왜 다니며 훼방을 놓는 거야, 훼방을."

그리고 바우가 그림 그리는 것과 그것은 아랑곳없는 일일 텐데 아버지는,

"다음부턴 내 눈앞에 그 그림 그리는 꼴 보이지 마라. 네깐 놈이 그림 그걸로 남처럼 이름을 내겠니, 먹고살게 되겠니?"

하고 돌아서 문밖으로 나가려다가 다시 돌아서며 아버지는,

"나비는 잡아갔지?"

하고 다져 묻는다. 바우는 고개를 숙인 채 묵묵하다. 아버지는 기가 막힌 듯 잠시 건너다보기만 하다가 언성을 높였다.

"이때껏 나가서 뭘 했어. 인마, 간 봄에 늙은 아비가 땅 얻어 부치느라고 갖은 애 다 쓰던 것을 네 눈으로도 보았지? 가뜩한데 너까지 말썽일 게 뭐냐. 어서 가서 빌지 못하겠어."

아버지는 담뱃대 끝으로 바우의 수그린 머리를 찌를 듯 겨눈다. 그러는 대로 바우는 무춤무춤 피할 뿐 조금도 걸음을 옮기려 하지 않는다.

"그래도 네 고집만 셀 테냐. 그럴라거든 아주 나가거라. 아주 나가."

하고 아버지는 빗자루를 들고 나섰다. 이런 때 어머니가 방에서 나와 그걸 빼앗아 던져 버리고

"가서 빌기만 하면 뭘 하우. 나비를 잡아 가야지, 그리고 지금은 어두워서 잡겠수? 내일 잡아 가라지."

그리고 어머니는 바우의 등을 밀며,

"어서 올라가 저녁이나 먹어라."

한종일 아버지 어머니에게 애매한 미움을 받고 또 그림책을 찢기고 한 그 억울한 감이 가슴 속에 벅차 다른 무엇이 들어갈 여지가 없었다.

이튿날 아침이다. 건넌방 모퉁이서 바우는 아버지와 얼굴이 마주쳤다. 아버지는 어제와 다름없는 그 얼굴, 그 음성으로 부엌에서 아침을 짓는 어머니를 향하여 소리쳤다.

"오늘도 저놈이 제 고집만 세우고 나비를 잡아 가지 않거든 밥 주지 말어."

그 아버지가 보이지 않는 곳에 이르자 어머니는 부엌에서 나와 작은 음성으로 바우를 달랜다.

"아버지 속상하시게 하지 말고 오늘은 나비를 잡아 가지고 가 봐라. 땅이 떨어지거나 하면 너는 좋겠니? 생각해 봐라."

바우는 여전히 말이 없다. 어머니는 그것을 바우가 순종하는 뜻으로 여긴 모양. 부엌에서 아침을 차리기에 분주하였다.

"얼른 밥 차려 줄게 먹고 나가 봐."

그러나 바우는 어머니가 밥상을 날라 오기 전에 자기가 먼저 슬며시 집 밖으로 나갔다. 밥을 열 끼를 굶는 한이 있더라도 그 경환이 앞에 나비를 잡아 가지고 가서 머리를 숙이기는 무엇보다 싫었다. 아들의 그만한 체면쯤 보아줄 줄 모르고 자기네 요구만 고집하는 아버지가, 그리고 어머니까지 바우는 무척 야속하였다. 노여웠다.

'아버지 말대로 정말 집을 나오고 말까? 그러면 아버지도 뉘우칠 때가 있겠지. 그리고 서울 같은 도회로 나가서 어떻게 고학이라도 해 볼까?'

바우는 정말 그렇게 해 볼 것처럼 벌떡 일어선다. 그리고 걸음 걸리는 대로 따라 산 아래로 내려간다. 산 중턱쯤 이르렀다. ㉠건너다보이는 맞은편 언덕 너머 메밀밭 두덩에 허연 사람의 그림자가 엎드렸다 일어섰다 하며 무엇을 쫓는 모양으로 움직인다.

주제찾기 **1.** 이야기의 주요 내용은 무엇입니까?

① 일제 강점기 흔히 볼 수 있었던 시골사람들의 삶
② 지주로부터 땅을 빌려 농사를 지어야 하는 소작인의 설움
③ 신분의 차이로 인하여 서로 다른 삶을 살게 된 아이들 사이의 갈등
④ 마을에 원래 살던 사람들과 다른 마을에서 옮겨 살게 된 사람들 사이의 다툼
⑤ 가뭄과 홍수가 번갈아가면서 찾아와 가을에 수확을 할 수 없게 된 농촌의 비참한 현실

제목찾기 **2.** 끝 장면에서 떠올린 내용으로 빈칸을 채워 글에 알맞은 제목을 붙이세요.

□□□ □□ 아버지

사실이해

3. 다른 사건을 불러일으킨 처음의 사건은 무엇입니까?

① 바우가 시골 풍경을 그리는 데 열중하였다.
② 경환이 서울에서 내려와 나비를 잡으러 다녔다.
③ 바우는 그림에 몰두하여 진학 못한 벌충을 하려 하였다.
④ 경환이는 동네 아이들과 더불어 유행가를 부르며 돌아다녔다.
⑤ 바우네 집이 마름을 하는 경환이네 집에서 땅을 부쳐 먹게 되었다.

미루어알기

4. ㉠이 나비를 잡는 사람이라면 누구의 모습이라 할 수 있습니까?

① 바우　　　② 경환이　　　③ 바우의 아버지
④ 바우의 어머니　　　⑤ 경환이 집의 머슴

세부내용

5. 글에 나타난 낱말 중, '놀라거나 어색한 느낌이 들어, 하던 행동을 갑자기 자꾸 멈추는 모양'을 뜻하는 것은 어느 것입니까?

① 졸아든　　　② 아궁지　　　③ 다조진다
④ 무춤무춤　　　⑤ 지척지척

적용하기

6. 다음 장면을 보고 떠올린 '바우'의 성격을 한 낱말로 쓰세요.

> "어서 나비를 잡아가서 빌지 못하겠어."
> 아버지는 담뱃대 끝으로 바우의 수그린 머리를 찌를 듯 겨눈다. 그러는 대로 바우는 무춤무춤 피할 뿐 조금도 걸음을 옮기려 하지 않는다.

요약하기

7. 바우와 경환이가 다툰 일의 요지입니다. ①, ②를 짧은 문장으로 채우세요.

나비채집	바우	①
	경환	학교 성적이 달렸다.
참외밭	바우	②
	경환	나비 채집 장소이다.

1~7번 문제의 점수를 더하여 총점을 쓰고 164쪽의 표에 막대그래프로 표시하세요

점수

독해력 키움 | 40. 이야기 읽기(6)

168쪽 표의 해당하는 번호에 체크하세요.

[앞의 줄거리] 오구대왕과 길대 부인 사이의 일곱째 딸로 바리데기가 태어났다. 일곱째도 딸이라고 하자 오구대왕은 딸을 버리라고 명령하고, 버려진 아이를 호랑이가 안고 굴속으로 사라졌다. 오구대왕이 병이 생겼는데, 한 스님이 오로지 일곱째 공주가 서천 서역에서 약수를 길어 와야 낫는다고 하였다. 열다섯 살이 된 바리데기는 어머니 길대 부인을 다시 만났고, 바리데기는 오구대왕을 살릴 약수를 구하기 위해 서천 서역으로 떠났다.

바리데기가 몇 날 며칠, 몇 달을 걸어서 한 곳에 다다르니 어떤 머리가 하얀 노인이 소와 함께 넓디넓은 밭을 갈고 있었다.

"할아버지, 할아버지, 서천 서역으로 가려면 어느 길로 가야 합니까?"

"네가 이 밭을 다 갈아 주면 길을 가르쳐 주마." 하고 말했다.

바리데기가 평소에 안 하던 밭을 갈겠다고 쟁기 끄는 소를 밭고랑으로 데려가는데, 바리데기 힘은 약하고 소의 힘은 세니 앞으로 마구 끌려갔다. 바리데기가 기가 차서 울음을 터뜨리자, 하늘에서 두더지를 내려 보내서 땅을 뒤집게 하였다. 밭을 다 갈고 나니 머리 하얀 노인이,

"저 건너 산을 넘고 너른 들을 지나 높은 산을 넘어가면, 서천 서역 가는 길이 나오니 그리로 찾아가거라."

바리데기는 그 말을 듣고 산을 넘었는데, 또 길이 갈라지고 산이 막혀 있었다. 그때 머리가 하얀 할머니가 냇가에서 우당탕탕 빨래를 하는 게 아닌가.

"할머니, 할머니, 서천 서역으로 가려면 어디로 가야 합니까?"

"네가 이 빨래를 다 해 주면 네게 길을 가르쳐 주마."

빨래가 많기는 많고, 때는 잘 안 지워지고, 거기다 한겨울 추운 날이라 바리데기는 얼음을 깨 가며 빨래를 빨고 또 빨았다. 바리데기가 빨래해 놓은 것을 보고 할머니가,

"야, 야, 기특하다. 저 높은 산을 지나 열두 고개를 넘어서 유수강을 건너면 세 갈래 길이 나타나는데, 오른쪽 길은 극락으로 가는 길이고, 왼쪽은 지옥으로 가는 길, 가운데 길은 서천 서역으로 가는 길이다." 하였다.

바리데기가 가운데 길로 접어들어 서천 서역을 찾아갈 적에 어디선가 낯선 말소리가 들렸다. 바리데기가 놀라서 돌아보니 큰 바위 꼭대기에서 백발노인이 자기를 불렀다.

"오구대왕 막내딸 바리데기야, 네가 서천 서역 약수를 구하러 가는 길이로구나. 그러면 동대산의 동대청에 사는 동수자를 찾아가거라."

바리데기가 이 말을 듣고 동대청을 찾아가는데, 어찌나 고생스럽던지 몇 날 며칠을 헤매면서 동대산으로 향했다. 동대산의 동수자는 본래 하늘나라 사람이었다. 그런데 죄를 짓고 삼십 년 동안 서천 서역의 약수를 맡아서 지키게 되었다.

바리데기가 길을 가다가 해가 서산에 기우는데 갑자기 인기척이 들리더니만 총각 하나가 찾아들었다. / "여보시오, 동대청은 어디이며 어디로 가야 동수자를 만납니까?"
"예, 여기가 동대산이고 동대청은 내가 사는 집이며, 내가 바로 동수자입니다. 어찌 찾습니까?"
"아버지가 병으로 십오 년이나 고생하고 계십니다. 서천 서역 약수를 구할 수 있겠습니까?"
"그렇다면 나하고 결혼하여 아이 셋을 낳아 주시오. 나는 아이 셋을 낳아야 삼십 년 죄를 씻어 하늘나라로 돌아갈 수 있소."

[중간 요약] 바리데기가 아이 셋을 낳자 동수자는 약수를 구할 수 있는 곳을 알려주고 하늘나라로 올라갔다. 구해온 약수로 죽은 오구대왕을 살렸고, 오구대왕과 길대 부인은 바리데기와 그 아들들을 보고 대견하다고 하였다.

오구대왕이 살아나자 바리데기와 여섯 언니, 사위가 모두 모여 세상천지에 무엇이 되어 남을지를 정하였다. 오구대왕과 길대 부인은 견우직녀가 되고, 일곱 자매는 북두칠성이 되기로 하였다. 또 바리데기의 아들 삼 형제는 삼태성이 되기로 하였다. 이때부터 바리데기는 잘못 죽은 귀신들을 위해 오구 풀이를 해 주고 극락으로 가도록 인도하였다.

주제찾기 1. 이야기를 읽고 배울 점이라고 할 수 있는 것은 무엇입니까?

① 지극한 효심은 하늘을 감동하게 한다.
② 아들만 귀하게 여기는 관습을 버려야 한다.
③ 가족을 이루는 사람끼리는 화목하게 지내야 한다.
④ 남에게 끼친 만큼 당하고, 남을 위해 베푼 만큼 받는다.
⑤ 어버이는 자식을 사랑하여야 하고, 임금은 백성을 아껴야 한다.

제목찾기 2. 등장인물의 이름으로 이야기의 제목을 붙이세요.

사실이해 3. 주인공이 문제 해결의 결정적인 실마리를 마련하게 되는 사건은 무엇입니까?

① 딸로 태어나서 산중에 버려졌다.
② 호랑이가 나타나 아이를 안고 사라졌다.
③ 바리데기가 자라서 어머니를 다시 만나게 되었다.
④ 서천 서역으로 가는 길에 만난 할머니가 길을 가르쳐 주었다.
⑤ 동대산의 동대청에 사는 동수자를 만나 약수를 구할 수 있게 되었다.

미루어알기 **4.** 이야기의 짜임새를 옳게 파악한 것은 어느 것입니까?

① 하늘나라 사람이 벌을 받으러 쫓겨 왔다.
② 어려움에 처할 때마다 도와주는 사람을 만났다.
③ 뛰어난 능력을 발휘하여 어려움을 스스로 극복해 갔다.
④ 이야기를 주고받으면서 서로의 처지와 마음을 이해하게 되었다.
⑤ 아버지와 딸 사이의 오해를 풀게 되어 행복한 결말을 맞이하게 되었다.

세부내용 **5.** 이야기의 배경이 된 종교, 사상, 신앙과 거리가 먼 말은 무엇입니까?

① 약수　② 동대산　③ 삼태성　④ 서천 서역　⑤ 오구 풀이

적용하기 **6** 다음 글을 읽고 '바리데기'의 뜻을 쓰세요.

> 다음 날 아침, 길대 부인과 시녀들은 아이를 안고 첩첩산중에 찾아들어 갔다. 길대 부인은 아이를 안고
> "너와 내가 죽지 않고 만날 날이 있으려나. 버리기 전에 이름이나 지어 보자. 낳자마자 버리는 자식이니, 네가 '바리데기'로구나."라고 말하였다.

요약하기 **7.** 이야기의 짜임새에 따라, 줄거리를 아래와 같이 요약했습니다. 빈칸에 알맞은 낱말을 넣으세요.

> 오구 대왕이 병에 걸리고, ①□□ □□에서 구해온 약수라야 나을 수 있다함.

↓

> 바리데기가 약수를 구해와 ②□□□를 살리겠다면서 길을 떠남.

↓

> 여러 어려움에 놓이지만, 할아버지, ③□□□, □□□ 등을 만나 마침내 약수를 구함.

↓

> 바리데기가 죽은 아버지를 살리고, 가족은 ④□□이 되었으며, 바리데기는 오구 풀이를 해주는 ⑤□□의 신이 되었다.

점수

1~7번 문제의 점수를 더하여 총점을 쓰고 164쪽의 표에 막대그래프로 표시하세요

독해력 키움 | 41. 이야기 읽기(7)

| 평가요소 | 1. ☐ 15점 | 2. ☐ 15점 | 3. ☐ 15점 | 4. ☐ 15점 | 5. ☐ 10점 | 6. ☐ 15점 | 7. ☐ 15점 |

168쪽 표의 해당하는 번호에 체크하세요.

[앞의 줄거리] '나'는 마지못해 학교에 가는 길에 면사무소 앞 광장을 지나다가 어떤 할아버지에게 지각할까봐 서두를 필요 없다는 말을 들었다. 교실에 도착한 '나'는 평소와 다른 교실 풍경이 이상하다고 생각했다. 아멜 선생님은 앞으로 독일어를 배울 것이고, 더 이상 프랑스어를 배울 수 없다고 하였다. 프랑스어를 열심히 하지 않았던 나는 부끄러운 마음이 들었다.

"프란츠, 너 혼자만의 잘못은 아닐 거야. 우리 모두가 반성해야 할 일이지. 한 푼이라도 더 벌어 보려고 너희를 학교 대신 밭이나 공장으로 내보냈던 너희 부모님도 반성해야지. 그분들은 너희의 교육에 그다지 관심을 두지 않으셨으니까."

아멜 선생님은 얼굴을 붉히며 계속 말씀하셨다.

"선생인 나 역시 비난받을 일을 하지 않았다고 말할 수 없구나. 공부 대신 화단 청소를 시킨 적도 있고, 송어를 잡으러 가고 싶어서 너희를 집으로 돌려보낸 적도 있으니까."

여기까지 이야기한 다음, 아멜 선생님은 화제를 프랑스어로 바꾸셨다. 선생님은 프랑스어는 세상에서 가장 아름답고 가장 훌륭한 말이라고 하셨다. 언제까지나 소중히 간직하자고 하시면서 교탁을 가볍게 두 번 두드리셨다. ㉠교탁을 두드리는 것은 중요한 부분을 설명하고 있다는 신호였다. 그런 다음, 선생님은 프랑스어를 잊어버리지 말라고 거듭 강조하셨다. 아멜 선생님은 어떤 민족이든지 자기 나라말을 소중히 간직하고 있으면 '감옥의 열쇠'를 쥐고 있는 것과 같다고도 말씀하셨다.

"모두 문법책을 펴도록!"

선생님은 이야기를 마치고 문법책을 읽어주셨다. 그때 믿을 수 없는 일이 벌어졌다. 평소에는 따분하고 어렵게만 느껴졌던 프랑스어 문법이 귀에 쏙쏙 들어왔던 것이다. 선생님이 읽고 설명하는 모든 것이 놀라울 정도로 쉽게 이해되었다. 나는 지금까지 이렇게 열심히 수업에 귀를 기울여 본 적이 없었다. 아멜 선생님도 오늘같이 정성껏 설명을 하신 적이 없었던 것 같다. 선생님은 떠나기 전에 자신이 알고 있는 모든 것을 우리에게 가르쳐 주려는 듯 정성을 다해 수업을 하셨다.

첫 시간이 끝나자 아멜 선생님은 글씨본을 들고 오셨다. 쓰기 시간을 위해 특별히 만들어 온 글씨본 같았다. 거기에는 '프랑스, 알자스, 프랑스, 알자스'라고 씌어 있었다.

"글씨본을 다 함께 읽어 보도록 해요."

"프랑스, 알자스, 프랑스, 알자스."

우리는 입을 모아 외쳤다. 교실 뒤에 앉아 있던 마을 어른들도 우리를 따라했다. 글씨본에 적힌 그대로 읽었을 뿐인데 이상하게도 가슴이 메는 것 같았다.

풍뎅이 몇 마리가 교실로 날아 들어왔다. 평소 같으면 풍뎅이를 잡으려고 야단이었을 테지만 그날은 아무도 풍뎅이에 관심을 두지 않았다. 우리 모두는 프랑스어를 한자라도 더 배우고 싶었던 것이다.

"구구구, 꾸르르! 구구구, 꾸르르!"

이따금씩 학교 지붕 위에서 비둘기들이 울었다.

'비둘기들도 앞으로는 독일어로 울어야 하지 않을까?'

프로이센 사람들은 비둘기에게도 독일어로 지저귀라고 명령할 것 같았다.

나는 글씨를 써 내려가다 말고 교단에 서 있는 아멜 선생님을 바라보았다. 아멜 선생님은 지난 사십여 년 동안 이곳에서 아이들을 가르쳤다. 선생님은 아이들의 손때 묻은 책상과 걸상, 운동장의 호두나무, 손수 심은 담쟁이가 지붕을 타고 올라가고 있는 것을 말없이 바라보고 계셨다. 짐을 챙기는 소리를 들으며 아멜 선생님은 괴로워하고 있었다. 선생님은 마지막 수업을 위해서 모든 고통을 참고 계시는 것 같았다.

하급반 학생들이 "바, 베, 보, 부." 하고 발음 연습을 했다. 그러자 교실 뒤쪽에 앉아 있던 오제 할아버지가 하급반 학생들을 따라 더듬거리며 글씨를 읽어 내려가기 시작했다. 할아버지의 목소리는 어떤 감동으로 떨리고 있었다. 하지만 우리 귀에는 그 소리가 너무나 우스꽝스럽게 들렸다. 아니, 애처롭게 들렸다고 하는 것이 더 맞을 것이다. 우리 모두는 한동안 웃어야 할지 울어야 할지 알 수가 없었다.

'나는 죽을 때까지 마지막 수업을 잊지 못할 거야!'

주제찾기 1. 이야기 전체의 내용을 가장 잘 간추린 문장은 어느 것입니까?

① 프랑스어를 열심히 공부하지 않아 후회하였다.
② 아이들은 문법 공부를 그다지 좋아하지 않는다.
③ 시대적 상황이 변화함에 따라 국어가 달라지게 되었다.
④ 한 번 잃어버린 국가의 영토는 되찾기가 대단히 어렵다.
⑤ 모국어를 잃는 것은 나라의 주권을 잃는 것과 다름없다.

제목찾기 2. 이야기의 제목을 글에서 찾아 쓰세요.

관련 교과 **국어**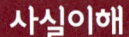

사실이해 3. 이야기에서 초점을 맞춘 내용은 무엇입니까?

① 인물의 성격 변화
② 수업하는 교실의 풍경
③ 시시각각으로 변화하는 사건
④ 배경과 더불어 변화하는 인물의 마음
⑤ 사건이 진행되면서 고조되는 분위기와 긴장감

미루어알기 4. 뒷이야기로 가장 적절한 줄거리는 무엇입니까?

① 아멜 선생님이 마을에 머물렀다.
② 나는 부모님의 일을 더욱 열심히 도왔다.
③ 마을 사람들이 프랑스어로 민족 독립을 부르짖었다.
④ 하급반 학생들이 자라서 다시 프랑스어로 수업을 하였다.
⑤ 프로이센 군대가 마을로 들어오고 독일어로 수업하게 되었다.

세부내용 5. ㉠은 어떤 기능을 하는 문장입니까?

① 해설   ② 논평   ③ 지정
④ 정의   ⑤ 암시

적용하기 6. 아멜 선생님은 어떤 삶을 추구하는지 한 문장으로 쓰세요.

요약하기 7. 이야기의 배경과 사건을 아래의 표로 정리했습니다. 빈칸에 낱말을 넣어 표를 완성하세요.

배경	프랑스가 ①□□□□의 침략을 받던 때, 프랑스 ②□□□ 지방에 있는 마을과 학교
사건	'나'는 평소보다 학교에 늦게 감 → 학교가 조용하고 교실에 마을 어른들이 앉아 계심 → 오늘이 ③□□□□ 마지막 수업이라는 말을 들음 → 12시를 알리는 종이 울리자 아멜 선생님이 칠판에 ④□□□ 만세라고 쓰심

1~7번 문제의 점수를 더하여 총점을 쓰고 164쪽의 표에 막대그래프로 표시하세요 | 점수 |

독해력 키움 | 42. 이야기 읽기(8)

[앞의 줄거리] 수꿩은 장끼라 하고, 암꿩은 까투리라고 불렀는데, 꿩의 적은 하늘과 땅 모두에 있어서 사냥개, 보라매, 몰이꾼들을 조심해야 했다. 몹시 추운 어느 겨울날, 꿩 부부는 멋지게 차려 입고 새끼들과 함께 먹이를 찾아 나섰는데, 장끼는 물에 불어 크고 먹음직스러워 보이는 콩 한 알을 발견하였다. 장끼가 콩을 먹으려는 순간, 까투리는 간밤에 꾼 꿈이 불길하다며 콩을 먹지 말라고 하였다. 하지만 장끼는 꿈을, 자기가 잘 될 징조라고 해석하면서 까투리의 만류를 뿌리치려고 할 뿐만 아니라 버럭 소리를 지르며 화를 내었다.

  까투리에게 고래고래 소리를 지르고도 화가 풀리지 않는지 장끼는 몸을 부들부들 떨었다. 까투리는 마음이 아팠지만 남편이 콩을 먹고 죽어서 험한 세상에 혼자 남겨지는 것보다는 나을 것 같아 참았다. 까투리는 남편을 달래듯 나긋나긋 말했다.
  "여보, 뭔가 오해하신 것 같은데 화내지 말고 제 말 좀 들어 보세요. 예부터 봉황은 배가 고파도 좁쌀 같은 건 쪼아 먹지 않는다고 했어요. 그 말은 군자는 염치를 알아야 하고 가벼이 행동하면 안 된다는 뜻이지요. 당신은 제 눈에는 의젓한 군자, 사내대장부이십니다. 백이숙제는 주나라의 곡식을 먹지 않았고, 장자방은 벼슬을 거절하고 곡식을 끊었습니다. 이게 군자의 염치이고 지혜 아니겠어요? 그러니 당신도 염치와 체면을 생각해서 제발 그 콩은 먹지 마세요."
  장끼는 자신을 군자라고 불러 주는 아내의 말에 우쭐한 마음이 들었다. 하지만 눈앞에 놓인 먹음직스러운 콩을 포기하라니 아까웠다.
  "부인은 어떻게 하나만 알고 둘을 모르시오. 이렇게 배가 고픈데 염치와 체면이 무슨 소용이오. 그게 밥을 먹여 줍니까? 굶어 죽을 지경인데 충절과 예절은 어떻게 지킨단 말이오. 훌륭한 군자도 먹지 않으면 죽고 말아요. 잘 먹고 힘을 내야 예절도 지키고 체면도 차릴 수 있소. 한나라의 장군 한신도 배고프고 불우한 시절에 동냥밥을 먹고 큰 인물이 되지 않았소. 그만큼 먹는 게 중요하단 얘기요. 그러니 누가 알겠소. 나도 이 콩을 맛있게 먹고 훌륭한 장끼가 될지! 보시오, 얼마나 맛있게 생겼소?"
  까투리는 어떤 말을 해도 통하질 않으니 답답해서 눈물이 날 지경이었다.
  "당신이 그 콩을 먹고 잘못되면 저는 어떡합니까? 당신이 없으면 저는 그야말로 끈 떨어진 뒤웅박 신세 아닙니까? 그럼 저 푸른 산골짜기는 누구와 함께 날아다닙니까? 당신 없으면 저는 못 살아요. 그러니 제발 먹지 마요."
  그러나 장끼는 까투리의 말을 한 귀로 듣고 한 귀로 흘려버렸다. 실망한 까투리는 마지막이라는 심정으로 사정했다.

"옛말에 '고집을 피우면 집안이 망한다.'라는 말이 있어요. 천하를 통일한 진시황도 맏아들 부소의 말을 듣지 않고 고집을 부리다 나라를 잃었고, 초나라 패왕도 범증의 말을 듣지 않고 고집을 부리다 팔천 명의 제자를 다 잃고 스스로 목숨을 끊지 않았습니까? 그런데 당신이 자꾸만 고집을 부리니 큰 걱정입니다. 큰 변을 당하면 어쩌려고 그래요? 일이 난 뒤에는 나를 원망하지 말고 제발 고집 좀 꺾어요."

장끼는 아내의 말을 무시하고 거드름을 피웠다.

"콩을 먹는다고 변을 당하겠소? 옛말에 '콩 태(太)' 자가 들어간 사람은 모두 크게 성공했다고 했소. 태곳적의 천황씨는 만 팔천 살까지 살았고, 태호 복희씨는 그의 나라 15대까지 전하며 풍요롭게 살았단 말이오. 그뿐이오? 한나라 태조와 당나라 태종은 어지러운 세상을 평정하고 큰 나라를 세워서 위대한 왕이 되었으니, 오곡 백곡 온갖 잡곡 중에 콩 태 자가 제일이 아니겠소. 나도 이 콩 먹고 강태공처럼 오래 살아서 출세도 하고, 이태백처럼 하늘로 올라가 태을성과 어울려 천년만년 놀고 싶소."

까투리는 더는 남편을 말릴 수 없어 한 걸음 물러났다. 그러자 장끼는 긴 목을 앞으로 쭉 빼고 콩 쪽으로 다가갔다. / "통통한 것이 맛있게 생겼구나."

장끼는 침을 꼴깍 삼키고 부리로 콩을 콕 찍어 먹었다. 그 순간, 머리 위에서 우당탕 벼락 치는 소리가 나더니 무언가 장끼의 몸을 와락 덮쳤다. / "아이고, 장끼 죽네!"

장끼는 덫에 걸리고 말았다. 날개와 몸을 빼내려고 푸드덕거렸지만 옴짝달싹할 수 없었다. 덫에 걸린 남편을 보고 까투리는 발만 동동 굴렀다. 날개를 푸덕거리고 가슴을 치며 울부짖었다.

주제찾기 1. 이야기의 방법과 의도는 무엇입니까?

① 다른 사례에 견주어 평가하고자 했다.
② 힘찬 목소리로 인물의 미덕을 찬양하려 하였다.
③ 까닭을 들어 주장을 말하며 상대를 설득하려고 하였다.
④ 짐승에 빗대어 사람의 못난 점을 비꼬아 비판하려고 하였다.
⑤ 배경이 특수한 의미를 갖도록 하여 신비로운 분위기를 만들려 하였다.

글감찾기 2. 이야기에서 웃음거리로 삼으려 한 짐승은 무엇인지 찾아 쓰세요.

사실이해 3. '까투리'가 '장끼'의 행동을 만류하기 위해 두 번째로 내세운 것은 무엇입니까?

① 새끼, 먹이　　② 염치, 예절　　③ 마음, 세상
④ 체면, 눈물　　⑤ 고집, 목숨

미루어알기 **4.** '장끼'를 파국으로 몰아간 성격의 요소는 어느 것입니까?

① 욕심이 많다.　　② 화를 잘 낸다.　　③ 신중하지 않다.
④ 체면치레에 강하다.　⑤ 자기 변명을 일삼는다.

세부내용 **5.** 이 이야기처럼 인물의 말과 행동을 비판하여 바로잡아주려는 의도를 빗대어 표현하는 방법을 무엇이라고 합니까?

① 해학　　② 풍자　　③ 반어　　④ 역설　　⑤ 비유

적용하기 **6.** '장끼'가 처음부터 끝까지 내세운 주장을 이야기에 나온 낱말을 활용하여 한 문장으로 쓰세요.

요약하기 **7.** 이야기의 줄거리를 몇 단계로 나누어 간추렸습니다. ①, ②를 각각 한 문장으로 채우세요.

| 가족들과 나들이 나온 장끼가 콩 한 알을 발견하고 콩을 먹으려는 순간, 까투리는 간밤에 꾼 꿈이 불길하다며 콩을 먹지 말라고 하였다. 장끼가 화를 내며 거절했다. |

↓

| (①)
장끼가 변명하며 거절했다. |

↓

| 까투리는 고집을 피우나가는 망한다면서, 다시 장끼에게 콩을 먹지 말도록 달래었다. |

↓

| ② |

↓

| 장끼가 콩을 집어먹고 덫에 걸려 죽을 지경에 이르렀다. |

1~7번 문제의 점수를 더하여 총점을 쓰고 164쪽의 표에 막대그래프로 표시하세요

점 수

독해력 키움 | 43. 이야기 읽기(9)

| 평가요소 | 1. ☐ 15점 | 2. ☐ 15점 | 3. ☐ 10점 | 4. ☐ 15점 | 5. ☐ 15점 | 6. ☐ 15점 | 7. ☐ 15점 |

168쪽 표의 해당하는 번호에 체크하세요.

[앞의 이야기] 한 시골 양반이 서울 구경을 갔다가 양초를 사서 동네 사람들에게 나누어 주었는데, 양초가 무엇에 사용하는 물건인지 아는 사람이 없었습니다. 상투쟁이들이 마을의 훈장에게 양초에 대해 물어보러 갔더니, 훈장은 양초가 생선을 잡아 말린 뱅어라고 하며 함께 국을 끓여 먹자고 하였습니다. 양초를 끓여 만든 국을 먹은 훈장과 다섯 상투쟁이는 목구멍이 아팠습니다.

마침 그때, 서울 가서 양초를 사 온 송 서방이 훈장 집에 왔습니다. 다섯 상투쟁이는 하도 반가워서 송 서방에게 물어보았습니다.

"아이고, 마침 잘 왔네. 자네가 그때 가져다 준 뱅어로 오늘 국을 끓여 먹었더니 목이 아파서 죽겠네. 그걸 먹으면 원래 이렇게 아픈가?"

송 서방이 깜짝 놀라 눈이 휘둥그레져서 걱정스러운 듯이 말하였습니다.

"그것을 먹다니? 그건 먹는 것이 아닌데……."

다섯 상투쟁이는 그것이 먹는 것이 아니라는 말을 듣고

"아이고머니, 큰일 났네. 못 먹는 것을 서울 음식이라는 바람에 먹었네그려."

하고 야단들이었습니다.

"누가 그런 어리석을 소리를 하였단 말인가?"

"누구는 누구야, 저 훈장님이 이래라저래라 하면서 그걸로 국을 끓이게 하였지."

훈장은 얼굴이 (㉠   ) 방바닥만 내려다보고 앉아 있었습니다.

"그것은 뱅어가 아니라 불을 켜는 양초라오. 자, 불을 켤 테니 잘 보시오."

송 서방이 생선 주둥이라던 심지에 불을 붙이자, 온 방안이 환해졌습니다. 이것을 보고 사람들은 '불을 먹었구나.' 하는 생각에 어쩔 줄 몰라 하였습니다. 우리 배 속에도 저렇게 불이 켜질 테니 어떻게 하면 좋으냐고 배 속에 금방 불이라도 일어나는 것처럼 모두 펄펄 뛰었습니다.

"아이고머니, 불이야!" / "아이고머니, 배가 타면 어쩌나!"

그 가운데에서도 얼굴이 새빨개져서 고개를 푹 수그리고 앉아 있던 훈장은 다른 사람들보다도 더 겁이 났습니다. 생각하면 생각할수록 자기 배 속에 불씨가 들어가 있는 것 같았습니다. 마음이 조급해진 훈장은 자기도 모르게 고함을 질렀습니다.

"배 속에서 불이 일어나기 전에 물속으로 뛰어들어 가세."

그러고는 제일 앞장서서 뛰어나가 마을 뒤 냇물에 뛰어들었습니다. 그러자 모두 물속으로 풍덩풍덩 들어가서 머리만 내놓고 불이 안 나도록 몸을 물속에 잠그고 있었습니다.

달이 환하게 밝은 밤, 마침 지나가는 나그네 한 사람이 있었습니다. 그렇지 않아도 냇가를 혼자 지나가기가 겁이 나는데, 냇물 위에서 왁자지껄하는 소리가 났습니다. 깜짝 놀라 자세히 보니까 냇물에 사람의 머리만 수박같이 둥둥 떠 있었습니다.

"옳지, 저놈들이 도깨비로구나. 도깨비는 담뱃불을 무서워한다더라."

하고 부리나케 담배를 담아 물고 불을 붙였습니다. 훈장과 상투쟁이들은 배 속에 있는 양초에 불이 일어나지 않도록 물속에 있는 판인데, 나그네가 불을 붙이니까 겁이 나서 소리쳤습니다.

"여보게, 저놈이 우리 배 속에 있는 양초에다 불을 붙이려고 하니 모두 머리까지 물속에 잠그세, 그렇지 않으면 큰일 나겠네."

그러고는 모두 얼굴과 머리까지 물속으로 잠가 버리고 말았습니다. 나그네는 그런 줄도 모르고 냇물 위의 수박 같은 도깨비 머리가 사라진 것을 보고

"정말 도깨비란 놈들은 담뱃불을 어지간히 무서워하는군."

하고 중얼거리고는 지나가 버렸습니다.

주제찾기 1. 글을 읽고 떠올린 생각으로 적절한 것은 어느 것입니까?

① 아는 것이 없으면 피해를 입기 십상이다.
② 모르는 것을 아는 체하다가 큰 낭패를 당한다.
③ 서울 양반은 시골 사람들에게 자랑을 해서는 안 된다.
④ 배가 고프면 무엇인지 모르는 것을 따지지도 않고 먹어댄다.
⑤ 겉으로 드러난 것만으로 섣불리 판단하면 오해가 생길 수 있다.

글감찾기 2. 글감을 찾아 한 낱말로 쓰세요.

사실이해 3. 사건을 엉뚱한 방향으로 이끌어간 인물은 누구입니까?

① 훈장　　② 나그네　　③ 송 서방
④ 상투쟁이들　　⑤ 동네사람들

미루어알기

4. 어떤 방법으로 웃음을 자아낸 것으로 볼 수 있습니까?

① 모양을 비틀어놓기
② 실상보다 크게 부풀리기
③ 예상하지 못한 행동의 반복
④ 소리가 같지만 뜻이 다른 낱말 쓰기
⑤ 대상을 전혀 엉뚱한 다른 것으로 바꾸어 놓기

세부내용

5. ㉠에 들어갈 적절한 관용 어구는 무엇입니까?

① 목석으로 굳어서
② 홍당무같이 빨개져서
③ 풍선처럼 크게 부풀어서
④ 칠흑 같은 어둠으로 덮이면서
⑤ 무거운 돌을 이고 있는 형상으로

적용하기

6. 이 이야기가 자아내는 웃음은 어떤 효과가 있나요?

① 불만을 없애는 효과
② 즐겁게 어울리는 효과
③ 타이르는 효과
④ 바로 잡아주는 효과
⑤ 폭로하고 비웃는 효과

요약하기

7. 이야기의 내용을 요약한 아래의 글 빈칸에 알맞은 말을 넣으세요.

> 시골 사는 송 서방이 서울 갔다 오는 길에 선물로 ①□□를 사와서 주었더니, 사람들이 무엇에 사용하는지 몰라 ②□□에게 물어보러 갔다. 훈장을 아는 체하면서 ③□□라는 생선이라고 둘러대며 국을 끓여먹자고 하였다. 국을 먹고 목구멍이 아팠던 사람들, 선물을 준 송 서방에게 물었더니, 불을 켜는 데 쓰는 물건이라고 하므로, 사람들은 배 속에 ④□이 안 나도록 ⑤□□으로 뛰어들었다. 길 가던 나그네가 물속에 있는 사람들이 ⑥□□□인 줄 알고 담뱃불을 붙이자 놀란 사람들이 머리까지 물속으로 잠가버렸다.

점 수

1~7번 문제의 점수를 더하여 총점을 쓰고 164쪽의 표에 막대그래프로 표시하세요

독해력 키움 | 44. 이야기 읽기(10)

평가요소 1. ☐ 15점 2. ☐ 15점 3. ☐ 15점 4. ☐ 15점 5. ☐ 10점 6. ☐ 15점 7. ☐ 15점

168쪽 표의 해당하는 번호에 체크하세요.

"이제 제가 영영 앞을 못 보는 사람이 된대요."

어린 영우의 말을 들은 어머니는 얼굴이 새하얗게 변하였습니다. 한참을 멍하게 앉아 있던 어머니는 아무 말씀도 없이 밖으로 나가셨습니다. 몇 개월 전 축구공에 얼굴을 세게 맞은 영우가 그 충격으로 시력을 잃게 될 줄은 꿈에도 몰랐던 것입니다.

병원 생활을 마치고 집에 돌아온 영우가 큰 소리로 어머니를 불렀습니다. 그러나 아무리 불러도 어머니의 목소리는 들리지 않았습니다. 두 번의 수술을 받고도 영우가 앞을 못 보게 되었다는 것을 알게 된 어머니가 충격을 받아 뇌졸중으로 돌아가신 것이었습니다. 몇 해 전 병으로 돌아가신 아버지에 대한 슬픔이 가시기도 전에, 상상도 못했던 어머니의 죽음을 알게 된 영우는 울음을 터뜨리고 말았습니다. 영우에게 어머니의 죽음은 세상을 볼 수 있는 마지막 불빛까지 꺼진 일과 같았습니다. 영우는 눈앞이 캄캄해져 오는 것을 느꼈습니다. 그 뒤로 몇 년 뒤, 동생들을 돌보아 주던 누나마저 병이 나서 목숨을 잃고 말았습니다.

동생들과 뿔뿔이 흩어져 살게 된 영우는 맹인부흥원에 가게 되었습니다. 영우는 공부를 하여 대학교에 가고 싶었습니다. (㉠) 지금과 달리 그 당시 사람들은 앞을 보지 못하면 아무런 일도 할 수 없을 것이라는 잘못된 생각을 많이 하였습니다. 시각 장애인이 대학에 가는 일은 몹시 드물었기 때문에 시각 장애인 친구들은 영우의 말을 쉽게 믿지 못했습니다.

영우는 다른 사람들이 하지 못한 일이라고 자신까지 해내지 못하리라고는 생각하지 않았습니다. 그리고 눈이 보이지 않는다고 해서 꿈까지 못 보는 것은 아니라고 생각했습니다. 오히려 캄캄하게만 느껴지는 세상을 꿈으로 밝혀 나가야 한다고 생각했습니다. 그렇게 꿈을 되찾은 순간부터 영우는 마음의 눈으로 환한 미래를 바라보고 있었습니다.

어려움을 딛고 마침내 대학에 입학한 영우는 대학 생활 내내 공부를 열심히 했습니다. 사실 영우와 같은 시각 장애인이 대학에서 공부하기는 결코 쉽지 않았습니다. 왜냐하면 그 당시 대학교에는 시각 장애인이 사용할 수 있는 점자 교재가 한 권도 없었기 때문입니다. 이런 영우를 돕기 위해 친구들은 강의 녹음 테이프를 영우에게 주기도 하였습니다. (㉡) 영우는 오히려 교과서 내용을 정리한 노트를 만들어 친구들에게 도움을 주었습니다. 그렇게 열심히 공부한 영우는 우수한 성적으로 졸업하였습니다. 드디어 영우는 첫 번째 꿈을 이루게 된 것입니다.

더 큰 꿈을 이룰 수 있는 힘을 가지게 된 영우는, 두 번째 꿈을 위해 미국으로 유학을 가기로 결심하였습니다. 미국의 대학교에서 장학금과 입학 허가서까지 받은 영우는 뜻밖의 어려움에 처하게 되었습니다.

"강영우 씨는 유학 시험을 볼 수 없습니다."

그 당시에는 유학 시험을 치러야 외국으로 갈 수 있었는데, 관련법에는 장애인은 유학 시험에 응시조차 할 수 없다는 내용이 들어 있었습니다. 그러나 이번에도 영우는 포기하지 않았습

니다. 영우는 불평등한 법을 고쳐 달라는 서류를 제출하여 장애인을 차별하는 법을 없애고, 계획대로 미국 유학을 떠날 수 있었습니다.

영우는 유학 생활의 어려움을 하나둘 극복해 나갔습니다. 눈이 보이지 않아 강의실을 찾아가기도 어려웠던 영우는 3개월 동안 보행 훈련을 열심히 받아서 혼자 힘으로 대학원에 다닐 수 있게 되었습니다. 그리고 하루에 절반 이상 공부에 매달려 우수한 성적을 받기도 했습니다. 마침내 영우는 서른두 살에 우리나라 최초의 시각 장애인 박사가 되었습니다. 장애인이라는 이유로 식당에서 쫓겨나던 시각 장애인 소년이 사회의 존경을 한 몸에 받는 박사님이 된 것입니다.

그 후 강영우 박사는 5,400만 명이나 되는 미국 장애인들의 권익 신장을 위해 많은 일을 하였습니다. 미국의 장애인을 대표하게 된 강영우 박사는 각종 세계 기구에 참여하여 장애인의 권익 신장에 앞장섰습니다.

강영우 박사가 여러 사람에게서 존경받는 이유는 장애를 극복하고 세상과 더불어 살아가는 삶을 꿈꾸었기 때문일 것입니다. 장애인의 권익을 높이는 세계적인 지도자로 활동한 강영우 박사의 노력은 더불어 사는 미래, 그리고 밝은 세상을 앞당기는 데 큰 역할을 했습니다.

주제찾기 1. 글을 읽고 얻을 수 있는 가르침을 무엇입니까?

① 노력하면 능력의 한계를 넘어설 수 있다.
② 가난하고 힘없는 사람들을 나서서 도와주어야 한다.
③ 사람이 할 수 있는 일을 한껏 하고 나면 하늘까지 돕는다.
④ 세상의 편견과 불신을 극복하고 열심히 노력하면 꿈을 이룰 수 있다.
⑤ 몸이나 마음이 어려움에 처해서 쉽게 포기해 버리는 사람을 보면 안타깝다.

제목찾기 2. 글의 마지막 문단에 나온 낱말을 활용하여 알맞은 제목을 붙이세요.

☐☐☐ ☐☐ ☐

사실이해 3. 글에 나타난 사실과 <u>어긋나는</u> 것은 어느 것입니까?

① 강영우의 입원 중, 어머니가 돌아가셨다.
② 강영우는 동생들과 헤어지고 맹인부흥원에 갔다.
③ 강영우는 미국 대학의 입학 허가서를 받지 못하였다.
④ 강영우는 도와준 친구들에게 오히려 도움을 되돌려주었다.
⑤ 강영우는 보행 훈련을 받아 혼자 힘으로 대학원에 다닐 수 있었다.

미루어알기

4. 강영우 박사가 꿈을 이룰 수 있게 한 바탕의 힘은 무엇입니까?

① 친구들과 봉사자들의 도움
② 종교 단체와 대학의 지속적인 도움
③ 어머니와 누나의 헌신적인 뒷바라지
④ 어려운 여건을 스스로 이겨내려고 한 노력
⑤ 미국의 대학교에서 주는 장학금과 우수한 성적

세부내용

5. ㉠과 ㉡에 들어갈 말을 순서대로 늘어놓은 것은 어느 것입니까?

① 그러나, 그러자   ② 그러나, 그래서   ③ 그런데, 그러자
④ 그런데, 그래서   ⑤ 그러자, 그래서

적용하기

6. 다음 두 문장을, 이어주는 말을 사용하여 한 문장으로 고쳐 쓰세요.

> 강영우 박사는 장애인을 무시하고 차별하는 어려움을 극복하였다.
> 강영우 박사는 많은 사람의 존경을 받았다.

요약하기

7. 글의 주요 내용을 순서에 따라 정리했습니다. 빈칸에 알맞은 말을 넣으세요.

> ①□□□에 얼굴을 세게 맞은 강영우가 시력을 잃게 되었고, 잇달아 ②□□□를 비롯한 가족들이 세상을 떠났다.

> 맹인부흥원에 가게 된 강영우는 세상 사람들의 ③□□과 ④□□에 맞서면서 열심히 공부하여 대학에 입학하고 우수한 성적으로 졸업했다.

> 더 큰 꿈을 이루기 위해 미국의 대학에서 ⑤□□□과 ⑥□□ □□□까지 받은 강영우는 법을 고쳐가며 유학을 떠났다.

> 유학 생활의 어려움을 극복하고 강영우는 우리나라 최초의 ⑦□□ □□□ 박사가 되었다.

> 강영우 박사는 장애인 ⑧□□ □□을 위해 앞장섰고, 더불어 사는 미래, 밝은 세상을 앞당기는 데 큰 역할을 했다.

점수

1~7번 문제의 점수를 더하여 총점을 쓰고 164쪽의 표에 막대그래프로 표시하세요

45. 시 읽기(1)

길은
포도 덩굴

몇 백 년을 자라서
땅덩이를 다 덮었다.

이 덩굴
가지마다

포도송이 같은
마을이 있고

포도알 같은
집들이 달렸다.

포도알이 늘 때마다
포도송이는 자꾸 커가고

갈봄 없이
자라기만 하는
이 덩굴을 통하여

사람과 사람이 도와가고
마을과 마을이 이어져서

세계가
한 덩이로 되었다.

관련 교과 **국어**

주제찾기 **1.** 전하고자 한 중심 생각은 무엇입니까?

① 시간이 흐르면 길이 만들어진다.
② 길에서 옛 사람들의 흔적을 떠올린다.
③ 가을의 풍성한 수확이 사람들을 기쁘게 한다.
④ 서로 돕는 사람들이 길을 통해 이어지게 되었다.
⑤ 사람들이 길에 의해 서로 통하는 데 몇 백 년이 걸렸다.

글감찾기 **2.** 무엇을 중심에 두고 읊은 시입니까? 한 낱말로 답하세요.

사실이해 **3.** 길이 계속하여 생기고 커가는 내용을 담고 있는 연을 고르세요.

① 3연　　② 4연　　③ 5연　　④ 6연　　⑤ 7연

미루어알기 **4.** '길'과 '포도 덩굴'이 공통적으로 품고 있는 뜻은 무엇입니까?

① 두 지점을 연결한다.
② 여러 군데로 뻗어 있다.
③ 손을 뻗어서 닿을 수 있다.
④ 작은 것이 모여 큰 것을 이룬다.
⑤ 도구를 통해 일을 하여 다듬을 수 있다.

세부내용 **5.** '포도알'을 닮았다고 한 것은 무엇입니까?

① 집　　② 사람　　③ 마을　　④ 가지　　⑤ 땅덩이

적용하기 **6.** '길은 / 포도 덩굴'과 같은 비유의 표현 방법으로 '시간'을 표현해 보세요.

점 수

1~6번 문제의 점수를 더하여 총점을 쓰고 165쪽의 표에 막대그래프로 표시하세요

독해력 키움 | 46. 시 읽기(2)

| 평가요소 | 1. ☐ 15점 | 2. ☐ 15점 | 3. ☐ 15점 | 4. ☐ 15점 | 5. ☐ 20점 | 6. ☐ 20점 |

169쪽 표의 해당하는 번호에 체크하세요.

목련 아래를 지날 때는
가만가만
발소리를 죽인다

마른 가지 어디에 물새알 같은
꽃봉오리를 품었었나

톡 / 톡
껍질을 깨고
꽃봉오리들이
흰 부리를 내놓는다.
톡톡
하늘을 두드린다

가지마다
포롱포롱
꽃들이 하얗게 날아오른다

목련 아래를 지날 때는
목련꽃 날아갈까 봐
발소리를 죽인다.

주제찾기

1. 시에서 말하는 사람의 태도는 어떠합니까?

① 아름다운 자연을 예찬한다.
② 자연에서 사람의 일을 배우려 한다.
③ 새 생명의 탄생을 보며 조심스러워한다.
④ 꽃이 피어나자마자 지는 것을 안타까워한다.
⑤ 태어났다 사라지려고 하는 생명에 대해 동정한다.

글감찾기   **2.** 중심 소재를 시에서 찾아 쓰세요.

사실이해   **3.** 움직임이 가장 큰 느낌을 주는 연은 어느 것입니까?

① 1연
② 2연
③ 3연
④ 4연
⑤ 5연

미루어알기   **4.** 목련꽃이 막 피어나는 순간을 무엇에 비유하였습니까?

① 목련 아래를 사람이 지날 때
② 새가 껍질을 깨고 나오는 모습
③ 목련 가지에 새가 날아오는 모습
④ 새들이 나무 위로 날아오르는 모습
⑤ 목련 꽃봉오리에 새들이 앉아 있을 때

세부내용   **5.** 시에서 비유를 위해 끌어들인 첫 낱말은 무엇입니까?

① 목련
② 발소리
③ 물새알
④ 꽃봉오리
⑤ 부리

적용하기   **6.** 같거나 비슷한 모양으로 된 두 연을 찾고, 그 효과를 한 문장으로 쓰세요.

1~6번 문제의 점수를 더하여 총점을 쓰고 165쪽의 표에 막대그래프로 표시하세요

점 수

독해력 키움 | 47. 시 읽기(3)

평가요소 | 1. ☐ 15점 | 2. ☐ 15점 | 3. ☐ 15점 | 4. ☐ 20점 | 5. ☐ 15점 | 6. ☐ 20점

169쪽 표의 해당하는 번호에 체크하세요.

(가) 수도꼭지를 확 틀면 / 박수 소리가 터져 나온다

한꺼번에 벼락같이 / 내지르는 탄성처럼

꾹 참고 또 참았다가 / 쏟아 낸 재채기처럼

복받치는 설렘으로 / 물 튀기며 안달하는

고 작은 폭포수에 / 두 손을 갖다 대면

마음이 저 먼저 달려와 /시원하게 씻긴다.

(나) 어제는 미안해 / 별것 아닌 일로
너한테 화를 내고 / 심술부렸지?

조금만 기다려 줘 / 지금 내 마음은
공사 중이야

툭하면 물이 새는 / 수도관도 고치고
얼룩덜룩 칠이 벗겨진 벽에 / 페인트칠도 다시 하고

모퉁이 빈터에는 / 예쁜 꽃나무도 심고 있거든.
공사가 끝날 때까지 조금만 기다려 줄래?

주제찾기 1. (가), (나)의 공통적인 중심 내용은 무엇입니까?

① 소리는 여러 가지 느낌을 만든다.
② 정리되지 않은 복잡한 마음은 괴롭다.
③ 물건에서 받은 느낌에 의해 마음을 바꾼다.
④ 억눌렀던 감정을 운동을 하여 시원스레 풀어낸다.
⑤ 친구에게 잘못한 일을 되새기면서 사과의 말을 떠올린다.

글감찾기 2. (가)와 (나)에서 공통적으로 다루어진 글감을 찾아 쓰세요.

사실이해

3. (가)에서 비유를 위해 끌어들인 소재가 <u>아닌</u> 것은 어느 것입니까?

① 박수 소리　　② 탄성　　③ 재채기
④ 설렘　　⑤ 폭포수

미루어알기

4. (나)의 4연에 있는 '모퉁이 빈터'가 지닌 속뜻으로 볼 수 있는 것은 어느 것입니까?

① 상처입어 괴로운 마음
② 돌보는 이 없어 외로운 마음
③ 쉽게 삐치거나 잘 우는 마음
④ 누군가 찾아주기를 기다리는 마음
⑤ 고마웠던 사람과 영영 헤어져 슬픈 마음

세부내용

5. (가), (나)의 모양에 대한 설명으로 옳은 것을 고르세요.

① (가)는 2연으로 구성 되어 있다.
② (가)는 연을 차지한 행의 수가 같다.
③ (가)는 연을 번갈아가면서 행의 수가 같다.
④ (나)는 행의 길이가 뒤로 갈수록 길어지고 있다.
⑤ (가)와 (나)는 모두 연을 차지한 행의 길이가 불규칙하다.

적용하기

6. (나)의 2연에 비유를 위해 끌어들인 말을 찾아 쓰세요.

점 수

1~6번 문제의 점수를 더하여 총점을 쓰고 165쪽의 표에 막대그래프로 표시하세요

독해력 키움 | 48. 시 읽기(4)

해님만큼이나
큰 은혜로
내리는 교향악

이 세상
모든 것이 다
악기가 된다.

달빛 내리던 지붕은
두둑 두드둑
큰북이 되고

아기 손 씻던
세숫대야 바닥은

도당도당 도당당
작은북이 된다.

앞마을 냇가에선
퐁퐁 포옹 퐁
뒷마을 연못에선
퐁퐁 푸웅 퐁

외양간 엄마소도 함께
댕그랑댕그랑

엄마 치마 주름처럼
산들 나부끼며
왈츠
봄의 왈츠
하루 종일 연주한다.

주제찾기 1. 시의 중심 내용은 무엇입니까?

① 아름다운 봄의 소리
② 자연의 섭리에 대한 감사
③ 해와 달이 내려주는 큰 은혜
④ 시골 마을에 비가 내리는 풍경
⑤ 소리의 아름다움에 젖어 있는 사람들

제목찾기 2. 비유적 표현의 대상을 파악하여 시의 제목을 붙이세요.

사실이해 3. 시에 나타나지 않은 것은 어느 것입니까?

① 비 내리는 소리
② 세상의 모든 악기
③ 지붕에서 나는 소리
④ 세숫대야 바닥의 소리
⑤ 연못에 비가 내리는 소리

미루어알기 4. '어울림에서 비롯된 아름다움'을 표현하기 위해 선택한 시어는 무엇입니까?

① 해님 ② 교향악 ③ 달빛 ④ 외양간 ⑤ 왈츠

세부내용 5. 시에서 가장 자주 나타난 감각의 종류는 무엇입니까?

① 시각 ② 미각 ③ 청각 ④ 촉각 ⑤ 후각

적용하기 6. 8연의 '봄의 왈츠 / 하루 종일 연주한다.'가 표현하고자 한 장면을 한 문장으로 쓰세요.

점 수

1~6번 문제의 점수를 더하여 총점을 쓰고 165쪽의 표에 막대그래프로 표시하세요

독해력 키움 | 49. 시 읽기(5)

물새는
물새라서 바닷가 모래밭에
알을 낳는다.
보얗게 하얀 물새알.

산새는
산새라서 수풀 둥지 안에
알을 낳는다.
알락알락 얼룩진 산새알.

물새알은
간간하고 짭조름한
미역 냄새
바람 냄새.

산새알은
달콤하고 향긋한
풀꽃 냄새
이슬 냄새.

물새알은
물새알이라서
아아, 날갯죽지 하얀
물새가 된다.

산새알은
산새알이라서
머리꼭지에 빨간 댕기를 드린
산새가 된다.

관련 교과 **국어**

주제찾기 1. 중심 내용이라 할 수 있는 것은 어느 것입니까?

① 생명의 신비로움
② 새들에 대한 관찰
③ 바다와 산의 풍경
④ 알에서 태어나는 생명
⑤ 바다와 산에서 얻은 느낌

제목찾기 2. 시에 나타난 두 가지 소재로 제목을 붙이세요.

사실이해 3. 대상의 변화를 표현한 연은 어느 것입니까?

① 1연　　② 2연　　③ 3연
④ 4연　　⑤ 5연

미루어알기 4. 4연에서 느낄 수 있는 것은 무엇입니까?

① 숲 속에 사는 새의 색깔
② 바다 위를 나는 새의 몸짓
③ 숲 속의 향긋한 풀꽃 냄새
④ 바닷가의 비릿한 미역 냄새
⑤ 산에서 불어오는 바람의 차가움

세부내용 5. 시에 가장 자주 나타난 느낌의 요소는 무엇입니까?

① 냄새　　② 색깔　　③ 소리
④ 움직임　　⑤ 생김새

적용하기 6. 같거나 비슷한 짜임새를 지닌 구절이나 문장을 보이고 있는 연들끼리 묶어 보세요.

1~6번 문제의 점수를 더하여 총점을 쓰고 165쪽의 표에 막대그래프로 표시하세요

점수

독해력 키움 | 50. 시 읽기(6)

평가요소 1. ☐ 15점 2. ☐ 15점 3. ☐ 15점 4. ☐ 15점 5. ☐ 20점 6. ☐ 20점

169쪽 표의 해당하는 번호에 체크하세요.

옛 신라 사람들은 / 웃는 기와로 집을 짓고
웃는 집에서 살았나 봅니다.

기와 하나가 / 처마 밑으로 떨어져
얼굴 한쪽이 / 금 가고 깨졌지만
웃음은 깨지지 않고

나뭇잎 뒤에 숨은
초승달처럼 웃고 있습니다.

나도 누군가에게 / 한 번 웃어 주면
천년을 가는 / 그런 웃음을 남기고 싶어
웃는 기와 흉내를 내 봅니다.

주제찾기

1. 시에서 말하는 사람의 생각은 무엇입니까?

① 웃음이 삼국 통일의 토대를 마련했다.
② 공예 미술품이 신라 예술을 대표한다.
③ 기와에는 신라 사람들의 정성이 깃들었다.
④ 신라 사람들은 기와집에 살 만큼 부자였다.
⑤ 웃는 기와처럼 천 년을 가는 웃음을 남기고 싶다.

글감찾기

2. 무엇에 대하여 쓴 시입니까?

사실이해

3. 시의 내용과 거리가 먼 것을 고르세요.

① 웃는 표정이 새겨진 기와
② 웃는 기와로 즐비한 거리
③ 처마 밑에 떨어져 있는 기와
④ 얼굴 한 쪽이 깨어져 있는 기와
⑤ 나뭇잎 뒤에 숨어 미소 짓는 듯한 초승달

미루어알기 4. 시에서 떠올린 말하는 사람의 모습으로 알맞은 것은 어느 것입니까?

① 처마 밑으로 떨어진 기와를 줍고 있다.
② 기와를 가리키며 친구에게 설명해주고 있다.
③ 깨진 기와를 유심히 살펴보면서 씩 웃고 있다.
④ 옛 신라 사람들이 살았던 집을 떠올려보고 있다.
⑤ 웃는 기와를 닮은 작품을 만들기 위해 애쓰고 있다.

세부내용 5. 2연에서 떠올릴 수 있는 사람의 경험은 무엇입니까?

① 침략과 전쟁   ② 통일과 분열   ③ 창조와 파괴
④ 시련과 상처   ⑤ 노동과 휴식

적용하기 6. 시의 내용을 이야기 형식으로 바꾼 다음 글의 ㉠에 들어갈 말을 한 문장으로 쓰세요.

> 신라의 미소
> 지난가을에 우리 반은 국립경주박물관으로 현장 체험 학습을 다녀왔다. 여러 가지 유물 가운데에서 웃고 있는 모습의 얼굴 무늬 기와가 눈에 띄었다.
> "선생님, 이 기와는 꼭 사람이 웃고 있는 것 같아요."
> "그래, 그래서 사람들은 이 기와를 '신라의 미소'라고 부른단다."
> 비록 금이 가고 얼굴 한쪽이 깨졌지만 환하게 웃고 있는 기와를 보니 마음이 따뜻해지는 것 같았다. 나와 함께 웃는 기와를 보며 미소 짓던 인혜에게 말하였다.
> "신라 사람들은 웃는 기와로 집을 지었나 봐. 그렇지? 그럼 신라 사람들은 웃는 집에 살았던 거네! 그런 집에 살던 사람들은 늘 웃음이 끊이지 않았을 거야."
> 인혜도 고개를 끄덕이며 함께 웃었다. 오랜 세월이 지났지만 보는 사람을 미소 짓게 하는 저 웃는 기와처럼 (㉠   )고 생각하며 남몰래 웃는 기와 흉내를 내어보았다.

1~6번 문제의 점수를 더하여 총점을 쓰고 165쪽의 표에 막대그래프로 표시하세요

점수

독해력 키움 | 51. 시 읽기(7)

| 평가요소 | 1. ☐ 15점 | 2. ☐ 20점 | 3. ☐ 15점 | 4. ☐ 15점 | 5. ☐ 15점 | 6. ☐ 20점 |

169쪽 표의 해당하는 번호에 체크하세요.

자전거 잃어버린 지
일주일이 지나도
나는 잃어버린 자리를
날마다 찾아간다.

자전거 처음 살 때보다
더 설레며 갔다가
잃어버렸을 때보다
더 기운 없이 돌아온다.

내게 길들어
내 몸처럼 편안했는데,
녹슬어도 찌그러져도
힘차게 달렸는데.

함께 달리던 길을
혼자 걸어서 돌아오며
훔쳐 간 사람한테 욕한다.
그러다 얼른 마음을 고쳐먹는다.

내일이라도 다시 제자리에
가져다 놓으려던 그 사람이
영영 갖다 놓지 않을 것 같아
속으로도 욕하지 않기로 했다.

주제찾기 **1.** 시에서 말하는 사람의 중심 생각은 무엇입니까?

① 자전거를 잃어버리고 실망한다.
② 잃어버린 자전거를 꼭 찾고 싶다.
③ 돌려받을 길 없는 자전거를 포기한다.
④ 자전거를 훔쳐간 사람을 떠올리며 원망한다.
⑤ 앞으로 또 다시 자전거를 잃어버릴까 봐 두려워한다.

제목찾기 **2.** 시의 내용에 어울리는 제목을 5자 정도로 붙이세요.

사실이해 **3.** 시에서 말하는 사람이 겪은 일은 무엇입니까?

① 일주일 전에 자전거를 잃어버렸다.
② 자전거를 처음 살 때 얼이 빠져 있었다.
③ 자전거가 내 몸에 잘 맞지 않아 애를 먹었다.
④ 자전거와 함께 달리다 가끔 혼자 집에 돌아왔다.
⑤ 자전거를 훔쳐간 사람이 나를 찾아와 용서를 빌었다.

미루어알기 **4.** 시에서 말하는 사람의 마음을 가장 적절하게 표현한 것을 고르세요.

① 무서워한다.   ② 부끄러워한다.   ③ 조바심하다.
④ 신기해한다.   ⑤ 미워한다.

세부내용 **5.** 시의 모양에 나타난 특징은 무엇입니까?

① 모든 연이 4행씩으로 되어 있다.
② 행을 차지한 말의 마디가 넷이다.
③ 연을 차지한 말의 마디가 여덟이다.
④ 행의 말마디와 연의 말마디가 일치한다.
⑤ 연을 차지한 행의 수가 3 또는 4로 되어 있다.

적용하기 **6.** 이 시를 이야기로 바꾸어 쓴다고 했을 때, 반드시 들어가야 할 화자의 구체적인 경험을 한 문장으로 쓰세요.

	점 수
1~6번 문제의 점수를 더하여 총점을 쓰고 165쪽의 표에 막대그래프로 표시하세요	

독해력 키움 | 52. 시 읽기(8)

| 평가요소 | 1. ☐ 15점 | 2. ☐ 15점 | 3. ☐ 15점 | 4. ☐ 15점 | 5. ☐ 20점 | 6. ☐ 20점 |

169쪽 표의 해당하는 번호에 체크하세요.

아롱아롱[1] 조개껍데기
울 언니 바닷가에서
주워온 조개껍데기

여긴여긴 북쪽 나라요
조개는 귀여운 선물
장난감 조개껍데기

데굴데굴 굴리며 놀다
짝 잃은 조개껍데기
한 짝을 그리워하네

아롱아롱 조개껍데기
나처럼 그리워하네
물소리 바닷물 소리.

Note [1] 아롱아롱: 여러 가지 빛깔의 작은 점이나 줄 따위가 고르고 촘촘하게 무늬를 이룬 모양.

주제찾기 1. 시에서 말하는 사람이 마음에 아로새기는 느낌은 무엇입니까?

① 언니에 대한 고마움
② 고향을 향한 그리움
③ 짝을 잃어버린 외로움
④ 바닷물 소리가 주는 상쾌함
⑤ 북쪽 나라에서 느끼는 싸늘함

글감찾기 2. 중심 글감을 시에서 찾아 쓰세요.

사실이해 3. 반복해서 나타나 운율을 이루는 시구는 어느 것입니까?

① 아롱아롱 조개껍데기
② 주워온 조개껍데기
③ 장난감 조개껍데기
④ 짝 잃은 조개껍데기
⑤ 물소리 바닷물 소리

미루어알기 4. 시에서 말하는 사람의 모습으로 알맞은 것은 어느 것입니까?

① 북쪽 나라의 바닷가 마을에 살고 있었다.
② 낮에는 언니랑 바닷가로 조개를 주우러 갔다.
③ 조개껍데기를 가지고 놀다가 한 짝을 잃어버렸다.
④ 마을 사람들에게 조개껍데기는 놀이의 도구가 되었다.
⑤ 바닷가에서 주운 조개껍데기를 실로 엮어 목걸이를 만들었다.

세부내용 5. 시의 모양에 대해 가장 잘 설명한 것을 고르세요.

① 줄글처럼 완전한 문장으로 되어 있다.
② 읽어갈수록 길이가 차츰차츰 길어지고 있다.
③ 시조와 같거나 비슷한 길이의 행이 반복되고 있다.
④ 모든 연이 3행씩으로 되어 있어 가지런한 느낌을 준다.
⑤ 2행씩 짝을 맞추어 처음부터 끝까지 일정한 모양으로 되어 있다.

적용하기 6. 4개의 연 중에서 셋과 다른 성질을 지닌 낱말로 끝난 연을 찾고 그 낱말을 옮겨 쓰세요.

1~6번 문제의 점수를 더하여 총점을 쓰고 165쪽의 표에 막대그래프로 표시하세요

점수

독해력 키움 | 53. 시 읽기(9)

평가요소 1. ☐ 15점 | 2. ☐ 20점 | 3. ☐ 15점 | 4. ☐ 15점 | 5. ☐ 15점 | 6. ☐ 20점

169쪽 표의 해당하는 번호에 체크하세요.

(가) 나는 풀잎이 좋아, 풀잎 같은 친구 좋아
바람하고 엉켰다가 풀 줄 아는 풀잎처럼
해질 때 또 만나자고 손 흔드는 친구 좋아.

나는 바람이 좋아, 바람 같은 친구 좋아
풀잎하고 헤졌다가 되찾아 온 바람처럼
만나면 얼싸안는 바람, 바람 같은 친구 좋아.

(나) 꽃이 피네, 한 잎 한 잎
한 하늘이 열리고 있네

마침내 남은 한 잎이
마지막 떨고 있는 고비

바람도 햇빛도 숨을 죽이네
나도 가만 눈을 감네

주제찾기 **1.** (가)와 (나)의 시에서 말하는 사람의 태도를 모두 바르게 연결한 것을 고르세요.

	(가)	(나)
①	친절하다.	체념한다.
②	활발하다.	애원한다.
③	솔직하다.	부지런하다.
④	매정하다.	자연과 친하다.
⑤	다정다감하다.	엄숙하고 삼간다.

제목찾기   **2.** 글감을 활용하여 (가), (나)의 제목을 붙이세요.

　　　(가) 　　　　　　　(나)

사실이해   **3.** (가)의 시에서 말하는 사람의 생각은 무엇입니까?

① 만남은 언제나 가능하다.
② 친구와 싸운 것을 후회한다.
③ 친구는 바람처럼 사라져버린다.
④ 싸운 친구와 빨리 화해해야 한다.
⑤ 나는 풀잎과 바람 같은 친구가 좋다.

미루어알기   **4.** (나)의 '마지막 떨고 있는 고비'는 어떤 순간을 표현한 것입니까?

① 꽃봉오리가 맺히는 순간
② 꽃망울이 막 터지려는 순간
③ 꽃봉오리가 활짝 열리려는 순간
④ 꽃망울이 가지 끝에 매달린 순간
⑤ 꽃이 활짝 피었다가 갑자기 지는 순간

세부내용   **5.** (가), (나) 모두에서 사람처럼 비유한 낱말은 무엇입니까?

① 풀잎　　　　② 친구　　　　③ 바람
④ 하늘　　　　⑤ 햇빛

적용하기   **6.** (가)와 (나)가 소리의 규칙적인 아름다움을 이루는 공통된 방법을 하나만 쓰세요.

점 수

1~6번 문제의 점수를 더하여 총점을 쓰고 165쪽의 표에 막대그래프로 표시하세요

독해력 키움 | 54. 시 읽기(10)

| 평가요소 | 1. ☐ 15점 | 2. ☐ 15점 | 3. ☐ 15점 | 4. ☐ 15점 | 5. ☐ 20점 | 6. ☐ 20점 |

169쪽 표의 해당하는 번호에 체크하세요.

(가) 말하기 좋다 하고 남의 말을 하지 마라.
　　남의 말 내가 하면 남도 내 말 할 것이니
　　말로써 말이 많으니 말 않는 것이 좋도다.

(나) 말하면 잡되다 하고 말 않으면 어리석다 하니
　　가난함을 남이 비웃고 부귀를 다투나니
　　아마도 이 하늘 아래 말할 일이 어렵구나.

주제찾기 　**1.** 공통된 중심 생각으로 알맞은 것은 어느 것입니까?

　　① 말은 하지 않는 편이 좋다.
　　② 말을 조심스럽게 하여야 한다.
　　③ 말을 많이 하면 잡된 생각이 든다.
　　④ 말을 남에게 함부로 하는 사람들이 있다.
　　⑤ 말을 않으면 사람들이 어리석다고 비웃는다.

글감찾기 　**2.** 공통적인 중심 글감을 찾아서 쓰세요.

관련 교과 **국어**

사실이해

3. (가)의 '말로써 말이 많으니'를 바르게 풀어놓은 것을 고르세요.

① 말 뒤에 말이 있다
② 남을 헐뜯는 말만 계속 하게 되니
③ 말은 하면 할수록 말이 더욱 많아지니
④ 남을 헐뜯은 만큼 원망의 말이 되돌아오니
⑤ 듣기 좋은 말만 늘어놓으면 실속이 없을 것이니

미루어알기

4. (나)의 시에서 말하는 사람이 어려워 한 것은 무엇입니까?

① 천박한 행동
② 부자가 되어 살기
③ 어수룩한 척해 보이기
④ 남이 비웃고 남과 다투는 말
⑤ 하늘 아래 부끄럼 없이 사는 일

세부내용

5. (가), (나)의 내용과 가장 잘 어울리는 속담은 어느 것입니까?

① 말 많은 집 장맛도 쓰다.
② 말로 온 동네 다 겪는다.
③ 말한 입에 침도 마르기 전이다.
④ 말만 잘하면 천 냥 빚도 가린다.
⑤ 말은 해야 맛이고 고기는 씹어야 맛이다

적용하기

6. (가)와 (나)에서 명령, 권유, 감탄의 말을 사용한 것은 어떤 내용을 효과적으로 전달하기 위한 것인지 한 낱말로 답하세요.

점수

1~6번 문제의 점수를 더하여 총점을 쓰고 165쪽의 표에 막대그래프로 표시하세요

독해력 키움 | 55. 시 읽기(11)

| 평가요소 | 1. ☐ 15점 | 2. ☐ 15점 | 3. ☐ 20점 | 4. ☐ 15점 | 5. ☐ 15점 | 6. ☐ 20점 |

169쪽 표의 해당하는 번호에 체크하세요.

> 나의 벗 몇인가 하니 물과 돌과 소나무 대나무라
> 동산에 달이 뜨니 그것 더욱 반갑구나
> 두어라 이 다섯밖에 또 더하면 무엇 하랴 〈제1수〉
>
> 따뜻하면 꽃이 피고 추우면 잎 지는데
> 소나무여 너는 어찌 눈과 서리 모르느냐
> 땅 속까지 뿌리가 곧은 줄 그걸로 알겠구나 〈제4수〉
>
> 작은 것이 높이 떠서 온 세상 다 비추니
> 한밤중에 빛남이 너 만한 것 또 있느냐
> 보고도 말을 않으니 내 벗인가 하노라 〈제6수〉

주제찾기 1. 시에서 말하는 사람의 모습으로 적절한 것을 찾으세요.

① 동산에 뜬 보름달을 보고 기뻐한다.
② 자연과 벗하여 욕심없이 살아가고 있다.
③ 친구 다섯 사람과 더불어 단풍놀이를 간다.
④ 꽃이 피었다가 잎이 지는 소나무를 바라본다.
⑤ 친구에게 말을 붙였지만 대꾸가 없어서 외면한다.

글감찾기 2. 시에서 말하는 사람이 벗으로 삼으려고 한 자연물들을 모두 찾아 쓰세요.

사실이해 **3.** 시의 표현에 나타난 특징은 어떠합니까?

① 느낌을 자연물로 빗대어 나타낸다.
② 사물에 사람의 느낌을 집어넣고 있다.
③ 물음의 형식으로 놀라움을 강조하고 있다.
④ 스스로 묻고 답하여 생각이 확실함을 보이고 있다.
⑤ 말꼬리를 물고 같거나 비슷한 말이 잇달아 나타나고 있다.

미루어알기 **4.** 시에서 말하는 사람이 좋아했을 듯한 성품은 어떤 것일까요?

① 냉정하고 논리적인 성품
② 너그럽게 용서하는 성품
③ 순하고 남을 배려하는 성품
④ 곧고 원만하며 신중한 성품
⑤ 희생적이고 솔선수범하는 성품

세부내용 **5.** 시조에 흔히 나타나 감탄사로 보아도 좋고, 뜻을 새기지 않아도 좋은 낱말은 무엇입니까?

① 두어라   ② 따뜻하면   ③ 소나무여
④ 한밤중에   ⑤ 보고도

적용하기 **6.** 〈제4수〉와 〈제6수〉에서 시의 대상이 지닌 속성을 드러낸 시구를 각각 찾아 그대로 옮겨 쓰세요.

1~6번 문제의 점수를 더하여 총점을 쓰고 165쪽의 표에 막대그래프로 표시하세요

점수

회차별 점수표 1 [01~19]

1. 설명하는 글 읽기 (평균 점수 _____ 점)

- 각 회차에서 얻은 점수를 막대그래프로 그리고, '1 설명하는 글 읽기'의 평균 점수를 써 넣으세요.
- 평균 이하의 점수가 나온 회차에서는 어떤 유형이 왜 틀렸는지 따져 보세요.

회차 \ 점수	이론부터 익히고 많이 읽기	설명하는 글 많이 읽기	문항 유형을 확실히 알기	완성을 위해 남은 점들
01				
02				
03				
04				
05				
06				
07				
08				
09				
10				
11				
12				
13				
14				
15				
16				
17				
18				
19				
회차 \ 점수	10 15 20 25	30 35 40 45	50 55 60 65	70 75 80 85 90 95 100

회차별 점수표 2 [20~34]

2. 설득하는 글 읽기 (평균 점수 _____ 점)

- 각 회차에서 얻은 점수를 막대그래프로 그리고, '2 설득하는 글 읽기'의 평균 점수를 써 넣으세요.
- 평균 이하의 점수가 나온 회차에서는 어떤 유형이 왜 틀렸는지 따져 보세요.

회차 \ 점수	이론부터 익히고 많이 읽기	설득하는 글 많이 읽기	문항을 유형 알찬 보완	완성을 위해 남은 한 걸음
20				
21				
22				
23				
24				
25				
26				
27				
28				
29				
30				
31				
32				
33				
34				
회차\점수	10 15 20 25	30 35 40 45	50 55 60 65	70 75 80 85	90 95 100

회차별 점수표 3 [35~44]

3. 이야기 글 읽기 (평균 점수 _____점)

- 각 회차에서 얻은 점수를 막대그래프로 그리고, '3 이야기 글 읽기'의 평균 점수를 써 넣으세요.
- 평균 이하의 점수가 나온 회차에서는 어떤 유형이 왜 틀렸는지 따져 보세요.

회차\점수	이로부터 익히려고 많이 읽기	이어서 많이 읽기	앞의 말을 받아서 말함	완성을 위해 남겨 둔 걸음
35				
36				
37				
38				
39				
40				
41				
42				
43				
44				

회차\점수: 10 15 20 25 30 35 40 45 50 55 60 65 70 75 80 85 90 95 100

회차별 점수표 4 [45~55]

4. 시 읽기 (평균 점수 _____점)

- 각 회차에서 얻은 점수를 막대그래프로 그리고, '4 시 읽기'의 평균 점수를 써 넣으세요.
- 평균 이하의 점수가 나온 회차에서는 어떤 유형이 왜 틀렸는지 따져 보세요.

회차\점수	이론부터 익히고 많이 읽기	시 많이 읽기	꼼꼼 하게 따져 읽기	완성을 위해 남김 없이 읽기
45				
46				
47				
48				
49				
50				
51				
52				
53				
54				
55				

회차 점수: 10 15 20 25 30 35 40 45 50 55 60 65 70 75 80 85 90 95 100

유형별 진단표 1

1. 설명하는 글 읽기 [01~19]

- 각 회차의 유형에 정답을 맞혔으면 해당하는 칸에 '○'를, 틀렸으면 '×' 하세요.
- 표의 하단에 유형별 총점을 써넣으세요.
- 자주 틀리는 유형이 한눈에 보이므로 자신의 부족한 유형을 알고 보완하여야 합니다.

회차	주제찾기 1	제목(글감) 찾기 2	사실 이해 3	미루어 알기 4	세부내용 5	적용하기 6	요약하기 7
1							
2							
3							
4							
5							
6							
7							
8							
9							
10							
11							
12							
13							
14							
15							
16							
17							
18							
19							
총점							

※ 주제찾기 1~ 적용하기 6 유형은 문항당 5점이고, 기본점수 5점입니다.
※ 요약하기 7 유형은 문항당 10점이고, 기본점수 10점입니다.

유형별 진단표 2

2. 설득하는 글 읽기 [20~34]

- 각 회차의 유형에 정답을 맞혔으면 해당하는 칸에 'O'를, 틀렸으면 'X' 하세요.
- 표의 하단에 유형별 총점을 써넣으세요.
- 자주 틀리는 유형이 한눈에 보이므로 자신의 부족한 유형을 알고 보완하여야 합니다.

	유형						
	주제찾기 1	제목(글감) 찾기 2	사실 이해 3	미루어 알기 4	세부내용 5	적용하기 6	요약하기 7
20							
21							
22							
23							
24							
25							
26							
27							
28							
29							
30							
31							
32							
33							
34							
회차 총점							

※ 주제찾기 1 ~ 적용하기 6 유형은 문항당 6점이고, 기본점수 10점입니다.
※ 요약하기 7 유형은 문항당 7점이고, 기본점수 2점입니다.

유형별 진단표 3

3. 이야기글 읽기 [35~44]

- 각 회차의 유형에 정답을 맞혔으면 해당하는 칸에 'O'를, 틀렸으면 'X' 하세요.
- 표의 하단에 유형별 총점을 써넣으세요.
- 자주 틀리는 유형이 한눈에 보이므로 자신의 부족한 유형을 알고 보완하여야 합니다.

	유형						
	주제찾기 1	제목(글감)찾기 2	사실 이해 3	미루어 알기 4	세부내용 5	적용하기 6	요약하기 7
35							
36							
37							
38							
39							
40							
41							
42							
43							
44							
회차 총점							

※ 문항당 10점입니다.

유형별 진단표 4

4. 시 읽기 [45~55]

- 각 회차의 유형에 정답을 맞혔으면 해당하는 칸에 '○'를, 틀렸으면 '×' 하세요.
- 표의 하단에 유형별 총점을 써넣으세요.
- 자주 틀리는 유형이 한눈에 보이므로 자신의 부족한 유형을 알고 보완하여야 합니다.

회차	주제찾기 1	제목(글감)찾기 2	사실 이해 3	미루어 읽기 4	세부내용 5	적용하기 6
45						
46						
47						
48						
49						
50						
51						
52						
53						
54						
55						
회차 총점						

※ 문항당 9점이고, 기본점수 1점입니다.

영역별 평균 총점수 [01~55]

- 각 영역별 평균 점수를 막대그래프로 그리세요.

	이론부터 다시 익히고 노력하세요.	여러 글을 읽고 좀 더 노력하세요.	취약 유형이나 약점을 보완하세요.	완성을 위해 틀린 문항을 한번 더 학습하세요.
1 설명하는 글 읽기 [01~19]				
2 설득하는 글 읽기 [20~34]				
3 이야기 글 읽기 [35~44]				
4 시 글 읽기 [45~55]				

점수: 10 15 20 25 30 35 40 45 50 55 60 65 70 75 80 85 90 95 100

영역별 유형 총점수 [01~55]

• 해당하는 칸에 영역별 유형 총점을 써 넣으세요.

	유형						
	주제찾기 1	제목(글감) 찾기 2	사실 이해 3	미루어 알기 4	세부내용 5	적용하기 6	요약하기 7
1 설명하는 글 읽기 [01~19]							
2 설득하는 글 읽기 [20~34]							
3 이야기 글 읽기 [35~44]							
4 시 글 읽기 [45~55]							
영역별 점수							

정답 및 해설

01 설명하는 글 읽기(1)

18~19쪽 정답

1 ②   2 전란의 피해를 극복하기 위한 노력   3 ③   4 ③   5 ④
6 찬성; 농민, 공인, 조정 대신   반대; 지주, 방납업자

해설

1. 백성의 노력은 '생산성의 향상', 조정의 노력은 '재정의 확충'으로 간추릴 수 있다.
2. 첫 문단의 끝 문장에 제목에 필요한 낱말이 모두 나온다.
3. 농사 기술이 발달하면서 일부 부유한 농민이 생겼지만, 모든 농민이 부유해진 것은 아니다. ① 왜란은 16세기 말에, 호란은 17세기 초에 일어났다. ② 첫 문단에 나온 내용이다. ④ 상인들이 생기고 상업이 발달하게 되었다. ⑤ 셋째 문단 첫머리의 내용이다.
4. 아래 글은 대동법 시행 이전에 특산물을 세금으로 내게 함으로써 저질러졌던 폐단을 내용으로 하고 있다. 따라서 아래 글을 읽고 윗글을 읽으면 대동법을 실시한 까닭을 알 수 있다.
5. ⊙은 '물건을 사고파는 사람들도 생겨'에 이어지므로 '상업'이 적절하다.
6. 농민은 방납의 폐해를 피할 수 있어 이익이며, 공인은 국가에 물품을 납품하게 되어 이익이다. 조정 대신은 정책 시행자이므로 찬성일 수밖에 없다. 반면, 지주는 땅을 가지고 있으므로 세금을 내야 하고, 방납업자는 챙길 이익이 없어지므로 반대쪽이 될 수밖에 없다.

02 설명하는 글 읽기(2)

20~21쪽 정답

1 ①   2 홍대용의 과학 사상
3 ⑤   4 ③   5 ②
6 밀물과 썰물

해설

1. 처음에는 수학에, 나이가 들면서 청나라에 다녀온 뒤에는 천문학에 관심을 가졌다.
2. 다룬 인물은 홍대용이고, 그의 과학 사상이 어떠했는지 설명했다.
3. 느낌이나 분위기에 쉽게 젖어드는 태도는 아니다. 수학 또는 과학을 하는 태도여야 한다.
4. 홍대용은 지구가 회전한다고 보았다. 그것도 번개나 포탄처럼 빠른 속도로. ① 의심해야 깨달음에 이를 수 있다고 했지만, 의혹이 풀리는지에 대해서는 말한 바가 없다. ② 실학자 중에서 특이하게도 홍대용이 과학 사상가이기는 해도, 홍대용이 그렇게 생각한 것인지는 단정할 수 없다. ③ 근대적인 수학 용어를 사용하기는 해도 표현이 중요하다고 미루어 알기는 어렵다. ⑤ 중력은 땅에서 멀리 떨어지면 약해지고 없어진다고 했다.
5. 천체 관측 기구 제작에 열심이었던 이유를 설명하는 내용의 흐름이 있는 구절이다. 과학에서 가장 중요하다고 본 점이 무엇일까?
6. 중력으로 설명할 수 있는 바닷물의 운동

03 설명하는 글 읽기(3)

22~23쪽 정답

1 ⑤   2 실학   3 ①   4 ③
5 ⑤   6 백성들에게 농사지을 땅을 주어야 한다.

해설

1. 첫 문단은 실학의 등장 배경이고, 둘째와 셋째 문단

은 유파별 전개 과정이다.
2. 가장 여러 번 반복하여 나타난 낱말이다.
3. 첫 문단의 내용과 일치한다. ② 중상학파는 상업과 공업이 발전함에 따라 등장 ③ 중농학파는 토지제도와 세금제도 개편을 주장 ④, ⑤의 내용은 없음.
4. 첫 문단에서, 삶에 도움이 되지 않는 이론과 논의만 무성하게 된 현실을 비판하면서 실학이 나타났다고 한 데서 알 수 있다. ① 예법의 뜻을 밝혀놓은 내용인데, 글의 내용을 바탕으로 미루어 알 수 있는 내용이 아니다. ② 연결될 수 있는 내용이 글에 없다. ④ 전국 팔도에 시장이 나타났다고 추론할 근거가 보이지 않는다. ⑤ 봉건 질서, 자본주의를 떠올릴 수 없다.
5. 박제가–북학의, 박지원–열하일기
6. 글에 실린 〈성호사설〉의 내용으로 확인할 수 있다.

5. '행성의 공전을 복잡하고 이상하게 설명하는 문제점'이라고만 했지 어떻게 복잡하고 무엇이 이상한지는 알 수가 없다. 따라서 그림을 그려가면서 복잡하고 이상한 점을 하나하나 밝혀야 내용을 보다 쉽게 이해할 수 있다.
6. 마지막 문단의 내용을 다시 간추려서 답을 떠올려본다.

05 설명하는 글 읽기(5)

26~27쪽 정답

1 ① 꿈, ② 양반(조정), ③ 서민 문화
2 조선 후기의 서민 문화   3 ⑤
4 ①   5 ②   6 ① 시대상, ② 풍속화

해설

1. 서민 문화의 주된 내용은 보다 나은 삶에 대한 꿈과 양반 풍자라고 했다.
2. 다룬 시대는 조선 후기, 내용은 여러 갈래의 서민 문화
3. 꼭두각시놀음도 서민 문화 중 하나이지만 글에서 다루지는 않았다.
4. 양반 문화는 한정된 양반 계층만 즐길 수 있었지만, 서민 문화는 여러 사람이 즐길 수 있었다.
5. 사설시조에는 악보가 붙어 있어서 노래로 불렀음을 알 수 있다. 시조는 기본적으로 노래이니까. 판소리 역시 북을 치는 고수가 장단을 맞추고, 소리꾼이 노래를 불렀다. ① 등장인물을 굳이 따진다면 둘 다 한 사람이다. ③ 갈등을 다룬 갈래는 판소리이다. ④ 판소리는 다른 갈래이고, 사설시조에서도 초·중장이 길어지는 등 기본형식이 일부 무너진다. ⑤ 기쁨보다는 슬픔이 더 많이 다룬 내용이다.
6. 솔직한 표현 덕분에 그 시대의 모습을 볼 수 있다고 한 것으로 보아 설명한 갈래는 '풍속화'임을 알 수 있다.

04 설명하는 글 읽기(4)

24~25쪽 정답

1 갈릴레이 이후 과학자들의 노력으로 대부분의 사람들은 태양 중심설을 믿게 되었습니다.   2 우주   3 ②   4 ②
5 ④   6 망원경을 활용한 관측

해설

1. 마지막 문단에 중심 내용이 모이고 있다.
2. 고대로부터 우주의 모습에 대해 어떤 이론이 있었는지 설명하고 있다.
3. 여러 관측 자료를 바탕으로 과학적인 증거를 처음 제시한 사람은 프톨레마이오스이다.
4. 갈릴레이 이전의 학자들은 대부분 자신들의 학설을 뒷받침할 증거를 제시하지 못하여 사람들에게 믿음을 주지 못했다는 것이 글의 주요한 내용 중 하나이다. ① 우주의 모습에 대한 이론은 변화한다고 할 수 있지만 모습 자체가 변화하는지는 알 수 없다. ③ 시대의 흐름이 대립된 이론이 나타나게 된 원인인지는 말할 수 없다. ④ 방해가 된 사실은 있지만 이론 자체에 결정적 영향을 끼쳤다고 할 수는 없다. ⑤ 미루어 알 수 있는 내용의 사실로 볼 수 없다.

정답 및 해설

06 설명하는 글 읽기(6)

28~29쪽 정답

1 생태계 보전을 위해 꾸준히 노력하자.
2 생태계 평형　　3 ⑤　　4 ②
5 ①　　6 예상하지 못한 심한 변화가 생겨 생태계의 평형이 깨어졌기 때문이다

해설

1. 주제문은 마지막 문단의 내용을 바탕으로 하여 작성할 수 있다.
2. 글감이 분명히 제시된 것은 셋째 문단 이하인데, 여기서부터 '생태계 평형'이라는 어구가 반복하여 나타난다.
3. 다섯째 문단에서, 생태계는 변화가 지나치게 심하게 일어나면 회복되기 어렵다고 했다.
4. 식물이 광합성에 의해 만든 양분에 의존한다. ① 지구가 생명체가 살 수 있는 좋은 환경이라 할지라도 다른 행성의 생명체 생존 가능성이 온통 무시될 수 있는 것은 아니다. ③ 상위 '소비자'의 수가 적절해야 평형이 유지된다. ④ 생물의 종류와 수가 생태계의 노화와 어떤 관계가 있는지는 알 수 없다. ⑤ 자연적 재해가 주된 파괴의 원인인지는 단정하기 어렵다.
5. 다른 나라에서 흘러들어와 최근에 우리나라에 정착한 생물을 '귀화 생물'이라 한다. 대부분이 생태계를 교란하는 생물로 지목되어 있다. '가물치'는 토종 동물이다.
6. '생태계의 평형 파괴'라는 내용이 반드시 들어가야 한다.

07 설명하는 글 읽기(7)

30~31쪽 정답

1 ① 사회 의식 성장, ② 양반 중심　2 농민 봉기, 또는 농민 항쟁　3 ⑤　　4 ①
5 ②　　6 무능한 양반이 벼슬을 하고 있는 현실

해설

1. 글에서 정치의 폐단과 백성의 움직임을 함께 다루었으므로, 이 두 가지가 모두 표현되어야 한다. 두번째 단락의 끝부분에 잘 나타나 있다.
2. 19세기 후반 이후 조선 사회가 농민을 중심으로 보인 새로운 움직임에 대해 설명한 글이다.
3. 전주성 함락 이전에 이미 동학의 농민 지도자들은 힘을 합치면서 단결된 모습을 보여 주었다.
4. 글에 따르면, 고부 군수 조병갑이 백성들을 착취하고 학대했기 때문에 동학 농민 봉기가 일어나는 직접적인 원인이 되었다.
5. 원래 사발통문은, '주모자가 드러나지 않도록 사발을 엎어 그린 원을 중심으로 참가자의 명단을 빙 둘러가며 적은 글'을 뜻한다.
6. 재능도 없는 사람들이 벼슬과 사회적 지위를 차지하고 있는 현실에 대한 불만을 표현한 글이다.

08 설명하는 글 읽기(8)

32~33쪽 정답

1 ⑤　　2 빛의 성질　　3 ①
4 ③　　5 ④　　6 ① 오른쪽과 왼쪽이 서로 바뀌어 보입니다. ② 내 몸의 상을 반사하여 보여 주기 때문입니다.

해설

1. 빛의 세 가지 성질, 곧 직진, 반사, 굴절을 설명의 중심 대상으로 삼았다.
2. 빛의 성질이 어떠한지를 설명한 글이다.
3. 첫 문단에서, 스스로 빛을 내지 않더라도 반사에 의해 물체를 볼 수 있다.
4. 빛의 성질 '굴절'에 따르면, 태양이 수평선 아래에 있을 때더라도 이미 뜬 것으로 볼 수 있으며, 반대로 수평선 너머로 넘어가 버렸더라도 굴절되어 수평선 위에 비칠 수 있는 것이다. 즉 해가 뜬 것처럼 보여도 실제로는 아직 수평선 위로 올라와 있는 것이 아니며, 일몰 때 수평선 위에 있는 것처럼 보여도 이미 진 것이다. ① 글에서 설명한 빛의 어떤 성질로도 설명할

수 없다. ② 지구와 달은 모두 광원이 아니다. ④ 광원이 없다면 아무 소용이 없는 짓이므로 글의 내용을 바탕으로 그 이유를 설명할 수 없다. ⑤ 돌을 매끄럽게 갈더라도 거울이 될 수는 없다.
5. 빛의 성질을 설명하기 위해 필요한 말을 뜻을 밝히고, 같은 성질에 속하는 것들은 함께 묶어서 설명하였다.
6. 거울은 반사의 성질을 응용한 도구이다. 마주 보고 비추는 상은 좌우가 바뀌어 반사된다.

09 설명하는 글 읽기(9)

34~35쪽 정답

1 ⑤   2 국민의 권리와 의무   3 ⑤
4 ④   5 ③   6 ① 자유권, ② 평등권, ③ 사회권, ④ 참정권, ⑤ 청구권

해설

1. 국민의 권리가 바탕에 깔고 있는 사상을 첫 문단에 제시한 뒤에 둘째 문단에 그 권리가 무엇인지 상세히 열거하여 설명하였다. ①~④는 모두 법률을 통해서 국민의 권리를 제한하는 경우와 관련된 내용이다. 우리 헌법에서는 공공복리, 질서 유지, 국가 안전 보장을 위해 필요한 경우에만 국민의 권리를 제한할 수 있도록 하고 있다. 국민의 권리를 제한할 때에는 국민의 대표로 구성된 국회에서 제정한 법률을 통해서만 가능하도록 하고 있다.
2. 국민의 마땅히 누릴 수 있는 권리와 해야 할 의무에 대해 설명하고 있다.
3. '요청'과 비슷한 뜻을 가진 낱말을 가진 권리의 이름을 찾아본다.
4. 세금을 내야 한다고 말했다. 곧 납세의 의무를 지키겠다는 약속을 했다는 뜻이다.
5. 능력에 따라 교육 받을 권리인 '사회권'과 '교육의 의무'는 직접 관련되는 내용을 갖는다.
6. 둘째 문단에 설명한 내용에 따라 알맞은 권리를 찾는다.

10 설명하는 글 읽기(10)

36~37쪽 정답

1 ④   2 전지   3 ③
4 ②   5 ①   6 내부의 액이 새어나오거나 파열될 위험성이 있기 때문이다.

해설

1. 전지의 종류로 1차 전지, 2차 전지, 태양 전지 등을 들고, 각각의 종류별로 전기를 생산하는 원리를 설명하였다.
2. 우리의 생활에서 다양하게 사용하고 있는 '전지'를 설명 대상으로 삼았다.
3. 둘째, 셋째 문단에 거듭해서 자세히 나온다.
4. 첫 문단의 다음 두 문장에서 떠올릴 수 있는 생각이다. '아연판의 전자는 도선을 통해 구리판으로 이동하여, 모여 있는 수소 이온(H+)에게 전자를 줘. 이 때 전자는 아연판에서 구리판으로 이동하므로, 아연이 음극(-), 구리는 양극(+)이야.' ① 묽은 황산 용액은 볼타 전지의 금속판을 담그는 화학 물질이다. 모든 전지에 사용되는 것이 아니며, 기본 재료라 부르기 어렵다. ③ 메모리 효과는 충전 용량과 전지의 수명을 결정하는 요소이다. ④ 전자 기기의 사용 방식에 따라 소모량이 많아질 수 있다. ⑤ 재료를 구하기 쉬운지 어려운지, 이 글을 읽어서는 알 수 없다.
5. 전류가 더 많이 흐르기 때문에 전지 소모가 빨라진다. 비싼 폴리실리콘을 사용하지 않기 때문에 원가가 싸다.
6. 바로 이어서 이유가 나온다.

11 설명하는 글 읽기(11)

38~40쪽 정답

1 ②   2 광고   3 ④
4 ⑤   5 ②   6 ① 의도, ② 과장된, ③ 감추고   7 ① 한꺼번에, ② 대중매체, ③ 욕망, ④ 소비, ⑤ 감추어진, ⑥ 거짓말

해설

1. 광고의 비밀을 밝히고 어떤 태도로 받아들여야 한 것인지 일깨우고 있는 내용이다.
2. 대부분의 글에서 글감은 반복되는 낱말이다.
3. 셋째 문단을 보면, 광고는 직접적인 만남을 통해 이루어지는 것이 아니라고 하였다. 문항별로 해당하는 내용의 문장을 제시하면, ① 광고는 텔레비전, 인터넷, 스마트폰 등 각종 매체를 통하여 소비자들에게 상품을 선보이고, 그것을 가지고 싶은 마음이 들게 하기 위하여 기업이 만든 판매 전략이에요. ② 광고는 우리를 설레게도 하지만 초라하게도 만드는 고약한 구석이 있어요. ③ 한꺼번에 많은 사람에게 새로운 상품을 선보이는 방법을 쓰지요. ⑤ 광고는 이런 식으로 우리로 하여금 뭔가 부족하다는 느낌이 들게 만들어요.
4. 광고에 숨겨진 과장과 허위가 있다는 사실을 밝히고 있으므로, 집필의 동기는 그런 사실을 알고 광고를 비판적인 태도로 받아들이도록 하기 위해서라고 할 수 있다. 사실을 글에서 밝히고 있으므로 '사실의 밝힘'은 글을 쓰게 된 동기가 아니다.
5. 앞에 놓인 내용과 같은 내용을 반복하면서 간추리는 구실을 하는 접속어가 들어가야 한다.
6. 글에서 광고를 비판적으로 받아들여야 할 이유를 말했다고 볼 수 있으므로 이를 바탕으로 하여 신뢰성을 평가하는 방법을 떠올려 볼 수 있다.
7. 표의 항목별로 글의 내용이 가지런하게 전개되지 않았기 때문에, 스스로 해당하는 내용이 실려 있는 문단을 찾아가야 한다. 이렇게 순서를 따르지 않고 뒤죽박죽 전개된 글을 간추릴 수 있어야 읽기의 능력을 키워갈 수 있다.

정답 및 해설

12 설명하는 글 읽기(12)

41~43쪽 정답

| 1 ⑤ | 2 독도에 대해 알기 위해 |
| 3 ③ | 4 ③ | 5 ⑤ | 6 도서 검색 프로그램 |
| 7 ① 차례, ② 어려운 낱말, ③ 그림, ④ 사진, ⑤ 글쓴이, ⑥ 출판사 |

해설

1. 도서관 사서 선생님의 충고에 따라 주제를 정하였다.
2. 선생님께서 독도에 대해 조사하여 발표하도록 과제를 주었기 때문에 도서관에 갔다.
3. 사서 선생님의 설명에 나온다.
4. 더 많고 다양한 정보를 얻을 수 있어서 내용을 깊이 이해할 수 있다. ① 흥미와 관심이 커질 수 있지만 가장 좋은 점이라고 하기는 어렵다. ② 감동을 남에게 전하는 일과는 무관하다. ④ 흔적을 남길 수 있지만 좋은 점이라 하기는 어렵다. ⑤ 과제의 해결 시간을 단축할 수 있을지 단정하기 어렵다.
5. '보고'의 한자 그대로의 뜻은 '보물 창고'인데, 귀중한 것이 많이 나거나 간직되어 있는 곳을 비유하는 말이다.
6. 사서 선생님이 설명해 주신 내용 중에 나온다.
7. 사서 선생님이 마지막으로 설명해 준 내용이다.

13 설명하는 글 읽기(13)

44~46쪽 정답

| 1 ⑤ | 2 주장, 억지 | 3 ③ |
| 4 ④ | 5 ⑤ | 6 ① 주장, ② 억지, ③ 고집 |
| 7 ① 듣는다, ② 논리적, ③ 장점, ④ 감정 |

해설

1. 전달하고자 한 중심 내용은 글의 끝에 다섯 항목으로 자세히 늘어놓은 '효과적인 주장을 하기 위한 대화의 기술'이다.
2. 주장과 억지의 차이를 설명의 대상으로 삼았다.

3. 첫 문단에 설명한 내용이다.
4. 글의 끝 문단에 늘어놓은 다섯 항목 중 둘 이상 실천한 경우를 찾는다. ① 똑같은 주장을 반복해서 말하는 태도는 논리적이지 않다. ② 주장을 전혀 말하지 못하였다. ③ 먼저 다른 사람의 의견을 충분히 들어주는 태도를 가져야 한다. ⑤ 논리적이기보다는 감정에 호소하는 태도이다.
5. 실제로 '-하다'를 붙여 낱말이 되는지 확인하면 된다.
6. 글의 중심 낱말을 다시 한 번 확인하고자 한 문항이다.
7. 글의 끝에 놓은 항목들의 내용을 확인한다.

14 설명하는 글 읽기(14)

47~49쪽 정답

1 ⑤ 2 텔레비전 뉴스
3 ③ 4 ④ 5 ⑤ 6 뉴스 해설, 뉴스 특집, 뉴스 매거진, 뉴스 다큐멘터리, 뉴스 토크, 뉴스 인터뷰 등
7 ① 자료, ② 정확, ③ 공정, ④ 앵커, ⑤ 시청자, ⑥ 인터뷰

해설

1. 뉴스 관련 보도 프로그램까지 예를 들어서 뉴스의 종류를 제시했고, 이어서 뉴스의 제작 과정에서 어떤 사람들이 참여해서 뉴스를 구성하는지를 설명하였다.
2. 문단의 처음에 매번 반복하여 나타나고 있다.
3. 시청자는 그 관점을 미리 알아차리고 반영해 주지 않는 한 관점을 직접 뉴스 제작 과정에 집어넣을 기회를 갖지 못한다. 뉴스를 받아들이는 쪽이니까.
4. 사건을 현장에서 직접 보고 듣는 것 같은 인상을 받는다는 표현이다.
5. 이 글은 방송에서 사용하는 전문 용어, 한자어를 비롯한 외래어를 아무런 뜻풀이 없이 사용하고 있어서 추리하고 상상하는 힘을 발휘해 보아도 이해가 쉽지 않다. ① 다른 글에 비해 그다지 긴 문장이 많은 편은 아니다. ② 문장의 형식이 전문가의 의견을 전달하는 것이 아니다. ③ '텔레비전 뉴스'를 본 적이 없는 글감이라 하기 어렵다. ④ 하나의 주제를 치밀하게 다룬다고 해서 이해가 어려워지는 것은 아니다.
6. 둘째 문단에 나온 것 중에서 답으로 늘어놓은 것들 중 둘 이상만 들 수 있으면 정답이다.
7. 방송 기자의 가장 중요한 역할은 '취재'와 '보도'이고, 앵커는 시청자에게 보다 쉽고 흥미를 가지도록 하면서 다가서는 일이다.

15 설명하는 글 읽기(15)

50~52쪽 정답

1 ⑤ 2 판소리 3 ② 4 ⑤
5 ③ 6 아니리 7 ① 소리꾼, ② 고수, ③ 서사적, ④ 아니리, ⑤ 발림, ⑥ 민속악(전통극), ⑦ 무대 장치, ⑧ 구경꾼

해설

1. 판소리는 전통극, 민속악이다. 현대극이 아니다. 전체 내용을 한 문장으로 표현하면, '판소리는 한 사람의 소리꾼이 고수의 북장단에 맞추어 서사적인 이야기를 소리와 아니리를 엮어 발림을 곁들이며 구연하는 우리 고유의 민속악이다.'
2. 여러 번 반복하여 나타난 낱말이다.
3. 판소리도, 서양 오페라도 첫 문단에 나오듯이 종합 예술이다. 공연 예술이라는 점도 공통점으로 들 수 있다. ① 판소리만의 특징, ③, ④, ⑤ 오페라만의 특징.
4. 판소리에서는 무대 장치가 별도로 필요하지 않다. 그래서 무대와 구경꾼 사이에 경계가 없다. 이런 점을 두고 '열려 있다'라고 하는데, 이 때문에 소리꾼과 구경꾼이 자유롭게 이야기를 나눌 수 있고, 이를 통해 현실을 비판할 수 있다.
5. 비교는 둘을 공통점으로 견주어가면서 설명하는 방법이고, 대조는 차이점으로 설명하는 방법이다. 첫 문단에서 판소리와 오페라의 공통점과 차이점을 들어 설명하였다. 분석은 전체를 구성 요소로 나누어가면서 설명하는 방법이다. 판소리의 구성 요소를 들

정답 및 해설

어가면서 설명하였다.
6. 소리꾼의 노래(소리), 이야기(아니리), 몸짓(발림), 곁들이는 소리(추임새)가 4요소이다.
7. 끝 문단에 나온 내용으로 요약하면 된다.

16 설명하는 글 읽기(16)

53~55쪽 정답

1 ④   2 가마솥   3 ⑤   4 ③
5 ②   6 온고지신   7 ① 밥맛, ② 가마솥, ③ 밑바닥, ④ 내솥, ⑤ 압력 조절

해설

1. 글쓴이가 강조하고자 한 내용에는 나름의 생각이 배어 있으며, 설명문에는 글의 끝 부분에 나타나는 경우가 대부분이다. 이 글에서는 '온고지신이라는 말처럼 겨레의 과학적 슬기는 첨단 과학을 뒷받침하는 버팀목으로 응용되고 있을 뿐만 아니라 미래를 여는 열쇠라는 점을 결코 간과해서는 안 될 것이다.'에 있다. ① 글에 나타난 내용이기는 하지만 강조한 것은 아니다. ② '어울림'의 내용은 보이지 않는다. ③ 역시 강조한 내용은 아니다. ⑤ 옳은 말이기는 하지만, 글에 나타나지는 않았다.
2. 글의 제목은 '가마솥에 숨겨진 과학'이다. 글감은 글에 반복하여 나타난다.
3. 이 장치에 대한 설명은 글의 어디에도 보이지 않는다.
4. 밑바닥이 둥그렇게 되어 있어서 열선노율이 높나는 점에 착안하였다.
5. 가마솥과 통가열식 밥솥의 공통점과 차이점을 서로 견주면서 설명함으로써 둘의 특징을 뚜렷이 드러내었다.
6. 글쓴이가 강조하고자 한 내용을 파악했는지 확인하고자 하였다.
7. 모두 글에 나온 낱말로 채울 수 있다.

17 설명하는 글 읽기(17)

56~58쪽 정답

1 ⑤   2 부패와 발효   3 ④
4 ①   5 ④   6 누룩곰팡이로 술을 띄운다. 유산균 음료로 속을 편하게 한다.
7 ① 곰팡이, ② 세균, ③ 분해, ④ 발효, ⑤ 부패, ⑥ 식중독

해설

1. 첫 문단에 부패와 발효의 공통점과 차이점을 함께 말해두고 이를 바탕으로 하여 뒤의 설명을 이어갔다.
2. 반복하여 나타난 중심 낱말이 '부패', '발효'이다. '발효와 부패'라고 해도 정답이다.
3. 운동을 심하게 할수록 젖산이 생기는 것이지 소모되는 것이 아니다.
4. 김치가 오래 되어서 군내가 나는 것은 발효를 거쳐 부패했기 때문이다. ② '발효'임을 스스로 밝혔다. ③ 부패나 발효와 관계없는 조리법이다. ④ 발효의 사례이다. ⑤ 부패를 활용한 과정이다.
5. 글에 나온 다음 문장에서 떠올려 볼 수 있다. '발효라고 하면 아주 오랜 시간이 걸리는 것으로 생각하기 쉽지만 효모로 식빵이나 호빵을 만들 때처럼 짧은 시간에 발효하는 경우도 있어요.'
6. 곰팡이로는 '누룩곰팡이', 세균으로는 '유산균'을 떠올릴 수 있다.
7. 발효와 부패를 비교 대조하여 글의 중심 내용으로 요약했다.

18 설명하는 글 읽기(18)

59~61쪽 정답

1 ④   2 조선 시대 여성들의 삶   3 ②   4 ③   5 ④
6 신사임당-화가, 허난설헌-시인, 임윤지당, 이빙허각-교수   7 ① 풀벌레, ② 광한전백옥루상량문, ③ 윤지당유고, ④ 규합총서

해설

1. 조선 전기에는 예술에, 후기에는 학문에 뛰어난 재능을 보인 여성들을 소개한 글이다.
2. 첫 문단에 있는 낱말들을 활용하여 제목을 붙일 수 있다.
3. 비슷한 낱말에 속지 말고 정확히 글에 나타난 사실인지 확인한다.
4. 글에 나온 여성들은 모두 양반 가문 출신인데도 정식의 이름은 없고 당호(집의 이름에서 따온 주인의 호)만 쓰고 있다. ① 남성 중심이었다. ② 존중했음을 알 수 있는 내용이 보이지 않는다. ④ 남성들의 문화생활이 어떠하였는지 알려주는 내용이 없다. ⑤ 순종하는 행위나 그에 대한 생각이 글에 나타나지 않았다.
5. 끝 문단의 내용에서 알 수 있다.
6. 활동 분야와 업적을 통해 짐작해 볼 수 있다.
7. 요약은 글에 나타난 낱말을 사용하여 이루어진다.

19 설명하는 글 읽기(17)

정답 (62~64쪽)

1 ③ 2 24절기 3 ① 4 ⑤
5 ⑤ 6 경칩, 곡우, 망종 7 ① 기상 상태와 동식물의 변화, ② 입춘, 곡우, 입하, 대서, 입추, 상강, 입동, 대한

해설

1. 24절기의 뜻과 그것으로 할 수 있는 일을 밝힌 문장이 글 전체의 주요 내용을 잘 표현한 문장이다. 한 문단에 잠시 다룬 내용은 글 전체 내용을 말한 내용이라 할 수 없다.
2. 계절마다 6개, 달마다 2개씩 놓이는 절기를 설명한 글이다.
3. 절기는 양력을 기준으로 삼아 정한 것이다. ② 첫 문단 끝 문장에 나온다. ③ 지구가 태양의 둘레를 도는 길이 '황도'이다. 황도를 15도씩 나누어 하나의 절기를 배치한다. ④ 화북 지방의 기상 상태에 따라 이름을 붙였다. ⑤ 제각기 기준점이 다르기 때문에 간격이 어떤 해는 열흘로 같고, 어떤 해는 스무 날로 벌어지기도 한다.
4. 계절의 처음에 놓이는 '입춘, 입하, 입추, 입동' 등은 계절의 시작을 알려준다. '입(立)'은 '시작된다.'라는 뜻이다.
5. 한식, 단오, 칠석, 삼복은 절기가 아니다.
6. '경칩'은 겨울잠을 자던 벌레, 개구리 따위가 깨어 꿈틀거리기 시작한다는 시기이다. '곡우'는 봄비가 내려서 온갖 곡식이 윤택하여진다고 한다. '망종'은 보리가 익어 먹게 되고 모를 심게 된다.
7. 셋째 문단의 끝에 절기의 이름을 붙인 두 가지 근거가 밝혀져 있다. 절기의 시작과 끝의 이름은 그림 위에 잘 정리되어 있다.

정답 및 해설

20 설득하는 글 읽기(1)

65~66쪽 정답

1 ⑤ 2 북극 항로 개척 3 ③
4 ① 5 ② 6 ① 긍정적-국토해양부, 한국선주협회 ② 부정적-세계자연기금

해설

1. 통합 주제문을 만들기 위해서는 두 관점을 모두 포함하는 내용이어야 한다. ① 어떤 관점도 표현하지 않고 있다. ② (나)의 관점만 일부 드러내고 있다. ③ (가)의 관점과 서로 통하는 점이 있다. ④ (나)의 관점만 요약했다.
2. (가), (나)의 첫머리에 놓인 제목에서 공통적인 보도 대상을 찾을 수 있다.
3. 어떤 기사를 다룰 것인지 소개하는 진행자의 도입과, 취재하고 편집한 구체적인 기사를 다루는 기자의 보도만 나타나 있다.
4. 첫머리에 내세운 제목을 보면 (가)는 긍정적 관점이고, (나)는 부정적 관점임을 알 수 있다.
5. 긍정과 부정의 관점을 뚜렷이 보여 주는 낱말의 짝이어야 한다.
6. (나)의 '파이낸셜타임스'는 관점을 드러내지 않았고, '미국지질조사국'은 긍정적 관점이다. 따라서 이들 단체를 답으로 써서는 안 된다.

21 설득하는 글 읽기(2)

67~69쪽 정답

1 ⑤ 2 우리나라 민주화 3 ④
4 ③ 5 ② 6 (군사) 독재 정권
7 ① 민주주의, ② 항쟁, ③ 희생, ④ 민주화, ⑤ 무력

해설

1. 수업한 사람의 관점이 뚜렷이 배어 있으면서 글의 내용과 일치해야 한다. 또 글의 전체 내용을 대표할 수 있어야 한다.
2. 첫 문단의 끝 문장을 활용하여 제목을 만들 수 있지만, 빈칸에 맞추어 답을 써야 한다.
3. 민주주의와 경제 성장을 함께 이루기 어렵다는 것은 옳은 말이지만 글에서 다루지는 않았다. ① 첫 문단에 비슷한 내용으로 나왔고, 이어지는 내용의 요지이다. ② 이승만을 비롯한 군인 독재자들, ③ 글에 상세히 다룬 내용이다. ⑤ 박정희, 전두환 등
4. 셋째 문단에 나온 다음 구절에서 그 이유를 알 수 있다. '선성장·후분배 논리에 입각한 고도 성장 정책과 이를 뒷받침하기 위한 저임금·저곡가 정책', 곧 성장부터 해 놓고 분배를 하자는 생각에서 비롯된 것이다.
5. 잘못을 비판하려고 해서 선택한 낱말이라고 했다.
6. 글쓴이의 핵심 주장을 다시 확인하고자 했다.
7. 끝의 빈칸을 글에 나오지 않은 낱말을 떠올려 채워야 한다.

22 설득하는 글 읽기(3)

70~72쪽 정답

1 ④ 2 저작권 3 ⑤ 4 ①
5 ⑤ 6 지식과 정보에 자유롭게 접근하고 사용할 수 있게 한다.
7 ① 결과물 ② 시간 ③ 노력 ④ 공유 ⑤ 권리

해설

1. 저작권의 독점과 공유를 함께 소개해놓고, 끝 문단에

서 우선적으로 저작권을 인정해주어야 한다고 하면서 글쓴이 자신의 주장을 분명히 밝혔다.
2. 글에 여러 번 반복하여 나타난 낱말을 찾는다.
3. 4문단에 따르면, 저작권이 엄격하면 오히려 창작이 위축될 수 있다.
4. 물음에서 '같거나 비슷한 글이 올라왔을 때'라는 조건을 달았다. 이럴 때는 글의 1문단에 나온 저작권의 개념에 따라 가장 먼저 올라온 작품을 우선적으로 인정해줄 수 있다. ② 같거나 비슷한 내용의 글이라면 독창성을 가리기 어렵다. ③ 물음에서 같거나 비슷한 글을 대상으로 하라고 했으므로 조건을 벗어나 있다. ④ 지금 올라와 있는 글만 문제 삼을 수 있다. ⑤ 글을 쓴 과정으로는 창작인지 아닌지 가릴 수 없다.
5. '저작 인접권'이란 저작물을 이용하고 널리 알리는 데 큰 힘을 보탠 사람들의 권리를 뜻한다. 이에 대한 설명은 글에 전혀 보이지 않는다.
6. 4문단의 내용과 어휘를 활용하여 답을 쓸 수 있다.
7. 저작권의 뜻, 지켜져야 하는 이유, 반대 주장과 우선적으로 보호되어야 할 권리 등을 간추린다.

서 왕실의 지원을 받게 되었다.
4. 글에 나타난 사실을 바탕으로 새롭게 떠올린 생각이어야 한다. 다음 두 문장에서 콜럼버스가 지구가 둥글다는 사실을 알고 있었음을 짐작할 수 있다. '이탈리아 사람 콜럼버스는 다른 방향으로 항해하여 인도로 가려는 계획을 세웠다. 땅과 땅의 중간에 다른 대륙이 있으리라고는 아무도 상상하지 못하였으므로 콜럼버스는 대서양을 반대 방향으로 돌아 항해하려고 하였다.' ① 왕국의 번영과 관련되는 내용이 아예 보이지 않는다. ② 신대륙이 있는지도 몰랐다. ④ 인도까지 가는 뱃길은 아직 완전히 열리지 않고 있었다. ⑤ 왕의 이름과 지명은 서로 관련성을 갖지 않았다.
5. 앞의 내용을 부정하면서 완전히 다른 관점으로 다음 글로 이으려면, 접속어 '그러나'를 중간에 넣는다.
6. 둘째 단계가 가장 중요하다. 제목에는 글쓴이의 관점이 나타나지 않는 경우도 가끔 있다.
7. 우리의 상식을 뒤집으면서(뒤집으려 하면서) 새로운 관점을 드러내는(드러내고자 하는) 문장이어야 한다.

23 설득하는 글 읽기(4)
73~75쪽 정답

1 ④   2 콜럼버스 항해의 진실   3 ⑤
4 ③   5 ②   6 ① 사실, ② 생각, ③ 제목   7 과연 콜럼버스가 아메리카 대륙을 발견하였다고 할 수 있을까? 콜럼버스는 초대하지 않은 손님이었다. 콜럼버스의 항해는 '신대륙 발견'이 아니라 원주민이 살고 있던 곳을 침범한 '구대륙 침략'이었다.

해설
1. 까닭을 들면서 자신의 관점을 분명하게 드러내는 문장이어야 한다. 자신만의 새로운 관점이므로 상식을 뒤집는 내용이어야 한다.
2. 띄어쓰기를 경계로 하여 마디가 나누어진다. 조건을 반드시 지켜서 답을 써야 한다.
3. 포르투갈 왕실의 지원을 받지 못하자 에스파냐로 가

24 설득하는 글 읽기(5)
76~78쪽 정답

1 (가) 자연을 보호해야 한다. (나) 자연을 개발해야 한다.   2 자연 개발   3 ①
4 ②   5 ⑤   6 자연을 반드시 보호해야 하는가?   7 ① 보호, ② 파괴(훼손), ③ 생태계, ④ 후손, ⑤ 개발, ⑥ 자연재해, ⑦ 편리

해설
1. '자연을 보호하여야 한다.', '자연을 개발하여야 한다.' 두 문장을 보면, 모두 '~하여야 한다.'로 주장을 드러내고 있다.
2. (가)의 주장은 '자연을 보호해야 한다.'이지만 자연 개발을 반대한다는 내용으로 볼 수 있다. 그래서 공통적인 글감은 '자연 개발'로 답해야 한다.
3. (가)에는 자연 개발의 피해 규모를 말한 부분이 없다.
4. 두 편의 글이 주장의 근거로 든 내용을 보면 모두 자연

정답 및 해설

개발이 인간의 삶에 어떤 영향을 미치는가를 다루고 있다. ①과 ③은 자연 개발이 부정적인 결과를 초래했다는 내용이므로 자연 보호를 주장하는 근거가 될 수 있다. ④ 자연 개발을 찬성하는 근거이다. ⑤ 자연 개발을 찬성하는지 반대하는지 알 수 없는 내용이다.

5. (가)에는 본론인 주장의 근거를 요약한 내용이 보이지 않는다.
6. 토론의 주제는 찬성과 반대가 분명하게 나누어질 수 있는 것이어야 한다.
7. 주장과 근거를 글에서 다시 확인하면서 빈칸을 채운다.

25 설득하는 글 읽기(6)

79~81쪽 정답

1 ③ 2 환경, 빈곤 3 ⑤
4 ④ 5 ② 6 저는 앞으로 살아갈 모든 세대를 위해 여기에 섰습니다. 저는 세계 곳곳에서 굶주리는 아이들을 대신하여 여기에 섰습니다. 저는 이 행성 위에서 죽어가는 수많은 동물을 위해 여기에 섰습니다. 7 ① 연설한, ② 환경, ③ 빈곤, ④ 문제 해결, ⑤ 어른들

해설

1. 어른들이 고칠 방법을 모른다면 지구를 더 이상 망가뜨리지 말라는 것이 주장의 핵심 내용이다.
2. 지구 전체가 겪고 있는 환경 문제와 빈곤 문제를 다루었다.
3. 시리아 난민 문제는 최근 3년 정도 된 문제로서, 이 글이 나온 1990년대 초와는 시간적으로 거리가 크다.
4. '여러분(청중들)'의 자녀가 꼭 같이 겪을 수(겪고) 있는 문제임을 내세워서 호소력을 높이고 있다. ① 사람, 사건, 일 그 어떤 것도 묘사하지는 않았다. ② 잘못을 반복하지도 않았고, 이런 방법은 호소력을 높이기 어렵다. ③ 가난한 나라의 어린이의 삶을 몇 군데 소개했다. ⑤ 연설하는 사람은 어린아이여서 문제 해결 능력이 없다고 솔직히 말하였다. 그래서 어른들이 해결을 위해 행동으로 나서라고 하였다.
5. 이 글의 첫머리에 인사말과 자기소개의 말이 나오는데, 연설문의 머리말로 공식화되어 있는 내용이다.
6. 첫 문단에 연설의 목적 세 가지가 모두 나온다.
7. 글의 종류, 내용의 요지 등을 확인하려는 문제이다.

26 설득하는 글 읽기(7)

82~84쪽 정답

1 ① 2 꿈이 있는 삶 3 ④
4 ⑤ 5 ② 6 적절하다, 근거가 적절함을 할머니의 사례를 들어 생생하게 증명해 보이고 있기 때문이다.
7 ① 문제 상황, ② 목적지, ③ 시간, ④ 신나고, ⑤ 목적지

해설

1. 글에 주장이 분명하게 나타나지 않고 읽으면서 정리하도록 했다. 근거를 제시한 둘째, 셋째, 넷째 문단의 첫머리를 읽으면 주장이 무엇인지 금방 알 수 있다.
2. 글에서 '목적지', '목표'를 '꿈'으로 비유했다. 이 낱말을 넣고 내용과 잘 어울리는 제목을 붙이면 된다.
3. 결론이 시작되는 다섯째 문단 아래를 읽어보아도 근거를 요약한 내용은 보이지 않는다. 논설문의 짜임에서 근거를 요약하는 내용은 결론 첫머리에 나와야 한다. ① 이 글에서 첫 문단이 서론인데, 주장은 없고 문제 상황만 보인다. ② 둘째, 셋째, 넷째 문단의 첫머리에는 주장을 뒷받침하는 말이 나온다. ③ 둘째, 셋째 문단의 후반부에는 사례도 나온다. ⑤ 다섯째 문단부터 끝까지는 주장을 반복해서 강조하고 있다.
4. ㉠을 포함하고 있는 문단의 첫머리에 놓인 문장을 뒷받침하고 있다. 이 문장이 다시 주장을 뒷받침하게 된다.
5. 목적지에 이르는 방법이나 절차를 뜻한다.
6. 주장을 뒷받침하는 근거에 대해 다시 구체적인 근거를 들어 적절함을 보이는 방법을 사용하고 있다.
7. 글에 실제로 나타난 사실만 간추리면 된다.

27 설득하는 글 읽기(8)

85~87쪽 정답

1 ⑤ 2 차별, 인권 3 ②
4 ④ 5 ③ 6 '틀리다'는 '잘못되다', '빗나가다'의 뜻이기 때문이다 7 ① 낯선 것, ② 경계, ③ 차별, ④ 평등, ⑤ 존중, ⑥ 인권, ⑦ 노력, ⑧ 희생, ⑨ 실천, ⑩ 행복한

해설

1. 끝 문단에 글쓴이의 주장이 잘 나타나 있다. '틀리다, 다르다'의 구별로 인권 보장과 실천을 주장하기 위해 차별을 설명한 것이다.
2. 인권을 무시하거나 침해하는 원인 또는 현상을 '차별'로 내용을 모을 수 있도록 말하고, 결론에서 인권을 지키기 위한 노력을 설득했다.
3. '인간다운 삶을 위한 노력과 희생'이라는 구절이 나오지만, 이를 장면으로 보여 주지는 않는다.
4. 사람의 마음은 모두 같은 것이어서 자신이 남에게 끼친 만큼 거꾸로 자신도 당할 수 있다. ① 두려워하고 경계하는 습성은 인권을 존중하지 않는 원인이지 결과가 아니다. ② 반드시 이런 현상이 나타날지 단정할 수 없다. ③ 이런 긍정적인 결과를 예상할 수 없다. ⑤ 마음이 이렇게 변하리라고 확실히 말할 수는 없다.
5. ㉠을 포함하고 있는 문단에 ㉠에 속하는 것들이 늘려 있다.
6. '틀리다'의 반대말이 '맞다', '옳다', '맞히다'임을 떠올려 보면 '다르다'와 구별할 수 있다. 필리핀 아이에 대해서는 '달라'라고 표현해야 바른 표현이다.
7. 글의 처음부터 순서에 따라 나타나는 중심 낱말로 빈칸을 채울 수 있다.

28 설득하는 글 읽기(9)

88~90쪽 정답

1 ③ 2 고정 관념 3 ①
4 ⑤ 5 ② 6 여자는 남자보다 능력이 못해 7 ① 사실, ② 행동, ③ 진실, ④ 자유로워야, ⑤ 창조

해설

1. 고정 관념을 물리치고 자유롭게 생각하자는 것이 글쓴이의 주장이다. 글의 끝 부분에 의문문으로 나온다.
2. 그것이 나쁜 이유까지 제시하여 물리치고자 했다.
3. 서론에 문제 상황이나 주장을 제시하지 않았고, 결론에 주장을 의문문으로 제시하여 정상적인 논설문의 형식을 따른 것으로 보기 어렵다. 때로는 이렇게 정해진 형식을 벗어났을 때 오히려 설득력을 높일 수 있다. ② '국어사전', '미국에서' 등으로 어디에서 인용했는지 밝혔다. ③ 문장의 끝을 보면 알 수 있다. ④ 주장을 드러내고자 한 끝 문단의 문장도 의문문으로 되어 있다. 독자의 동의를 구하고자 하는 표현이다. ⑤ '너도 겪어 보았지'라는 말이 수시로 나왔다.
4. 창의성을 키우기 위해 자유롭게 생각하는 모습을 보여 주는 것을 고른다.
5. 일상생활의 사례를 가장 많이 들었다.
6. 이른바 '남존여비'의 전통적인 사고방식에 따른 고정 관념을 드러내는 사례를 들면 된다.
7. 글에 나오는 중심 낱말들로 빈칸을 채울 수 있다.

29 설득하는 글 읽기(10)

91~93쪽 정답

1 ③ 2 이삭 줍는 풍경 3 ③
4 ④ 5 ⑤ 6 아직 숙제를 반밖에 못 했어. 7 ① 풍요로운, ② 생동감, ③ 가난한, ④ 땀방울

해설

정답 및 해설

1. (가), (나)의 끝 문장을 읽어보면 무엇에 초점을 맞추었는지 알 수 있다.
2. 풍경에 초점을 맞추어 제목을 붙일 수 있다.
3. '고된 땀방울'은 (나)의 인상이다.
4. 관점에 따라 같은 사물이나 현상이 달리 보이고 생각된다는 것을 알 수 있다. ① (가), (나)는 말이나 행동을 내용으로 삼지 않았다. ② 생각을 달리 하고 있는 내용이다. ③ 그림과 말을 내용으로 삼은 글들이 아니다. ⑤ 분위기에 따라 달라진 것이 아니라 감상자의 관점에 따라 내용이 달라진 것이다.
5. '이렇게', '이처럼', '이와 같이' 등은 앞에 나온 것과 같게(것처럼, 같이)로 새길 수 있어서 앞선 내용을 요약하는 구실을 한다.
6. 긍정적인 관점을 부정적인 관점으로 바꾸어 보라는 것이다.
7. 초점을 달리함으로써 주장이 달라진다는 사실을 다시 확인한다.

30 설득하는 글 읽기(11)

94~96쪽 정답

1 ⑤ 2 세계화 3 ③ 4 ④
5 ① 6 우리 문화를 세계화하면서 다른 나라의 문화 발전에 도움을 줄 수 있다.
7 ① 무대, ② 경제적 이익, ③ 문화, ④ 지구촌(세계적), ⑤ 문화적, ⑥ 불평등, ⑦ 환경파괴

해설

1. '세계화'가 반드시 들어가고 글 전체의 내용을 아우를 수 있어야 한다.
2. 한 낱말로 쓰라고 했다.
3. 부작용에 대응하는 단체의 활동에 대해서는 마지막 문단에 소개했지만 피하는 방법을 글에서 말하지는 않았다. 그래서 이 글은 논설문(주장하는 글)으로서는 완성되지 않은 글로 볼 수 있다.
4. 나쁜 영향이 무엇인지 두 가지를 글에서 자세히 다루었고, 나쁜 영향을 피하고자 노력하는 단체들의 활동도 소개하고 있으므로, 이 내용에서 어떻게 피할 수 있을지 짐작해볼 수 있다. 부작용은 어느 한 쪽에서만 이익을 얻으려 하는 데서 생기기 때문에 상대를 배려하는 자세가 이를 피하는 데 필수적이다. ① 일방적으로 우리의 힘만 떨치려고 했다가는 상대의 반발을 살 수 있다. ② 어느 한쪽에만 치우쳐서는 한계가 금방 드러난다. ③ 역시 환경 문제에만 치우쳤다. ⑤ 이익의 공평한 분배와 봉사활동이 직접 관계를 가지기는 어렵다.
5. 대중 예술을 비롯하여 다양한 우리 문화가 전 세계로 퍼져나가는 모습을 떠올려볼 수 있다.
6. 찌아찌아 족이 한글이라는 우리 문화를 받아들여 자신들의 언어문화를 발전시킬 수 있었다는 것이 글의 핵심 내용이다.
7. 항목별로 나타나 있는 긍정적, 부정적 영향을 다시 확인한다.

31 설득하는 글 읽기(12)

97~99쪽 정답

1 ① 2 동물 실험 3 ⑤
4 ② 5 ④ 6 사람과 동물의 신체 구조는 닮은 점이 많기 때문에 사람을 위해서 동물의 생체 실험을 실행해야 한다. 7 (가) 신약 개발을 위한 동물 실험은 필요하다 (나) 우주 개발을 위한 동물 실험을 반대한다

해설

1. 물음은 같지만 주장을 달리하여 답할 수 있다.
2. 글감이 같다는 사실은, 같은 중심 낱말을 사용하고 있는 데서 알 수 있다.
3. 개는 우주선의 가속도와 열을 견디지 못하고 죽었다.
4. 동물 실험을 찬성하는 (가)에서는 말할 나위 없고, (나)에서도 실험을 한다면 사람들의 안전과 편리를 위해서라고 목적을 내세운다고 했다.
5. 주장의 근거를 제시하는 방법에는 '예를 들기', '인용하기', '자세히 설명하기' 등이 있다. (가)에서는 '왜 필요할까?'라고 하여 이유를 자세히 설명하였고, (나)에서는 '예를 들기' 안에 다시 '인용하기'가 사용되었

다.
6. 근거와 주장을 함께 바꾸어야 내용이 호응할 수 있다.
7. (가), (나)에 나오는 낱말과 구절을 활용하여 주장을 표현하는 문장으로 만들어야 한다.

32 설득하는 글 읽기(13)

100~102쪽 정답

1 ②　　2 학급 동아리 조직　　3 ④
4 ⑤　　5 ④　　6 경진이의 첫째 근거는 주장과 관련이 적고 감정에 치우쳐서 적절하지 않다. 호열이의 둘째 근거 중 형의 말을 인용한 것은 신뢰가 떨어져 적절하지 않다.
7 ① 뿌듯하다, ② 운동, ③ 두뇌, ④ 활동, ⑤ 봉사 시간

해설

1. 학급 동아리가 어떤 종류의 활동을 하는 것이 좋은지 각자의 의견을 제시하고 있다.
2. 의제(안건)는 회의 첫머리에 종운이가 내놓았다.
3. 토론이 아니기 때문에 반대 의견을 내놓은 사람은 없다.
4. 감정적 반응은 적절성 판단의 기준이 될 수 없다. ① 학급 동아리 조직이라는 안건에 맞추어 동아리 활동을 어떤 종류로 선택할 것인가라는 구체적 회의 방향에 어울려야 한다. ② 적절성을 판단하는 가장 기본적인 조건이다. ③ 사실이 아니라면 근거가 될 수 없다. ④ 신뢰성을 높이기 위한 조건이다.
5. 최선의 결론에 도달하기 위해 의견을 제시하는 말하기의 방식이므로 '토의'에 가장 가깝다.
6. 적절성의 판단 기준에 따라 따져본다.
7. 글에 나타난 순서를 따라 가면서 알맞은 낱말을 찾아본다.

33 설득하는 글 읽기(14)

103~105쪽 정답

1 ③　　2 내가 원하는 우리나라　　3 ⑤
4 ④　　5 ④　　6 우리민족, 동포
7 ① 문화, ② 행복하게, ③ 인의, ④ 자비, ⑤ 사랑, ⑥ 재주, ⑦ 정신, ⑧ 시대

해설

1. '높은 문화의 힘'이라는 구절이 반드시 들어가야 주장을 표현한 문장이 된다.
2. 글의 첫머리부터 반복하여 나타나는 낱말을 활용하여 제목을 붙일 수 있다.
3. 무성한 삼림과 풍성한 오곡백과는 앞으로 그랬으면 하는 소망을 표현한 것이다. 이어지는 문장을 보면 이 구절도 미래의 일로 보아야 함을 알 수 있다.
4. '새로 나라를 고쳐 세우는 시점'에 서 있음을 알 수 있다. 곧, 1945년 8월 15일부터 정부가 수립된 1948년 8월 15일까지의 어떤 시점에 쓴 글임을 짐작할 수 있다.
5. 개인의 이익만 추구하는 것을 공원의 꽃을 꺾는 것으로 비유하였다.
6. 보통의 연설문에서는 글의 중간쯤에 청중의 주의를 불러일으키기 위해 청중을 부르는 말을 넣는데, 이 연설문에서는 글의 끝 부분에 청중이 누구인지 알려 주는 말이 나왔다.
7. 까닭을 말한 구절을 찾아서 빈칸에 들어갈 말을 그대로 넣으면 된다.

정답 및 해설

34 설득하는 글 읽기(15)

106~109쪽 정답

1 ④　　2 자연과 인간의 관계　3 ⑤
4 ③　　5 ②　　6 나는 생각하는 나무이다 (그저 서 있는 것 같이 보여도 온갖 생각을 하고 있으니까)　7 ① 성스럽게, ② 사랑, ③ 대기, ④ 소유, ⑤ 질식, ⑥ 그물, ⑦ 땅, ⑧ 대기, ⑨ 강물

해설

1. '그물 속에 들어 있는 하나의 그물코'로 비유하여 만물이 서로 연결되어 있다고 보았다. ① 백인들의 생각이다. ② 인간 중심적인 사고방식으로 역시 백인들의 생각이다. ③ 인간과 자연이 이익을 서로 주고받는다는 생각으로 '나'의 생각과 거리가 멀다. ⑤ 백인의 운명에 대해서는 모른다고 했다.
2. 인간이 무엇인지, 인간에게 자연이 어떤 의미를 지니고 있는지에 대해 말했다.
3. 글의 끝 부분에 처해 있는 상황이 잘 나타나 있다.
4. '들소들이 도살되고', '야생마가 길들여지고', '숲 속에 숨어 있던 장소가 인간의 냄새로 질식해 버리고', '그저 살아남기 위한 투쟁이 시작되겠지'라고 했다.
5. '한가족'의 '한'은 '같은'의 의미를 지니고 있다.
6. 글 속의 '나'는 사람이 자연의 일부이며 만물은 서로 연결되어 있다고 생각하고 있으므로, 자연에 빗대어 스스로를 표현하는 것이 가장 적합하다. '나는 무지개 같다.', '나는 들소 같다.'처럼 빗대어 표현해도 정답이다.
7. 글이 전개된 순서를 따라 가면서 중심 낱말을 찾아 빈칸을 채운다.

35 이야기 글 읽기(1)

110~112쪽 정답

1 ④　　2 (가) 황새, 조개 (나) 반딧불이, 눈　3 ②　　4 ④　　5 ①
6 ① 마음이 답답하다.(답답한 마음) ② 무릎을 치다.　7 ① 조개, ② 황새, ③ 어부, ④ 설득, ⑤ 어부지리 ⑥ 반딧불이, ⑦ 눈빛, ⑧ 형설지공

해설

1. 속뜻으로 전하고자 한 교훈을 물었다. ① 해당하는 글이 없다. ② 속뜻이 아니라 겉으로 드러난 내용이다. ③ (나)의 교훈이다. ⑤ '멀리 있는 다른 나라'라는 내용을 떠올릴 수 없다.
2. 동물, 자연물이 이야깃거리로 되어 있다.
3. (나)의 마지막 문장을 보면 관용 표현 '형설지공'이 생기게 된 유래를 소개하는 글임을 알 수 있다.
4. (가)는 나라 사이에 생긴 사건에 초점을 맞추고 있고, (나)는 차윤과 손강이라는 개인의 행적에 초점을 맞추고 있다.
5. '옛날의 어떤 유래와 사건으로 만들어져'를 한자로 옮기면 어떻게 되는지 생각해 본다.
6. 낱말의 사전적 의미를 벗어나 새로운 뜻을 이루어 굳어진 채로 사용하는 표현을 '관용 표현'이라 한다.
7. 소재들과 고사 성어를 다시 떠올려본다.

36 이야기 글 읽기(2)

113~115쪽 정답

1 ④　　2 괜찮아　3 ⑤　　4 ②
5 ③　　6 난 지금도 이 말을 들으면 괜히 가슴이 찡해진다.　7 ① 괜찮아, ② 친구, ③ 사랑, ④ 용서, ⑤ 믿기

해설

1. 깻엿 장수 아저씨가 말을 해준 다음에 마음을 어떻게 정했는지가 자세히 나온다.

2. 깨엿 장수 아저씨가 '나'에게 해준 말이 마음을 정하게 하였다.
3. '승리', '다툼' 따위와는 거리가 먼 뜻이다.
4. 바로 앞에 나온 '괜찮아! 조금만 참아, 이제 다 괜찮아질 거야.'와 뜻이 서로 통해야 한다.
5. 이 글은 글의 갈래가 수필로서, 글쓴이의 마음을 형식에 얽매이지 않고 솔직하고 자유롭게 드러내는 특징이 있다. ① 소설이나 동화 같은 이야기의 특징이다. ② 시와 소설의 특징이다. ④ 희곡의 특징이다. ⑤ 운율에 대한 설명으로 시의 특징이다.
6. '가슴이 찡해진다.'는 큰 감동을 받았다는 뜻을 관용적으로 표현한 것이다.
7. 글에서 가장 인상적인 장면과 거기에 배인 의미, 감동의 말을 다시 확인해 본다.

37 이야기 글 읽기(3)

116~118쪽 정답

1 ①   2 우주 호텔   3 ⑤
4 ④   5 ③   6 종이를 찾아 땅만 쳐다보던 할머니가 새로운 희망을 갖고 당당하게 살아가게 된 모습이 감동적이기 때문이다.   7 ① 눈에 혹이 난 할머니를 밀어 버린다.   ② 종이 할머니가 자신이 사는 곳이 바로 우주 호텔이라고 여기게 된다.

해설

1. 종이 할머니의 삶이 어떻게 변화해갔는지를 중심으로 주제를 떠올릴 수 있다.
2. 꿈꾸는 사람의 건강한 삶과 관련 있는 공간이다.
3. '포도 모양의 성'을 그린 부분을 찾아 확인해 보면, '움직임'은 그릴 때 사용한 요소가 아니다.
4. 종이 할머니는 아이의 말을 듣고 인생을 여행이라 생각하게 되었다. 이 때문에 자신의 삶이 우주를 여행하는 것으로 떠올릴 때 사는 곳은 우주 호텔이 되는 것이다. ① '메이'가 그런 말을 한 적이 있지만, 할머니가 그 말을 믿은 것은 아니다. ② 믿어야 허리를 펼 수 있는 것은 아니다. ③ 위로가 될 수 있을지 확신하기 어렵다. ⑤ 이야기의 내용과 전혀 관계없는 엉뚱한 내용이다.
5. '종이 할머니는 그곳으로 비둘기처럼 날아가고 싶었단다.'라는 표현이 보인다.
6. 이야기 전체에서 내용의 방향이 크게 바뀌는 장면이다. 인물의 삶의 태도가 크게 바뀌면서 감동을 주는 내용이 된다.
7. ①은 첫 번째 이야기의 방향이 바뀌게 되는 장면이고, ②는 행복한 결말이다.

38 이야기 글 읽기(4)

119~121쪽 정답

1 ⑤   2 인물, 청소부 아저씨   3 ④
4 ③   5 ④   6 재산이나 명예보다는 스스로의 삶에 만족하기를 더욱 소중히 여기고 있다.   7 ① 청소부 아저씨, ② 음악가, ③ 작가, ④ 배움, ⑤ 행복

해설

1. 자신의 일에 만족하며 여전히 예술에 대해 공부하며 즐기고 있는 주인공의 이채로운 삶이 찡한 울림을 준다.
2. 인상적인 사건이 거의 보이지 않으며, 배경도 특색이 있다고 보기 어렵다. 특이한 성격과 사람 됨됨이를 갖춘 인물에 초점을 맞추었다고 할 수 있다.
3. 청소부가 사람들을 부끄러워할 이유는 없다. 부담 때문에 딸꾹질을 한 것이다.
4. 이야기의 끝 부분을 보면, 하던 일을 계속하면서 살았을 것으로 짐작된다.
5. 시간을 뜻하는 낱말이 나와야 하고, 시간이 흘렀음을 알려주어야 한다.
6. '인생관'이란 삶에서 무엇을 보람과 가치로 여기는지 표현한 것을 뜻한다.
7. 주인공이 누구인지 파악하고, 그가 무엇을 하였으며, 무엇을 가치가 있는 것으로 보았는지 정리해 본 것이다.

정답 및 해설

39 이야기 글 읽기(5)

122~124쪽 정답

1 ③   2 나비를 잡는   3 ②
4 ③   5 ④   6 고집스럽다.
7 ① 하찮은 일이다. ② 삶의 터전이다.

해설

1. 소작인 집안의 아이여서 상급학교에 가지 못한 바우와 마름 집안의 아이여서 서울로 가서 공부하고 있는 경환이 사이의 계속되는 다툼이 주된 내용이다.
2. 바우와 아버지 어머니 사이의 갈등은 나비를 잡아서 경환이에게 사과하는 것에서 빚어진다.
3. 경환이가 나비를 잡으러 다닌 일이 다툼의 출발이 되었다.
4. 나비를 잡으라고 그렇게 닦달을 받은 바우는 끝내 고집을 부리고 있는 상황이므로 그 밖의 다른 인물이 나비를 잡으러 나선 것으로 보아야 한다. 바우를 대신하여 나비를 잡으러 나서야 한다면 그는 누구일까?
5. 모양을 뜻하는 말부터 찾은 후에 뜻을 다시 새겨본다. ① 가라앉은, ② 방이나 솥 등에 불을 때기 위하여 만든 구멍. '아궁이'가 바른 표기. ③ 일이나 말을 재촉한다. ⑤ 힘없이 다리를 끌면서 억지로 걷는 모양.
6. 바우가 자신의 고집을 절대 꺾지 않는 장면이다.
7. 두 사람이 날카롭게 대립하여 다툼을 보여 주는 장면을 찾아서 들어갈 문장을 결정한다.

40 이야기 글 읽기(6)

125~127쪽 정답

1 ①   2 바리데기   3 ⑤
4 ②   5 ①   6 낳자마자 버리는 자식   7 ① 서천 서역, ② 아버지, ③ 할머니, 동수자, ④ 신선, ⑤ 무당

해설

1. 굳은 의지로 온갖 어려움을 극복하고 죽은 아버지를 살린 지극한 효심을 배울 만하다.
2. 주인공의 이름이 제목이다.
3. 아버지를 살릴 수 있도록 약수를 구한 것이 해결의 결정적 실마리가 된 사건이다.
4. 이야기 전체의 짜임을 보면, 주인공이 어려움에 놓일 때 그 어려움을 이길 수 있도록 도와주는 사람이 반복해서 나타난다는 점을 알 수 있다. 이와 같은 영웅의 이야기에서 항상 나타나는 이야기의 특징적인 짜임새이다. ① 일어났던 한 번의 사건을 설명하는 내용이어서 짜임새를 파악한 것으로 볼 수 없다. ③ 주인공이 스스로 뛰어난 능력을 발휘한 것은 아니다. ④ 이야기를 주고받는 장면이 가끔 나타나지만 서로의 처지와 마음을 이해하게 되는 내용은 아니다. ⑤ '오해'는 보이지 않는다.
5. '약수'는 약이 되는 물로서 어떤 종교, 사상, 신앙과도 관련이 없는 보통 명사이다.
6. 아래 글에 나오는 구절을 그대로 옮겨 답으로 삼을 수 있다.
7. 영웅의 이야기는 대개 이렇게 다섯 단계로 공식화되어 펼쳐진다.

41 이야기 글 읽기(7)

128~130쪽 정답

1 ③   2 마지막 수업   3 ②
4 ⑤   5 ①   6 자신의 조국과 프랑스어를 아끼고 사랑하는 삶을 추구한다.
7 ① 프로이센, ② 알자스, ③ 프랑스어, ④ 프랑스

해설

1. 다른 나라의 지배를 받게 되어 국어도 바뀌게 되었다는 것으로 줄거리를 간추릴 수 있다.
2. 이야기의 끝 부분에 두 번 나온다.
3. 마지막 프랑스어 수업이 진행 중인 교실에 초점을 맞추고 있다. ① 줄거리가 앞으로 나아가도 인물의 성격은 변화하지 않는다. ③ 프로이센의 알자스 점령이라는 하나의 사건만 두드러지게 나타났다. ④ 배경

도, 인물의 마음도 변하지 않는다. ⑤ 이미 큰 사건이 있고 난 뒤의 마을 풍경을 그리고 있어 고조되는 분위기와 긴장감을 느끼기 어렵다.
4. 프로이센(독일)이 마을을 점령하게 되어 앞으로는 독일어를 수업하게 되었다는 내용에서 뒷이야기를 짐작해 볼 수 있다.
5. 동작이 무엇을 뜻하는지 쉽게 풀어서 설명하는 문장이다.
6. 선생님의 말씀과 행동에서 어떤 삶을 추구하고 있는지 알 수 있다.
7. 배경은 이야기에 여러 번 나타났고, 사건의 흐름을 따라 빈칸에 들어갈 말을 찾을 수 있다.

42 이야기 글 읽기(8)

131~133쪽 정답

1 ④   2 장끼   3 ②   4 ①
5 ②   6 잘 먹고 힘을 내야 큰 인물이 된다.   7 ① 까투리가 염치와 예절을 지키는 군자처럼 신중해야 한다면서 장끼를 만류했다. ② 장끼가 콩 태 자가 있는 사람은 크게 성공했다며 콩을 먹겠다고 우겨댔다.

해설

1. '이솝우화'와 비슷한 특징을 지닌 이야기이다. 장끼에 빗대어 고집 세고 어리석은 말과 행동을 일삼는 어리석은 사람을 비꼬아 비판하고자 했다.
2. 못난 말과 행동을 일삼은 것은 수꿩 장끼이다.
3. 첫 번째 내세운 것은 '꿈'이고, 두 번째는 군자가 갖추어야 할 덕목이다. 신중하게 처신하라고 내세운 것이다.
4. 장끼를 죽음으로 몰고 간 것은 헛된 욕심이다.
5. 풍자가 이런 의도를 지니고 있기 때문에, 자아내는 웃음은 차가운 웃음[냉소], 비웃음[조소], 쓴웃음[고소]이다.
6. 두 번째 만류에 변명하면서 늘어놓은 장끼의 말에 있는 구절을 짜맞추기만 하면 이 문장이 나온다.
7. 문장을 만들기가 어렵더라도 애써서 그런 능력을 키워야 한다.

43 이야기 글 읽기(9)

134~136쪽 정답

1 ②   2 양초   3 ①   4 ⑤
5 ②   6 ②   7 ① 양초, ② 훈장, ③ 뱅어, ④ 불, ⑤ 물속, ⑥ 도깨비

해설

1. 훈장이 모르는 것을 아는 체했고, 훈장과 훈장의 말을 믿은 마을 사람들이 함께 낭패를 당했다는 줄거리의 이야기이다.
2. 양초를 둘러싸고 마을에 한바탕 우스꽝스러운 이야기가 벌어지고 있다.
3. 훈장이 양초를 뱅어라고 하는 바람에 마을이 온통 혼란에 빠졌다.
4. 양초를 뱅어로 바꾸어놓기, 양초의 심지를 뱅어의 주둥이로 바꾸어놓기, 사람을 도깨비로 바꾸어놓기 등이 웃음을 자아내고 있는 주된 방법이다.
5. '부끄러워서'라는 뜻의 관용 어구가 들어가야 한다.
6. 비웃거나 바로잡아주려고 하는 의도는 없다.
7. 줄거리가 전개되는 순서에 따라 요약한 것이다.

44 이야기 글 읽기(10)

137~139쪽 정답

1 ④   2 세상을 밝힌 꿈   3 ③
4 ④   5 ①   6 강영우 박사는 장애인을 무시하고 차별하는 어려움을 극복하여, 많은 사람의 존경을 받았다.   7 ① 축구공, ② 어머니, ③ 편견, ④ 불신, ⑤ 장학금, ⑥ 입학 허가서, ⑦ 시각 장애인, ⑧ 권익 신장

해설

1. 강영우가, 장애인은 큰일을 할 수 없다는 세상 사람들의 치우친 생각을 극복하고 스스로 노력하여 꿈을

정답 및 해설

이루었다는 것이 글의 중심 내용이고 이것이 우리에게 큰 가르침으로 다가온다.
2. 마지막 문단은 장애인(맹인)의 꿈이 세상을 밝혔다는 내용이다.
3. 미국 대학의 입학 허가서는 받았지만, 국내에서 장애인은 유학 시험을 볼 수 없다는 법 때문에 어려움을 겪었다.
4. 대학에 입학하고 졸업할 때까지, 미국에서 유학을 마칠 때까지 항상 어려움에 처했지만 스스로의 힘으로 이를 극복하는 모습을 보여 주었다.
5. ㉠의 앞과 뒤는 내용이 서로 반대되게 놓여 있으므로 '그러나'를 넣어야 하고, ㉡은 '앞에서와 같으면, 앞에서와 같은 행동을 하면'의 뜻이므로 '그러자'를 넣어야 한다.
6. 앞이 이유이고 뒤가 결과로 이어져야 자연스럽게 호응한다. 두 문장에서 중복되는 말은 생략한다.
7. 단계별로 해당하는 부분을 찾아서 들어갈 말을 확정한다.

로 뻗어 있다.
5. '포도알 같은/ 집들'에서 알 수 있다.
6. '시간'과 공통점이 있다고 생각되는 것을 끌어들여 표현하면 된다.

45 시 읽기(1)

140~141쪽 정답

1 ④   2 길   3 ⑤   4 ②
5 ①   6 시간은 강물이다. 시간은 나그네이다. 시간은 보석이다. 시간은 빛이다. 등

해설
1. 8연, 9연에 중심 생각이 나타나고 있다. 길을 통해 우리가 서로 도와 가면서 마을과 마을이 이어지고 세계가 하나 되기를 바라고 있다.
2. 소재들 중에서 무엇이든 답으로 선택할 수 있는 것이 아니다. 중심 소재를 물었다. 이 시는 '길'이 어떤 모양과 뜻을 지니고 있는지를 읊었다.
3. '갈봄 없이/ 자라기만 하는/ 이 덩굴'이라는 표현에서, '갈봄 없이'는 '계절의 변화에 아랑곳하지 않고 계속하여'라는 뜻이고, '자라기만 하는'은 '길의 확장'을 뜻한다.
4. 길이 여러 군데로 나 있듯이 포도 덩굴도 여러 가지

46 시 읽기(2)

142~143쪽 정답

1 ③   2 목련   3 ④   4 ②
5 ③   6 1연과 5연, 운율을 이루어낸다.(내용을 완결 짓는다.)

해설
1. 태도를 알 수 있는 구절은 1연과 5연에 반복하여 나타난 '발소리를 죽인다'이다. 꽃봉오리 터지는 순간, 곧 새 생명이 탄생하는 순간을 보고 몹시 조심스러워 하는 태도이다.
2. '중심 소재'는 소재들 중에서 가장 중요하게 다루어진 소재이다.
3. '포롱포롱', '날아오른다'가 큰 움직임을 느끼게 한다.
4. 3연을 보면, 꽃봉오리가 터져서 꽃이 피어나는 순간을 새가 부리로 껍질을 깨고 나오는 모습으로 비유하고 있다.
5. '꽃봉오리'를 '물새알'로 비유하면서, 연관되는 다른 비유도 이루어지고 있다.
6. 시의 첫 연과 끝 연이 같거나 비슷한 모양으로 되어 있는 구조를 수미상관이라고 한다. 시가 완전하게 맺어진 느낌을 주고, 운율을 이룬다.

47 시 읽기(3)

144~145쪽 정답

1. ③ 2. 마음 3. ④ 4. ②
5. ② 6. 공사 중

해설

1. (가)는 수도꼭지에서 나온 물에 의해, (나)는 일상생활의 주변에 있는 물건에 의해 마음을 바꾸고 있다. ① (가)에만 해당한다. ② (나)에 정리되지 않은 복잡한 마음이 나타나지만 '괴롭다'고 하기는 어렵다. ④ '운동을 하여'는 어디에도 나오지 않는다. ⑤ (나)에만 해당한다.
2. (가)의 6연과 (나)의 2연에 나온 '마음'이 공통적이다.
3. '설렘'은 수돗물에서 화자가 받은 느낌을 드러내는 말이다. 모양을 지닌 물건이 아니라서 비유를 위해 수단으로 끌어들이는 말로는 적절하지 않다.
4. '모퉁이'와 '빈터'에서 각각 어떤 상황이나 마음을 떠올릴 수 있는지 새겨본다.
5. (가)는 1연부터 6연까지 모두 2행으로 되어 있다.
6. (가)의 '박수 소리', '탄성', '재채기', '폭포수', (나)의 '수도관', '벽', '빈터' 등은 모두 청각이나 시각으로 떠올릴 수 있어서 구체적인 형상을 지니고 있다고 할 수 있는데, (나)의 2연은 '공사 중'이라는 말이 상황을 표현하기만 해서 구체적인 형상을 지니고 있지 않은 것이다. 대개 비유는 구체적인 형상을 지닌 말을 수단으로 하여 이루어진다.

48 시 읽기(4)

146~147쪽 정답

1. ① 2. 봄비 3. ② 4. ②
5. ③ 6. 하루 종일 봄비가 내리고 있다.

해설

1. '교향악'으로 비유되어 표현된 봄의 대표 소리인 봄비 소리를 중심 내용으로 삼았다. '외양간 엄마소의 댕그랑'은 비소리는 아니기 때문에 ①이 정답이고 ④는 오답이다.
2. 1연의 '내리는'이라는 말과 8연의 '봄'이라는 낱말을 상상의 바탕에 놓는다. 3연부터 6연까지 비유 또는 직접적인 묘사를 통해 무엇을 표현하고자 한 것인지 구체적으로 떠올려본다.
3. 2연을 세상의 모든 악기가 나타난 것으로 오해해서는 안 된다. ① '교향악'으로 비유되어 나타난다. ③ 비를 맞은 지붕의 소리를 '두득 두드둑'으로 표현하고 있다. ④ 5연에 나타난다. ⑤ 6연에 나타난다.
4. 2연을 거쳐 3연부터 7연까지 실현되고 있는 자연의 교향악을 보면, '교향악'으로 실현된 내용이 '어울림에서 비롯된 아름다움'임을 알 수 있다.
5. 시에 여러 번 나타났듯이 소리를 받아들이는 감각이다.
6. '봄비'를 소리로 비유했으므로, '연주한다'는 비가 내린다는 뜻으로 새길 수 있다.

49 시 읽기(5)

148~149쪽 정답

1. ① 2. 물새알 산새알 3. ⑤
4. ③ 5. ② 6. 1연과 2연, 3연과 4연, 5연과 6연

해설

1. 알이 새가 되는 모습을 그려 생명의 신비로움을 말하려 했다.
2. 두 가지 소재는 물새알과 산새알이다.
3. 다른 연들은 명사로 끝나는데, 5연과 6연은 동사 '된다'로 끝나 대상의 변화를 표현했다. 1~4연(새알), 5~6연(새)로 대상이 변화됨
4. '향긋한 풀꽃 냄새'라는 구절이 나온다.
5. 1연, 2연, 5연, 6연에 색깔을 뜻하는 낱말이 나타나고 있다.
6. 1연과 2연의 '~는 ~에 낳는다. ~알'의 짜임새가 반복되고 있다. 3연과 4연은 '~알은 ~한 냄새'가 반복되고 있다. 5연과 6연은 '~알은 ~라서 된다'가 반복되고 있다.

정답 및 해설

50 시 읽기(6)

정답 (150~151쪽)

1 ⑤　　2 웃는 기와　　3 ②
4 ③　　5 ④　　6 나도 다른 사람에게 환한 웃음을 줄 수 있는 사람이 되어야겠다.

해설

1. 4연에 직접 드러나고 있다.
2. 시의 중심 대상, 글감을 찾으라는 문제이다.
3. 신라 시대이든 오늘날이든 기와로 즐비한 거리는 시에 나타나지 않았다. ① 시 전체에 걸쳐 나오는 내용이다. ③ 2연에 구체적으로 나온다. ④ 2연에 고스란히 나온다. ⑤ 3연에서 떠올릴 수 있다.
4. 깨졌지만 웃고 있는 기와에 시선을 집중하면서 자신도 그런 모습을 지었으면 하는 생각을 하고 있다.
5. '얼굴 한 쪽이 금 가고 깨진' 기와에서 떠올릴 수 있는 사람의 경험은 세월에 시련을 당하고 상처 입은 모습이라 할 수 있다.
6. 시의 목소리 주인공과 같은 생각을 했으리라고 짐작할 수 있다. 시의 4연 내용을 이야기의 화자의 생각으로 바꾸어 문장을 만들 수 있다.

51 시 읽기(7)

정답 (152~153쪽)

1 ②　　2 자전거 찾기　　3 ①
4 ③　　5 ①　　6 내게 길들어 내 몸처럼 편안했던 자전거를 잃어버렸다.

해설

1. 1연, 2연, 5연에 생각이 잘 드러나 있다.
2. 시에 가장 자주 나타난 낱말을 사용하고 내용에 잘 어울리게 제목을 떠올려본다.
3. 일주일 전에 자전거를 잃어버린 일이 가장 중요하다.
4. 잃어버린 자전거를 되찾을 수 없을까 봐 속을 태우며 조급해하고 있다. ① 무서워할 만한 사람, 물건, 귀신 등 아무것도 보이지 않는다. ② 부끄러워할 만한 일을 한 적이 없다. ④ 자전거를 잃어버린 처지에서 신기해할 리가 없다. ⑤ 잠시 욕하고는 이내 마음을 고쳐먹는다.
5. 5연으로 되어 있으며, 모든 연이 4행씩으로 일정한 모양을 보여 준다.
6. 자전거에 대한 추억이 주된 경험으로 나타나야 한다.

52 시 읽기(8)

정답 (154~155쪽)

1 ②　　2 조개껍데기　　3 ①
4 ③　　5 ④　　6 3연, 그리워하네

해설

1. 4연의 '나처럼 그리워하네'에 잘 나타나 있다. 마지막 연에 조개가 그리워 하는 것은 '물소리 바닷물소리'(고향)이다.
2. 무엇에 대해 반복해서 말하고 있는지 살펴본다.
3. 1연과 4연의 첫 행에 같은 모양의 시구가 반복하여 운율을 이루고 있다.
4. 3연에서 시의 말하는 사람의 모습을 생생하게 떠올려볼 수 있다. ① 북쪽 나라에 살고 있는데, 그곳이 바닷가인지는 알 수 없다. ② 언니와 함께 조개를 주우러 갔는지를 확인할 수 없다. ④ 시에서 말하는 사람의 모습을 떠올려보라고 했다. 마을 사람들은 물음의 대상이 아니다. ⑤ '목걸이'에 관해서는 전혀 나타나지도 않고 떠올려볼 수도 없다.
5. 모든 연이 한결같이 3행씩으로 되어 있다. 이런 시를 모양의 아름다움을 갖춘 시라고 한다.
6. 다른 연들은 명사로 끝났지만, 3연만 동사로 끝났다.

53 시 읽기(9)

156~157쪽 정답

1 ⑤   2 (가) 풀잎과 바람 (나) 피는 꽃(개화)   3 ⑤   4 ③   5 ③
6 같거나 비슷한 모양이 반복되고 있다. 행을 차지하는 말의 마디가 일정하다.

해설

1. (가) 헤어진 친구와 손 흔들고, 만나면 얼싸안을 만큼 다정다감하다. (나) 꽃이 피는 순간을 기도를 하듯이 경건하게 바라보고 있다. ① (가) 친절을 베푸는 모습이 보이지 않는다. (나)나는 할 수 없다고 그만두는 태도는 아니다. ② (가) 활동적으로 움직인다고 보기 어렵다. (나) 애가 타서 바라는 모습과 거리가 멀다. ③ (가) 숨김없는 모습이라 단정하기 어렵다. (나) 부지런함과 거리가 먼 내용이다. ④ (가) 정이 없이 매몰찬 모습이 전혀 아니다. (나) 꽃이라는 자연에 다가서는 모습이다.
2. (가) 중심 소재가 풀잎, 바람이다. (나) 1연에 중심 소재가 보인다.
3. 여러 번 반복이 되었듯이 '~같은 친구가 좋다.'가 중심 생각이다.
4. 다른 꽃잎은 피었고 마지막 남은 한잎이 피려고 하는 순간이므로 ③이 답이다.
5. (가) '만나면 얼싸안는 바람', (나) '바람도 햇빛도 숨을 죽이네.'에서 '바람'이 사람처럼 비유되었음을 알 수 있다.
6. 반복되는 말의 마디 등이 운율을 이루고 있는 정형시, 시조이다.

54 시 읽기(10)

158~159쪽 정답

1 ②   2 말   3 ③   4 ④
5 ④   6 교훈(가르침)

해설

1. 말을 아예 하지 말라는 생각은 아니고 조심스럽게 하라는 생각이다.
2. 두 편의 시조에서 자주 반복된 낱말
3. 말을 가지고 말이 더욱 많아진다는 것이니, 말은 하면 할수록 더욱 많아진다는 뜻이다.
4. 시조 둘째 줄(중장)의 '가난함을 남이 비웃고 부귀를 다투나니'에서 떠올릴 수 있다.
5. 말은 일상생활에 큰 영향을 끼치는 것이니 말을 할 때는 애써 조심해서 잘 하라는 뜻이 담긴 속담을 찾는다. ① 말이 많은 집은 살림이 잘 안된다는 말 ② 말로만 남을 대접하는 체한다는 말. ③ 무슨 말을 하고 나서 금방 제가 한 말을 뒤집어 그와 달리 행동함을 비유적으로 이르는 말. ⑤ 마땅히 할 말은 해야 한다는 말.
6. 명령, 권유는 직접적으로 교훈을 전하는 방법이고, 감탄은 간접적으로 전하는 방법이다.

55 시 읽기(11)

160~161쪽 정답

1 ②   2 물, 돌, 소나무, 대나무, 달
3 ③   4 ④   5 ①   6 〈제4수〉
땅속까지 뿌리가 곧은, 〈제6수〉한밤중에 빛남

해설

1. 자연과 벗하며 살아가면서 욕심이 없고 한가롭다.
2. 다섯 가지 자연물을 벗 삼는 노래라고 하여 제목이 '오우가'이다.
3. 제1수의 셋째 줄(종장), 제4수와 제6수의 둘째 줄(중장)은 물음의 형식으로 되어 있는데, 말하는 사람의 놀라움을 강조하는 표현이다. ① '소처럼 느긋하게

오후를 즐긴다.'처럼 표현한 것인데, 보이지 않는다. ② 소나무와 달을 사람처럼 비유하기는 해도, 이들 사물에 사람의 느낌을 집어넣고 있는 것은 아니다. ④ '내가 거길 갈 것으로 보여? 아니다.'와 같은 방식으로, 보이지 않는 표현이다. ⑤ 연쇄법이라고 하는데, 역시 나타나지 않았다.

4. 제4수와 제6수를 보면, 소나무처럼 곧고, 달처럼 원만하며 신중한 성품을 좋아할 것이다.

5. 종장의 첫머리에 오는 '두어라'는 '그만두어라'로 새길 수도 있고 그냥 뜻이 없는 감탄사로 볼 수도 있다. 이 밖에 이런 낱말로 '아희야, 아해야, 아이야'도 있다.

6. 더도 덜도 말고 소나무와 달의 속성을 표현한 부분만 정확히 옮겨야 한다.